《云南少数民族古籍珍本集成》编纂委员会

主　任：李四明

副主任：盘艳阳　杨谊群　陆永耀　马开能　郑建奇
　　　　李正洪　吴　坚　蒙东平　董　允　赵成龙

执行副主任：马开能　李正洪　沙云生　赵石定

主　编：谢沫华　起国庆

副主编：李克忠　龙江莉　资　铁　赵雄峰　殷筱钊

编　委：李德静　肖惠华　牛增裕　和树军　李瑞山
　　　　刀金平　张晋智　王向芳　张　云　赵润琴
　　　　田维香　快永胜　于传臣　王凤岐　张元波
　　　　黄　雯　和六花　杨筱奕　刘　琳　艾　芳
　　　　保俊萍　依旺的　王向松　陶开祥　李国琼

本卷执行主编：杨筱奕　李德静
本卷编委：和东升　赵世红　王世英　李　英　和　虹
　　　　　和庆元　和丽峰　陈四才　和丽宝　玉罕娇
　　　　　龙江莉　王向松　陶开祥
本卷资料提供：丽江市东巴文化研究院
本卷提要撰写：杨筱奕

云南少数民族古籍珍本集成

第五十三卷　纳西族

云南省少数民族古籍整理出版规划办公室 编

云南出版集团公司
云南人民出版社

云南省百项少数民族文化精品工程项目

民族文字出版专项资金资助项目

前言

　　云南是一个多民族的边疆省份，全省25个少数民族在长期的历史发展进程中创造了丰富多彩的民族历史文化，留下了卷帙浩繁的民族文字文献古籍和口传古籍，这些少数民族古籍是各民族先民创造的重要文明成果，是中华文明一脉相承的历史见证，也是人类文明的瑰宝。据统计，云南少数民族文字文献古籍蕴藏量达10万余册（卷），口传古籍4万余种，大多数至今仍散藏于民间，损毁日益严重。

　　云南少数民族古籍以种类繁多、历史悠久、载体多样而独具特色，是云南不可再生的珍贵文化遗产，也是亟待抢救保护和开发利用的重要文化资源。2003年，纳西东巴古籍文献入选《世界记忆遗产名录》，云南少数民族古籍的人类文化遗产价值得到联合国教科文组织世界遗产委员会的肯定。

　　为抢救保护这宗珍贵的世界文化遗产，我们计划用5年左右时间编纂出版《云南少数民族古籍珍本集成》100卷，结集出版一批云南少数民族古籍中的孤本、善本和珍本，并用彩色影印的方式真实再现古籍原貌，以丰富和繁荣民族文化事业。

云南省少数民族古籍整理出版规划办公室

《云南少数民族古籍珍本集成》编纂委员会

2012年9月16日

目录

超度死者仪式·崇仁潘迪找药

纳西族东巴经。流传于云南省丽江市纳西族地区。不分卷，1册。卷尾注此经典为东扬的书。讲述了崇仁潘迪冒着生命危险外出寻找灵药的故事。他不仅分清了毒药和灵药，还找到长生不老的灵药。给死去的父母举行了超度仪式并点了灵药之后，父母的福泽留给了后人。旧抄本，线订册叶装。页面高9.3厘米，广28.8厘米，每页3行。保存完好。今藏于丽江市东巴文化研究院。

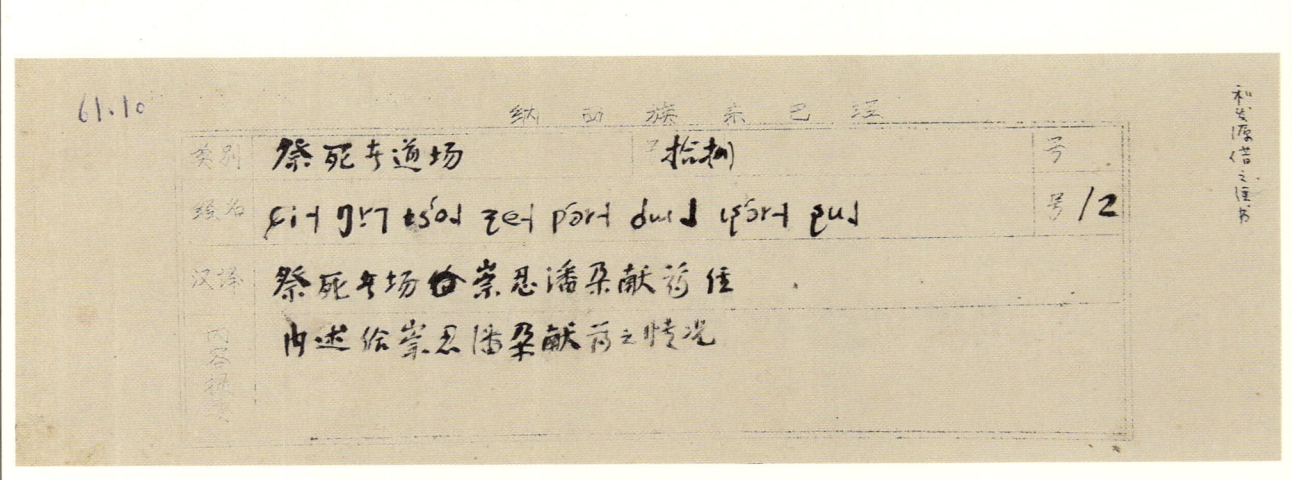

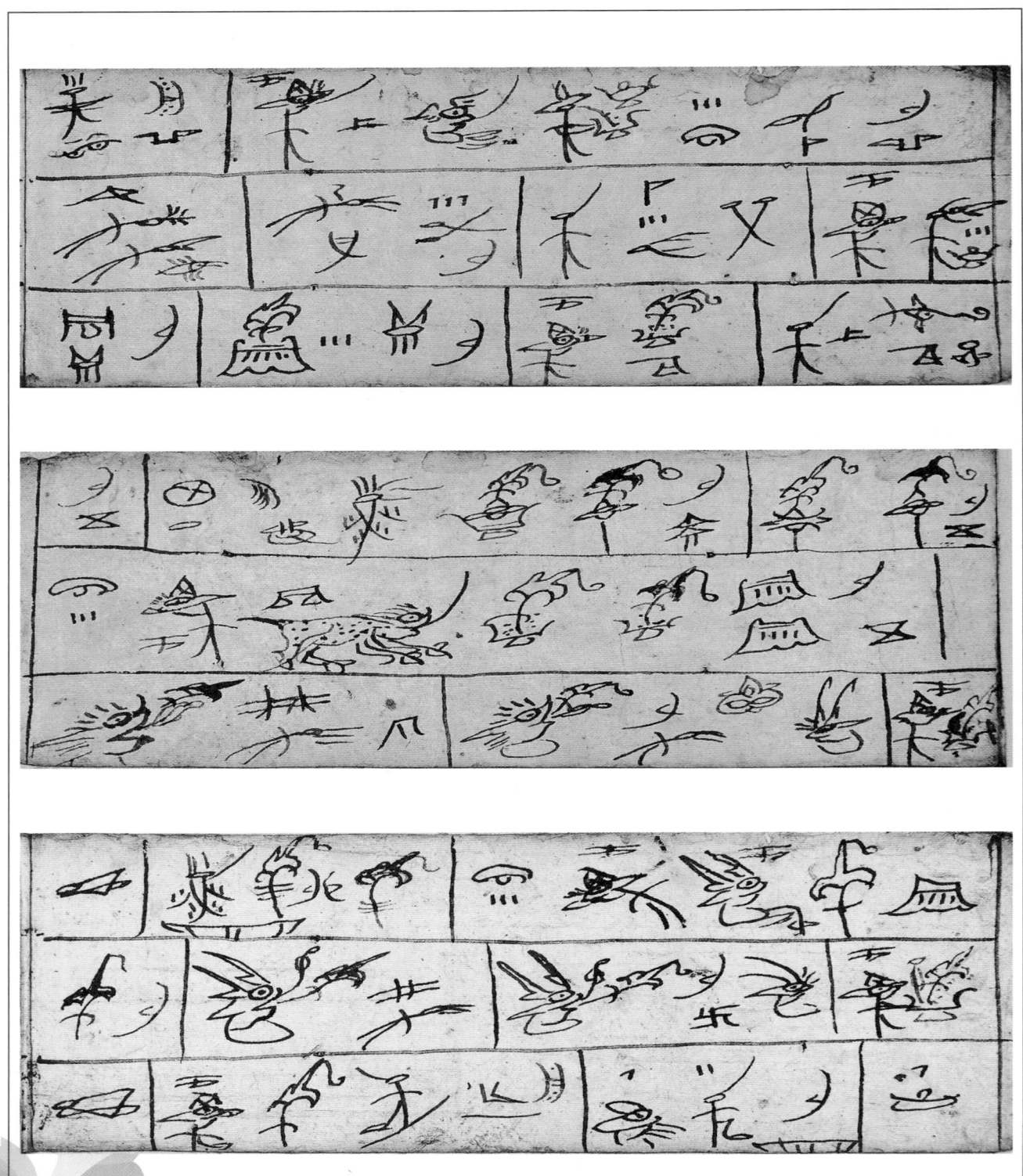

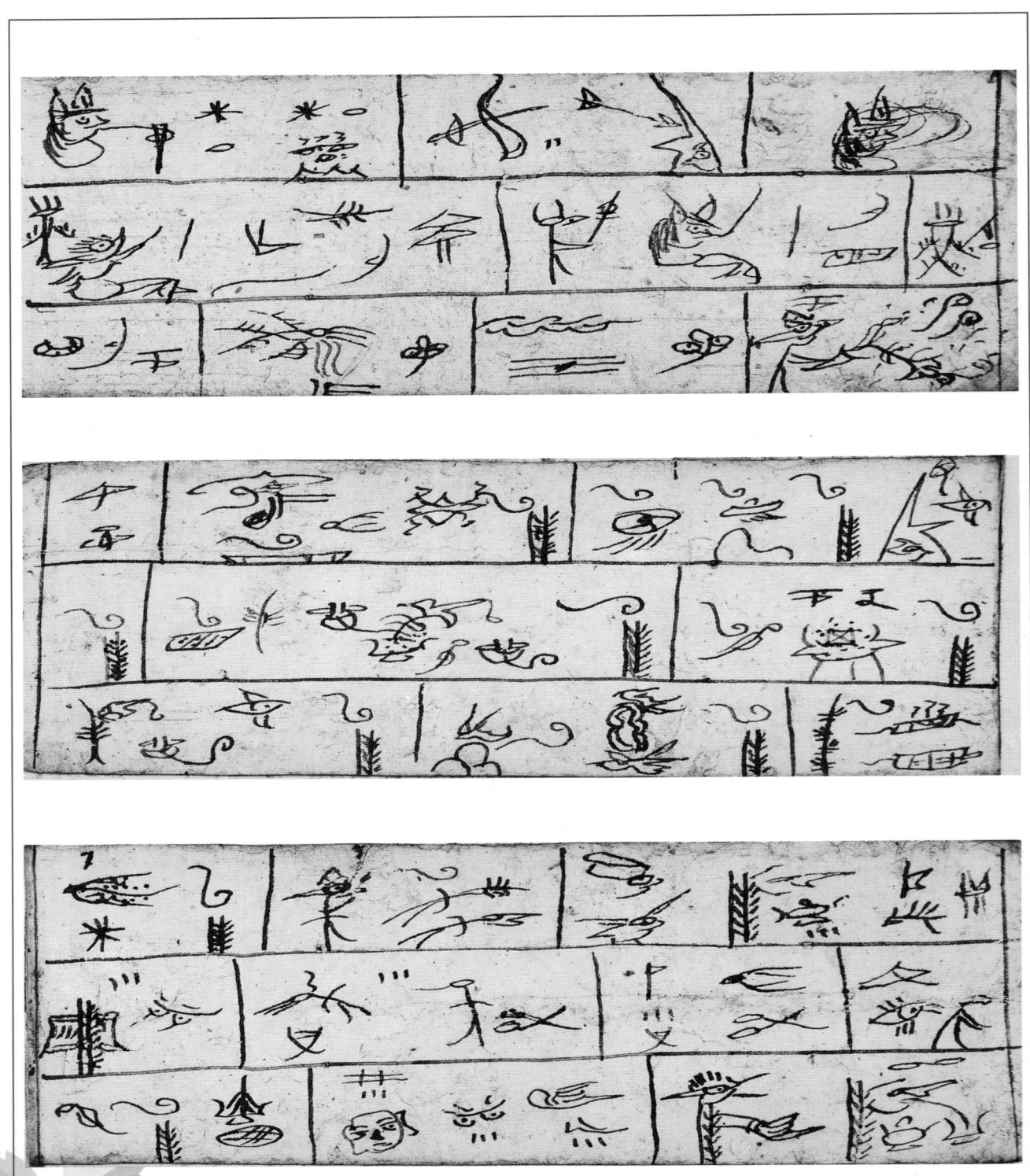

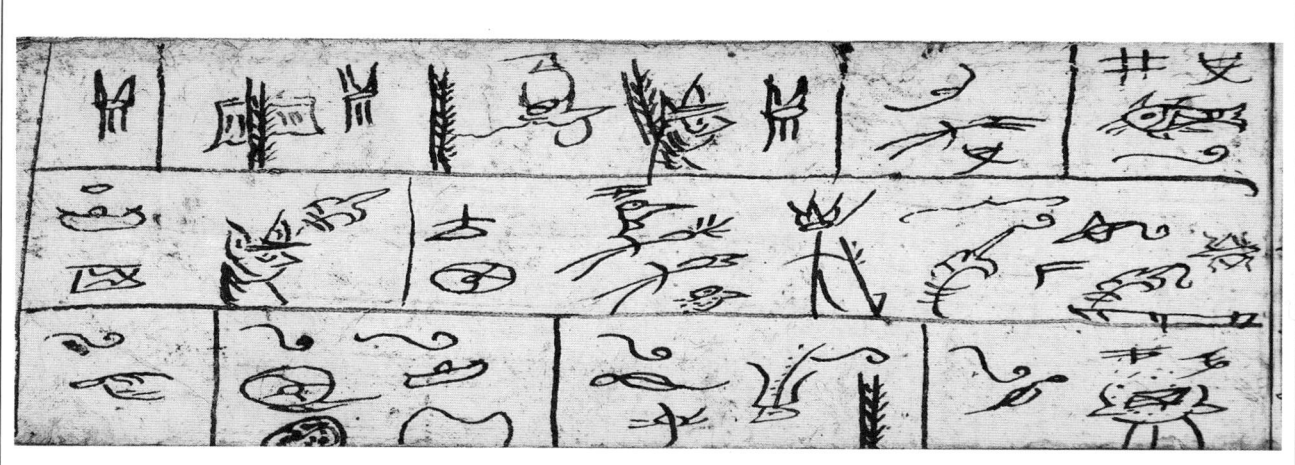

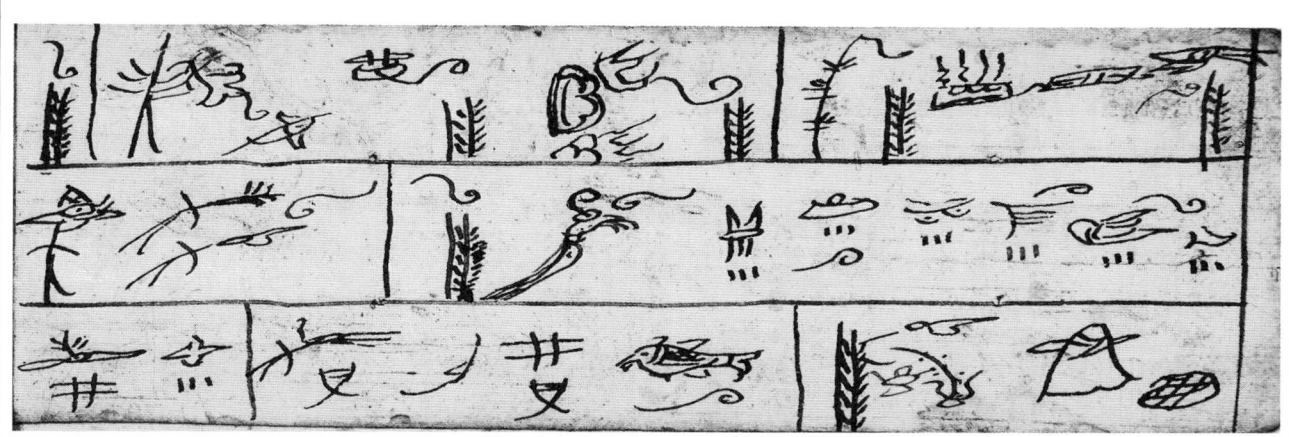

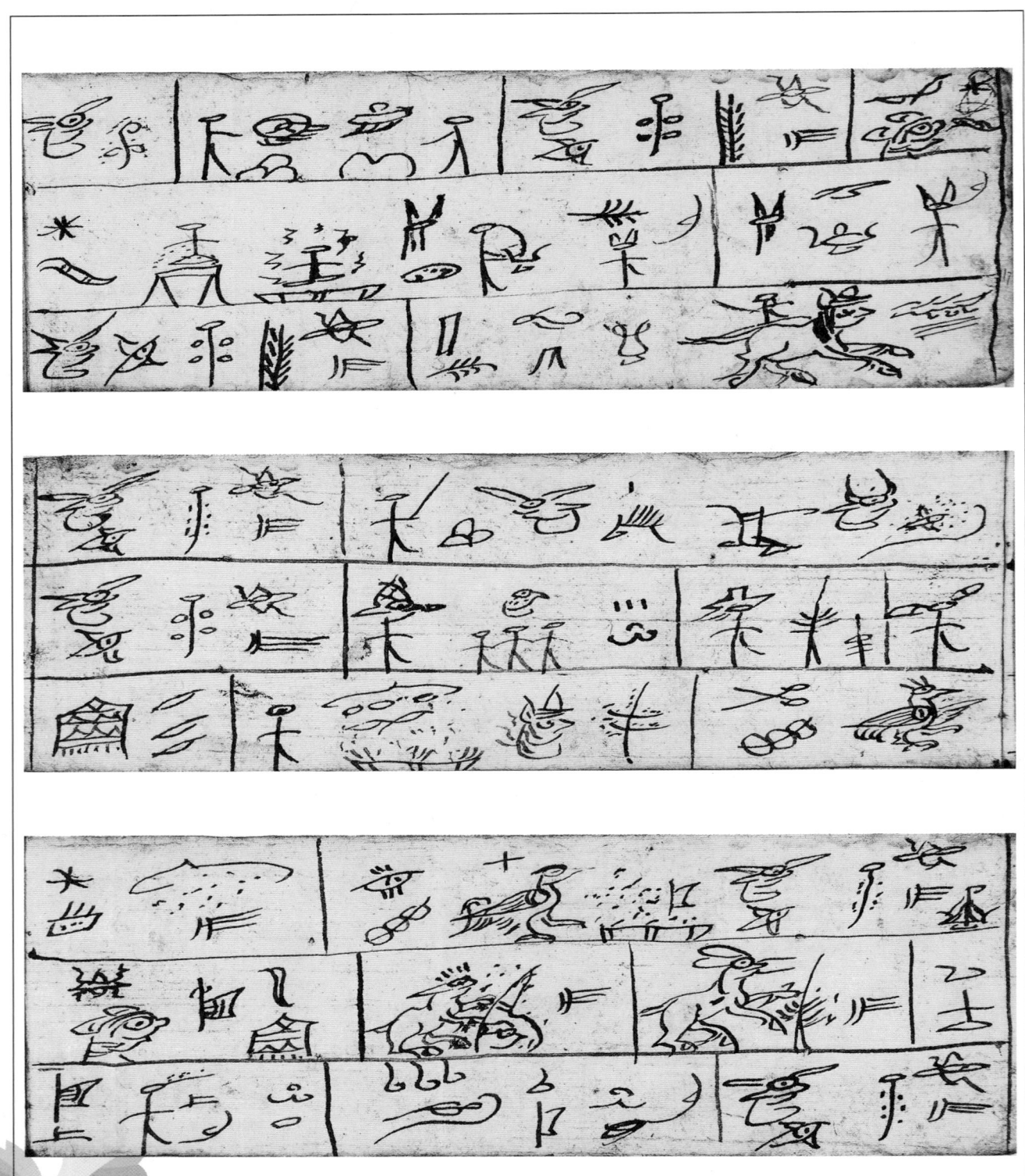

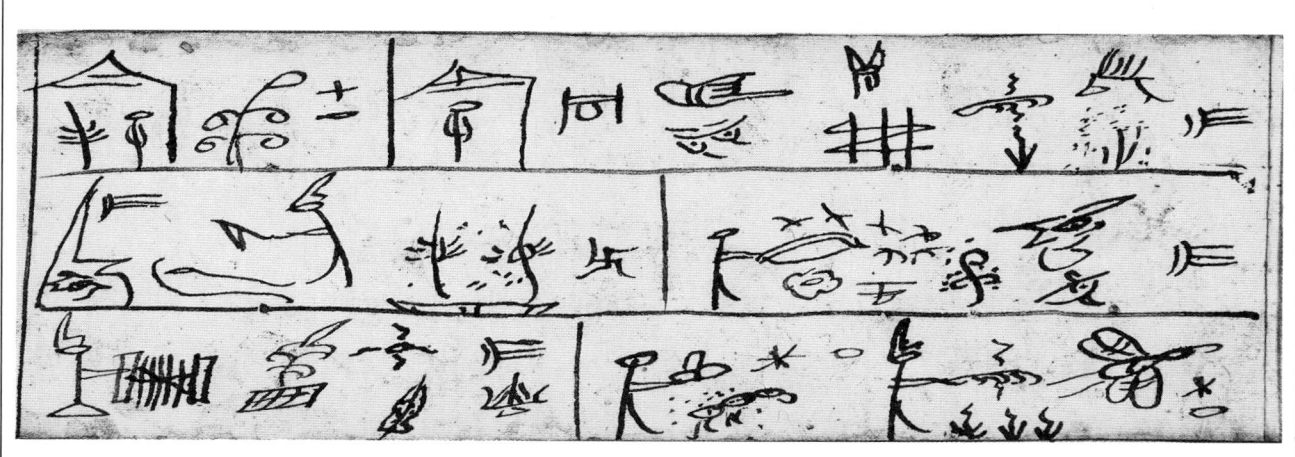

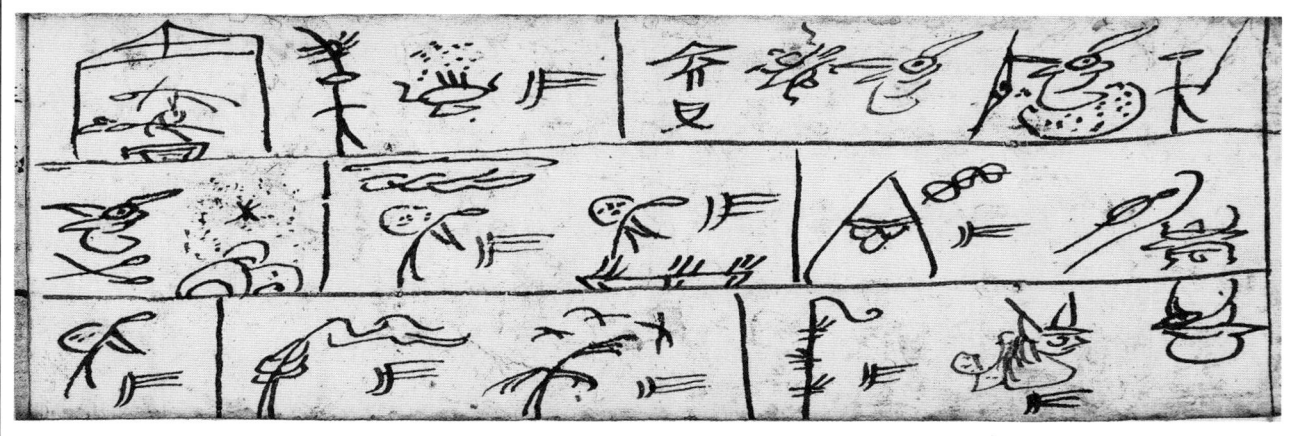

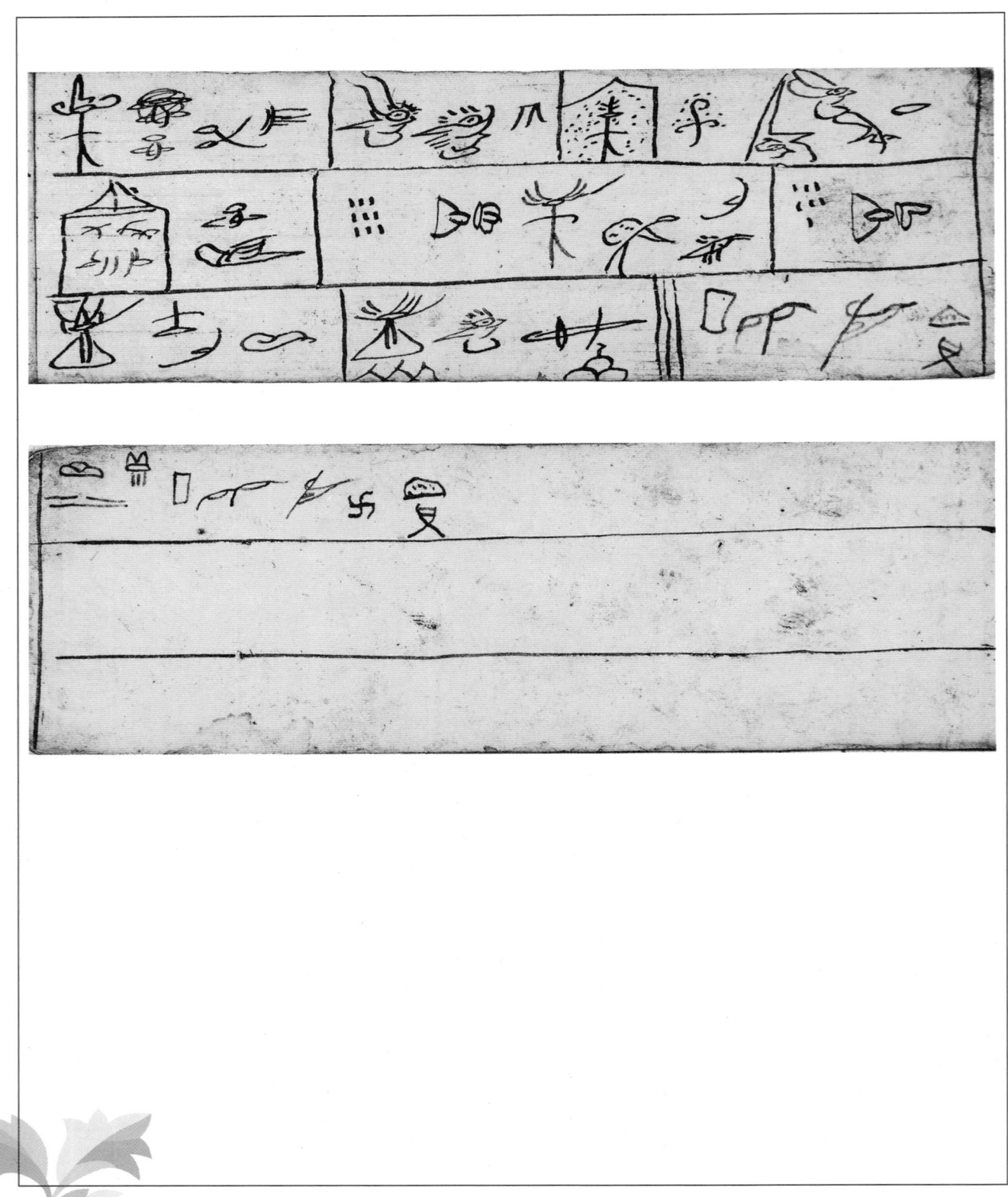

超度男能者·马的来历

纳西族东巴经。流传于云南省丽江市纳西族地区。不分卷，1册。卷尾注此经典为东布的书。讲述了马的出处与来历以及马与野马、牦牛斗争的故事和给死者祭献冥马的缘由。旧抄本，线订册叶装。页面高11.5厘米，广31.2厘米，每页3行。保存完好。今藏于丽江市东巴文化研究院。

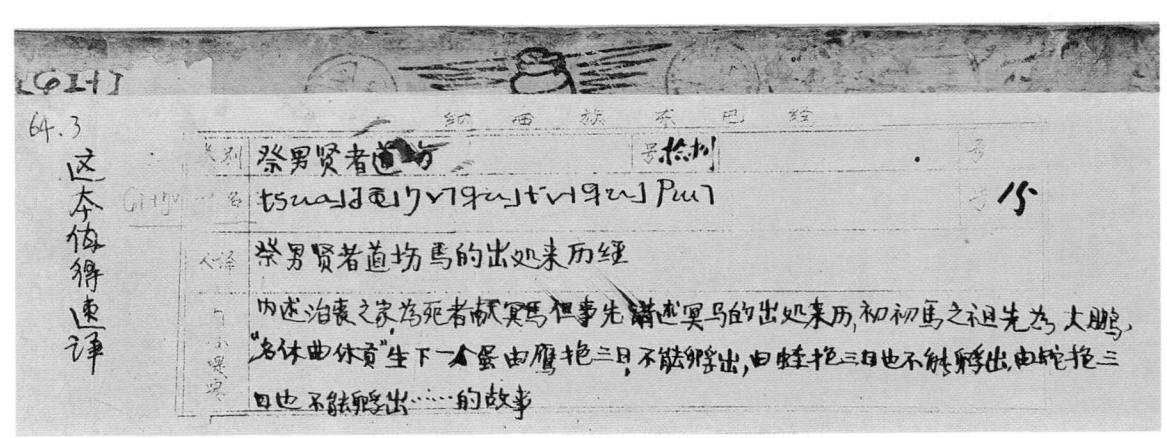

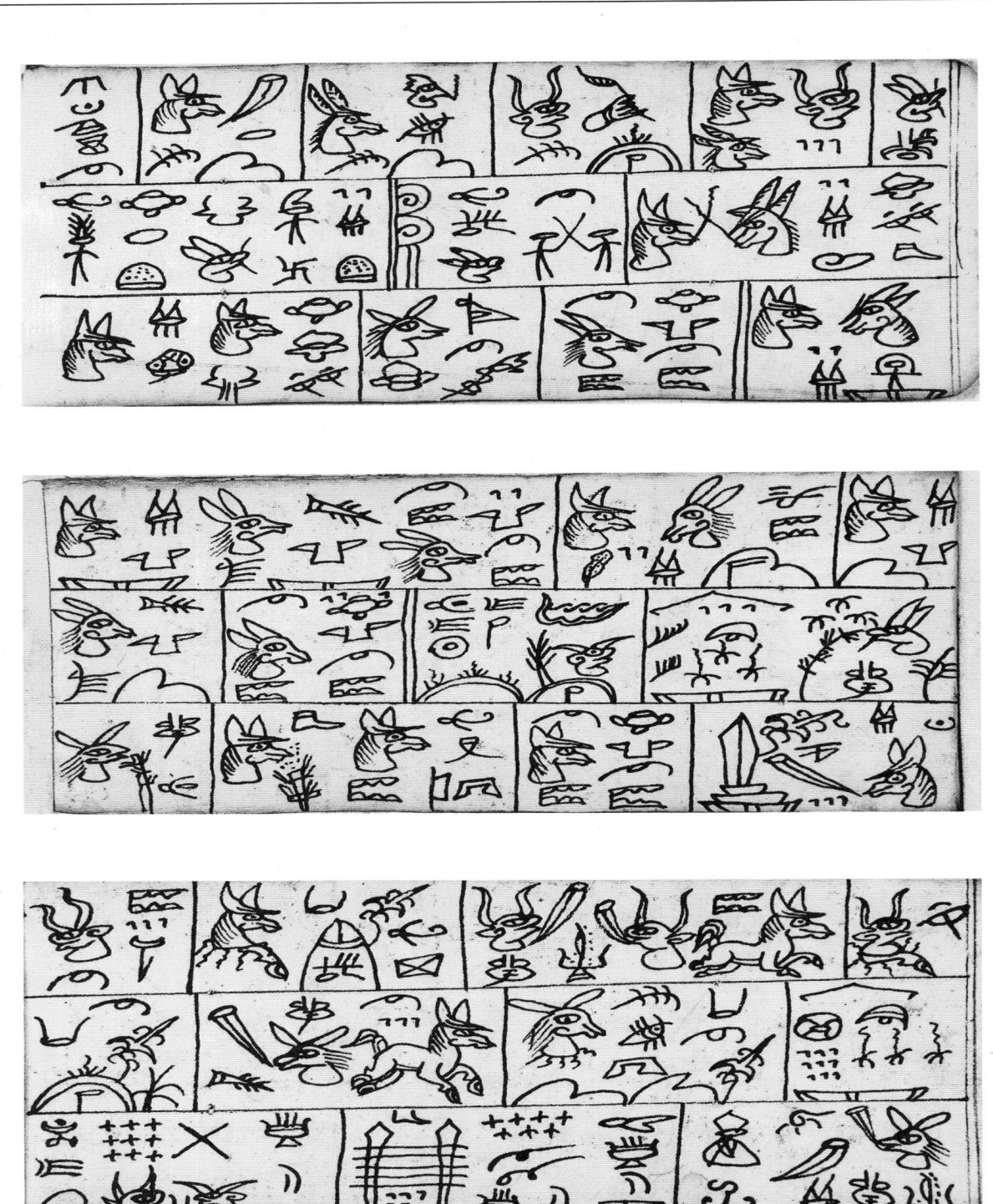

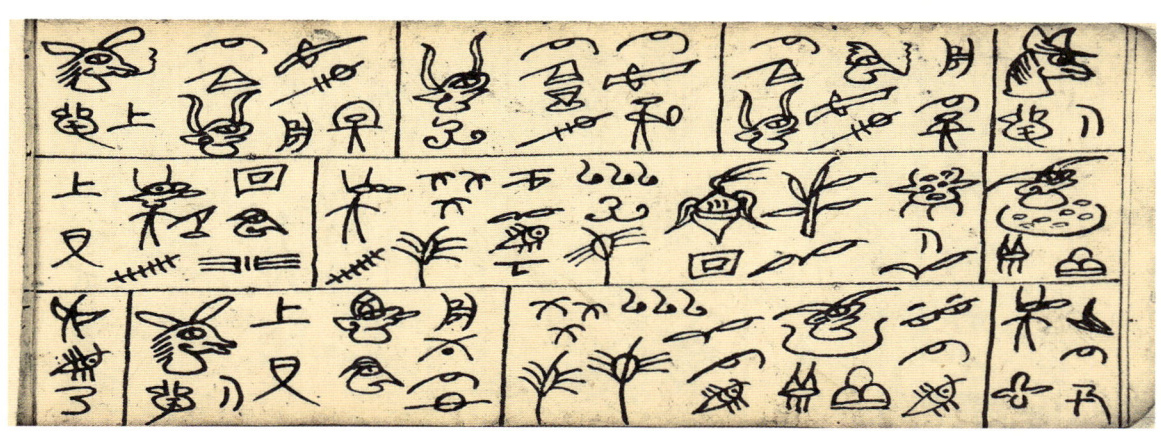

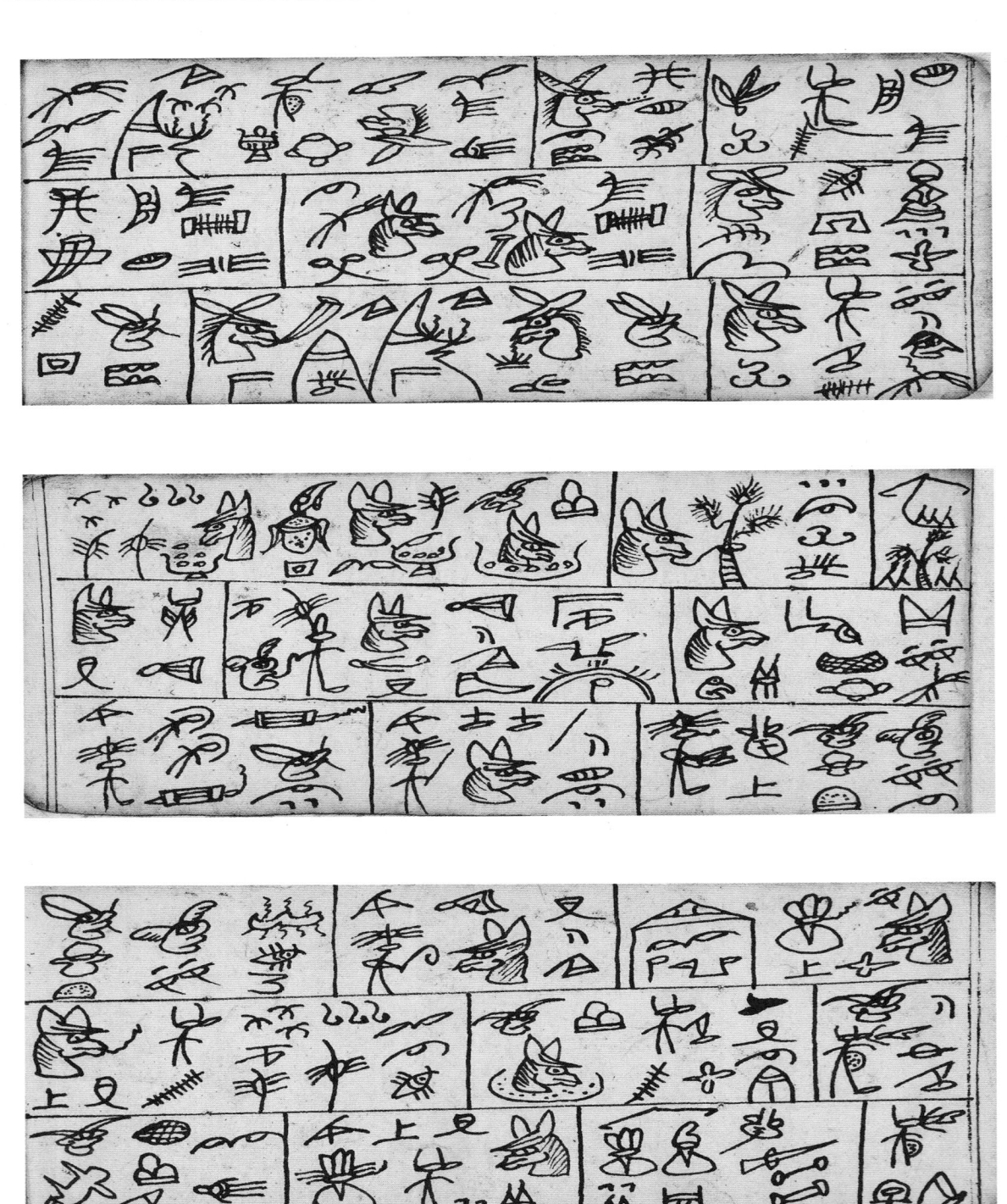

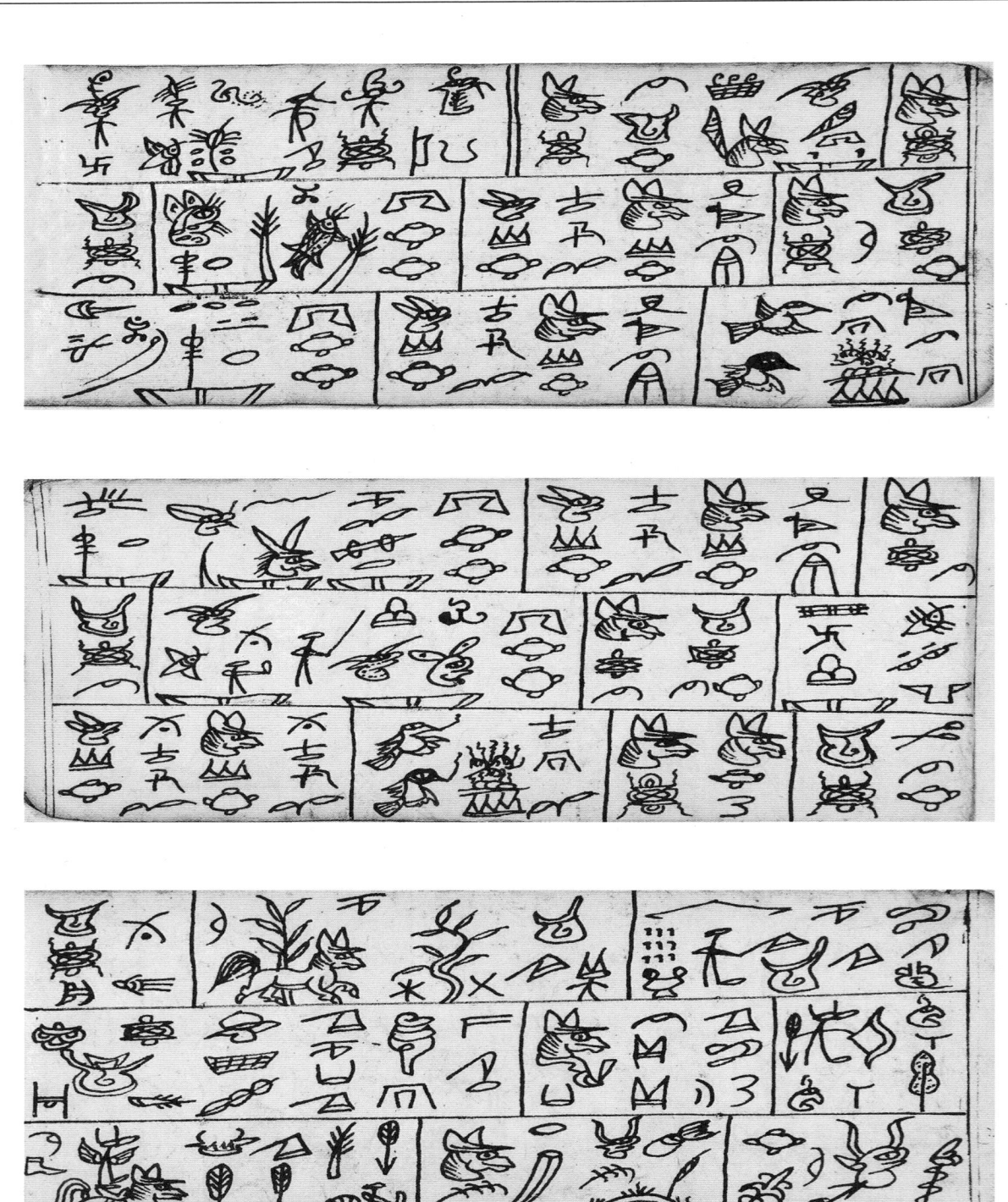

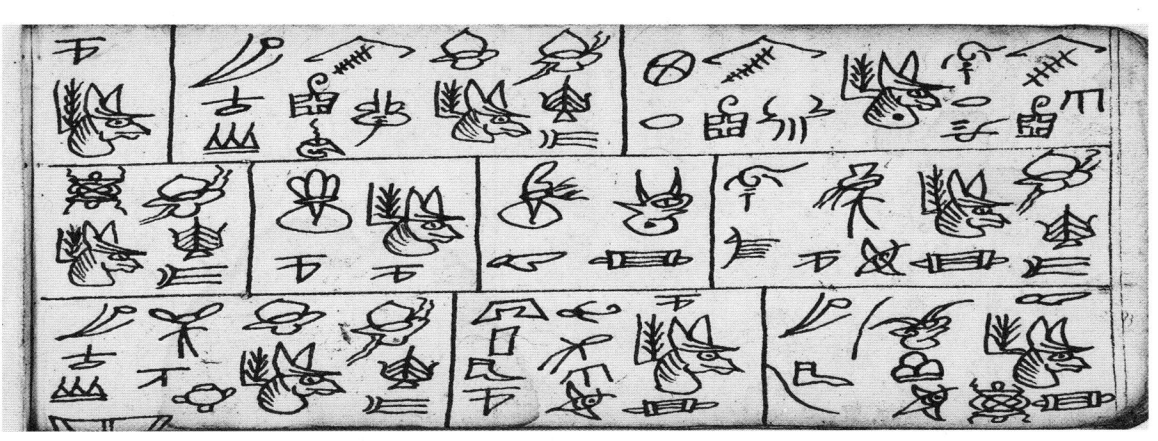

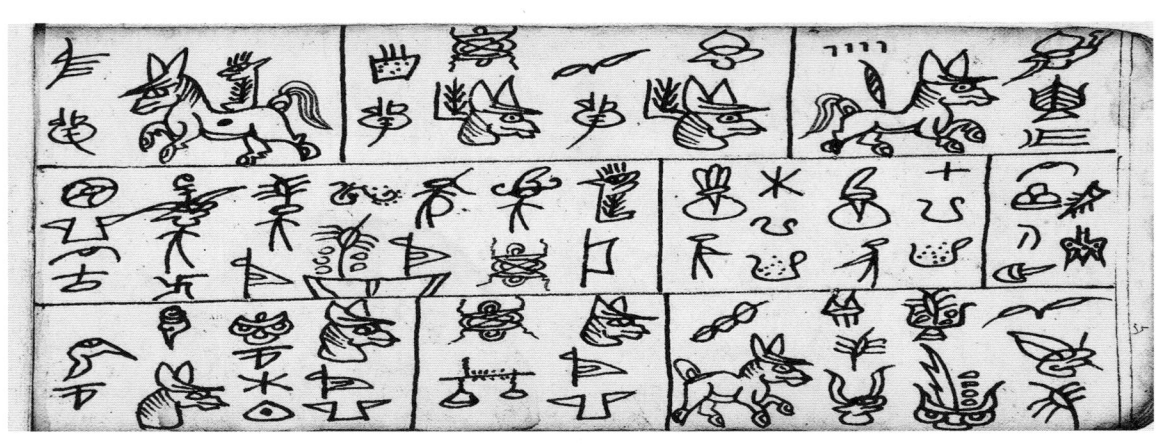

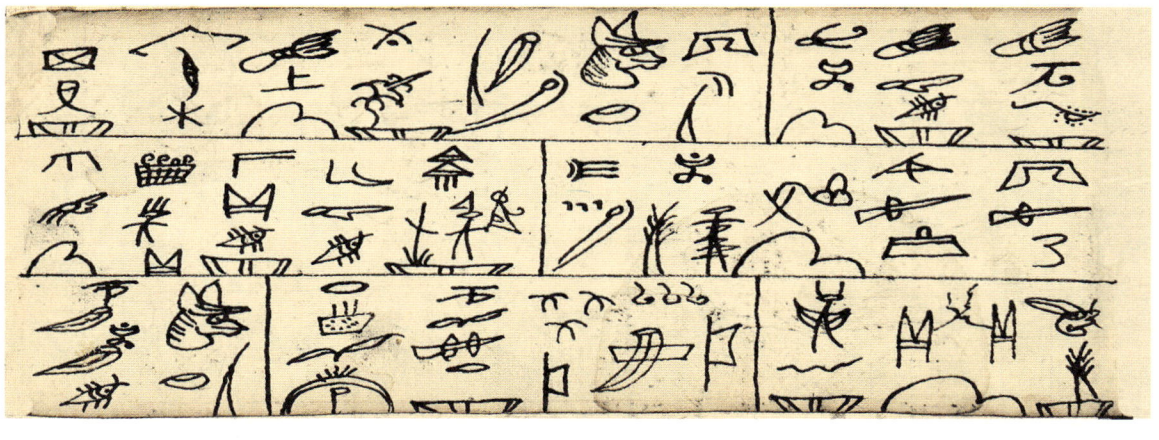

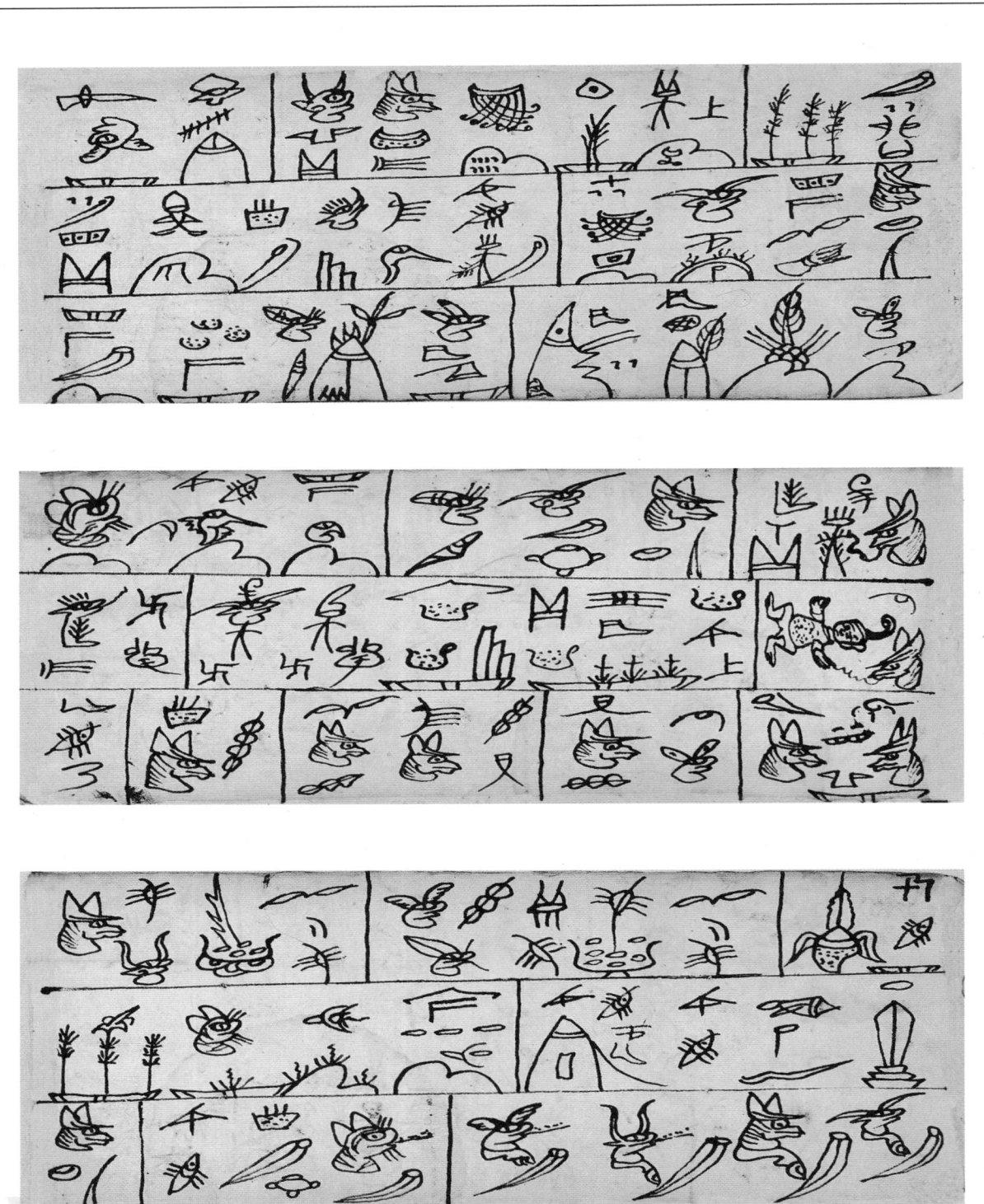

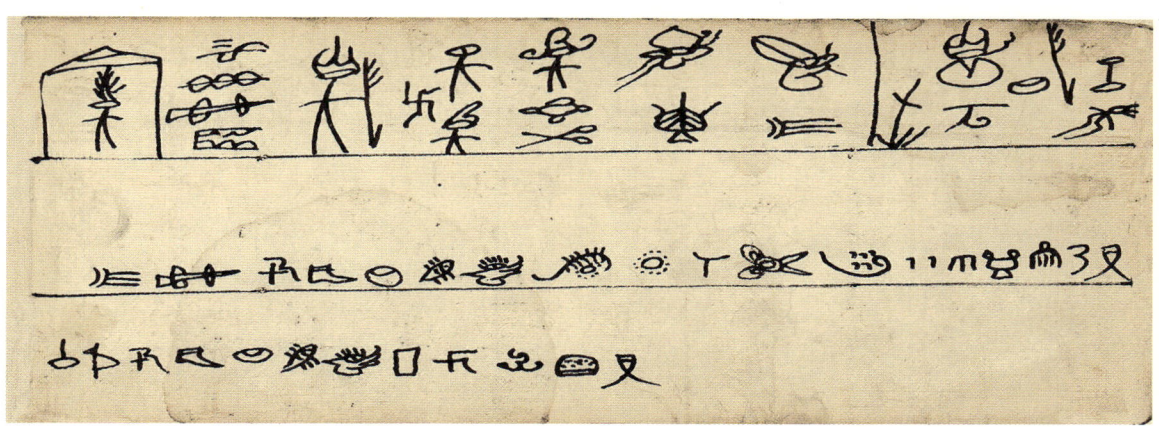

超度能者仪式 · 老虎的来历 · 分虎皮的故事

纳西族阮可东巴经。流传于云南省纳西族阮可支系聚居区。1册。佚名撰。讲述了老虎的出处与来历以及分老虎皮的故事。旧抄本，线订册叶装。页面高11.2厘米，广34厘米，每页4行。保存完好。今藏于丽江市东巴文化研究院。

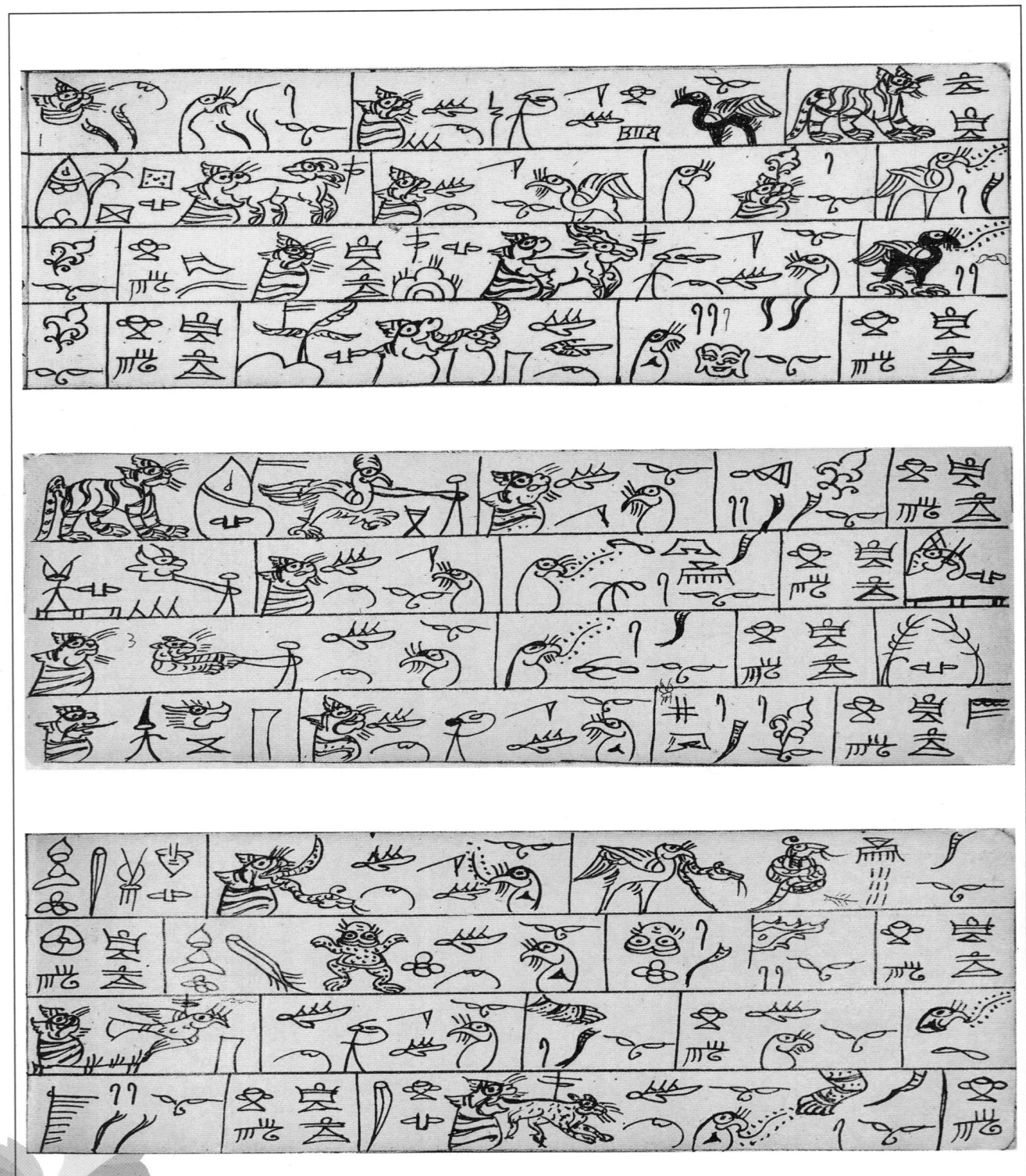

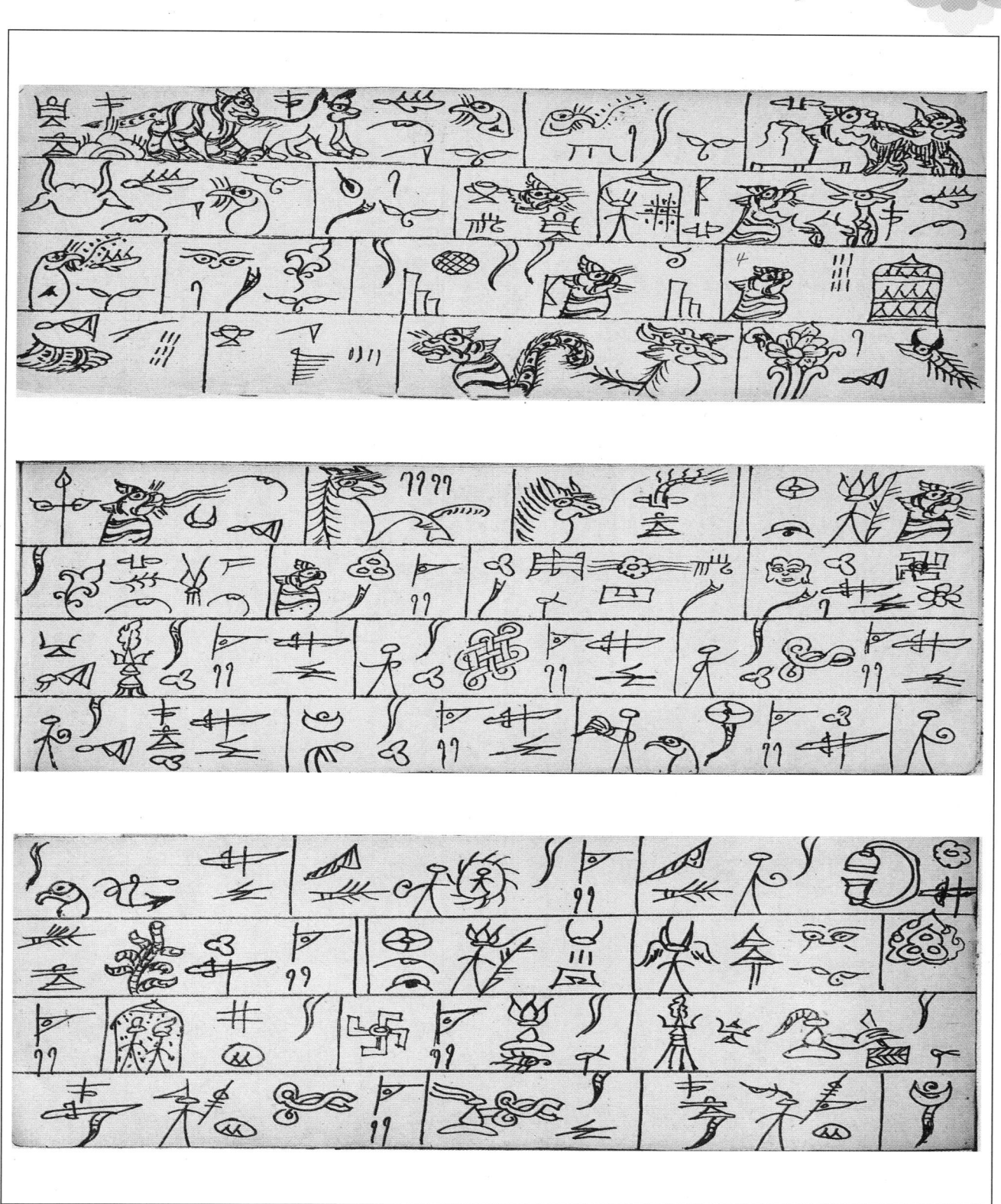

31　　第五十三卷　纳西族

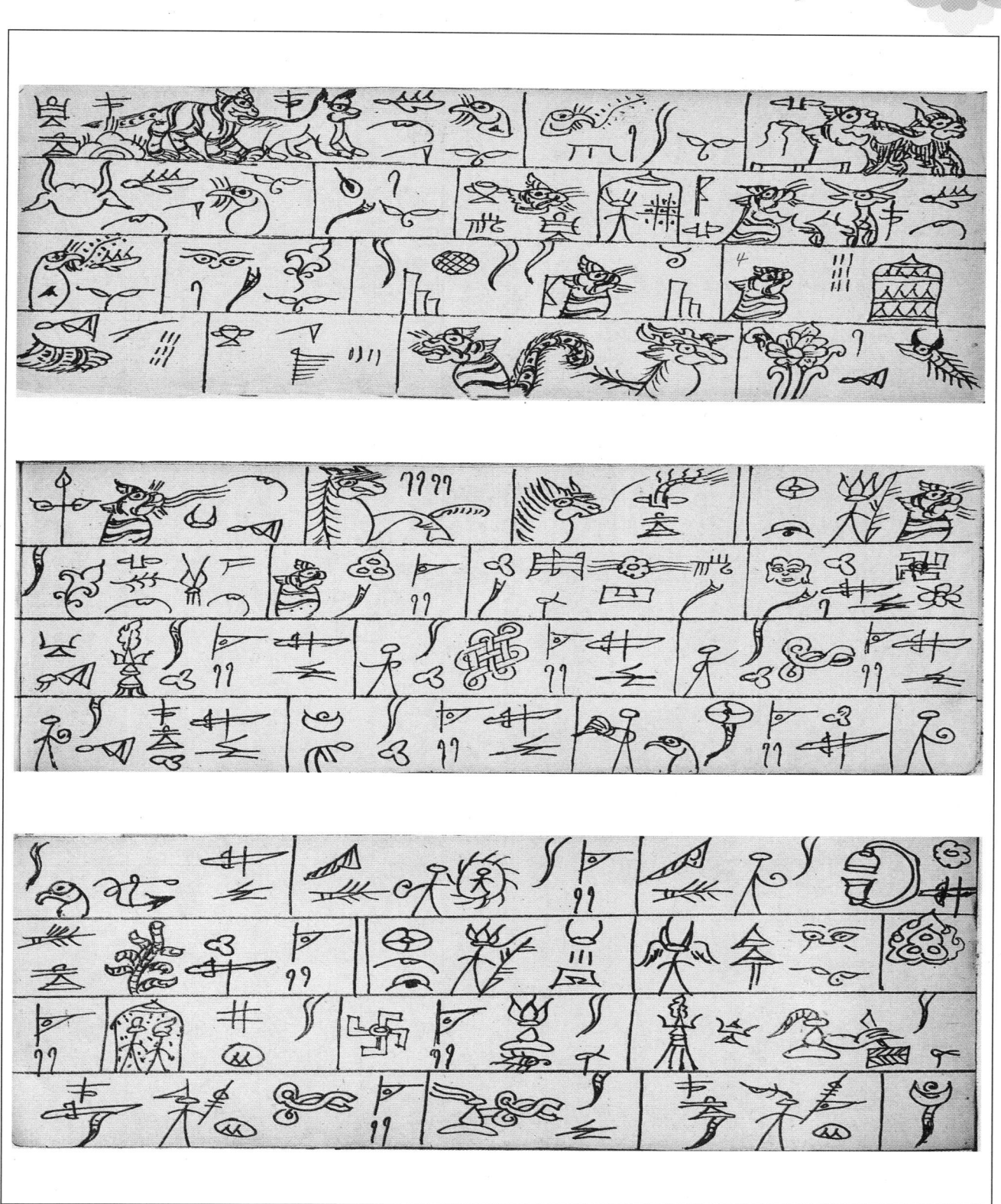

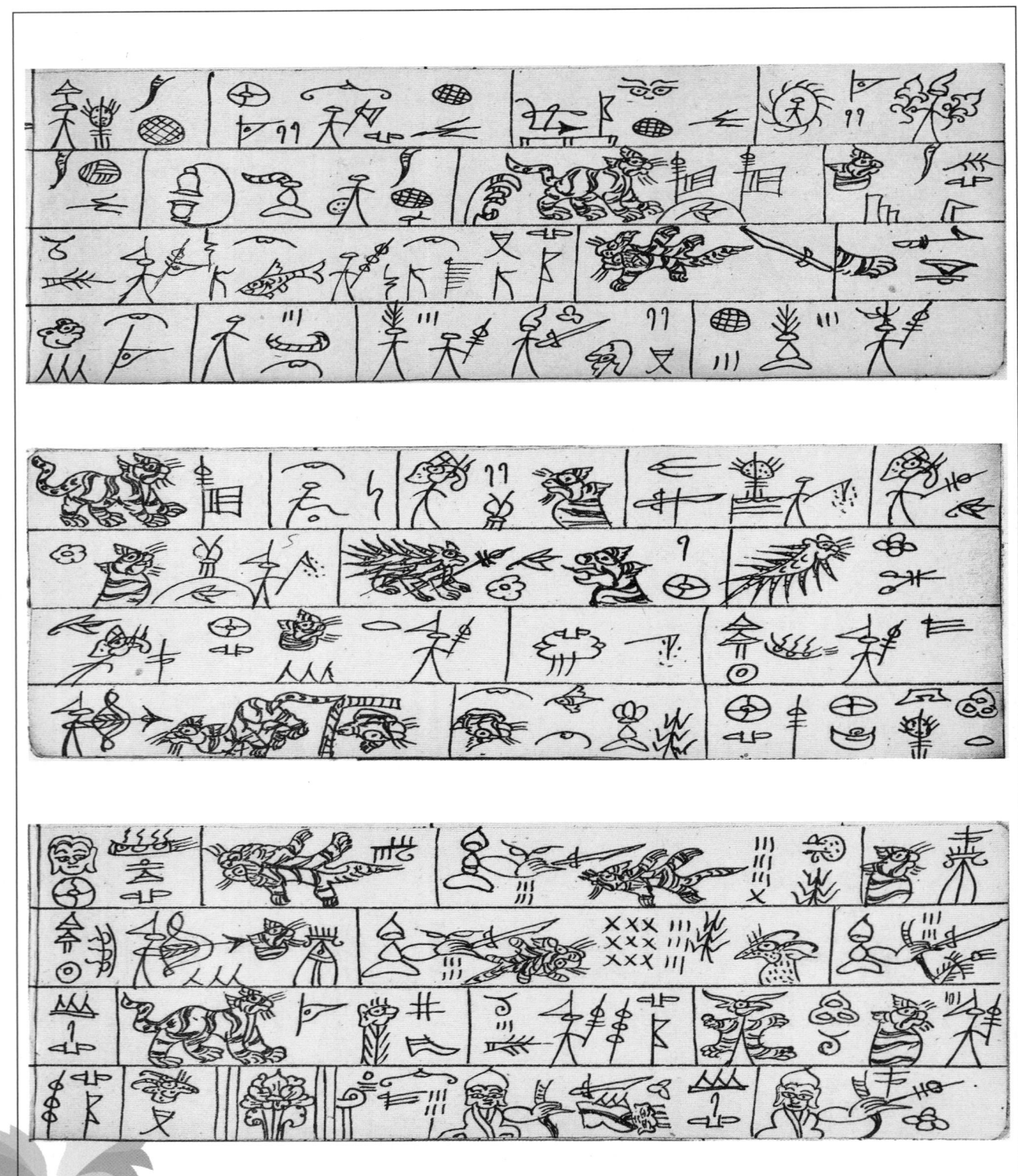

超度能者仪式·献牦牛

纳西族阮可东巴经。流传于云南省纳西族阮可支系聚居区。1册。佚名撰。经书前部分记述了超度牧牦牛者的经文，后部分讲述了抛勒骤面偶仪式。旧抄本，线订册叶装。页面高12.1厘米，广25.8厘米，每页4行。保存完好。今藏于丽江市东巴文化研究院。

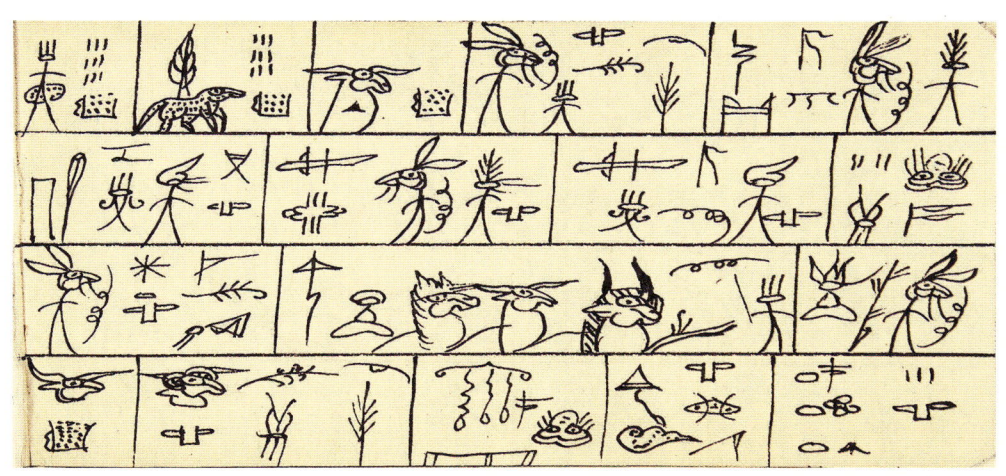

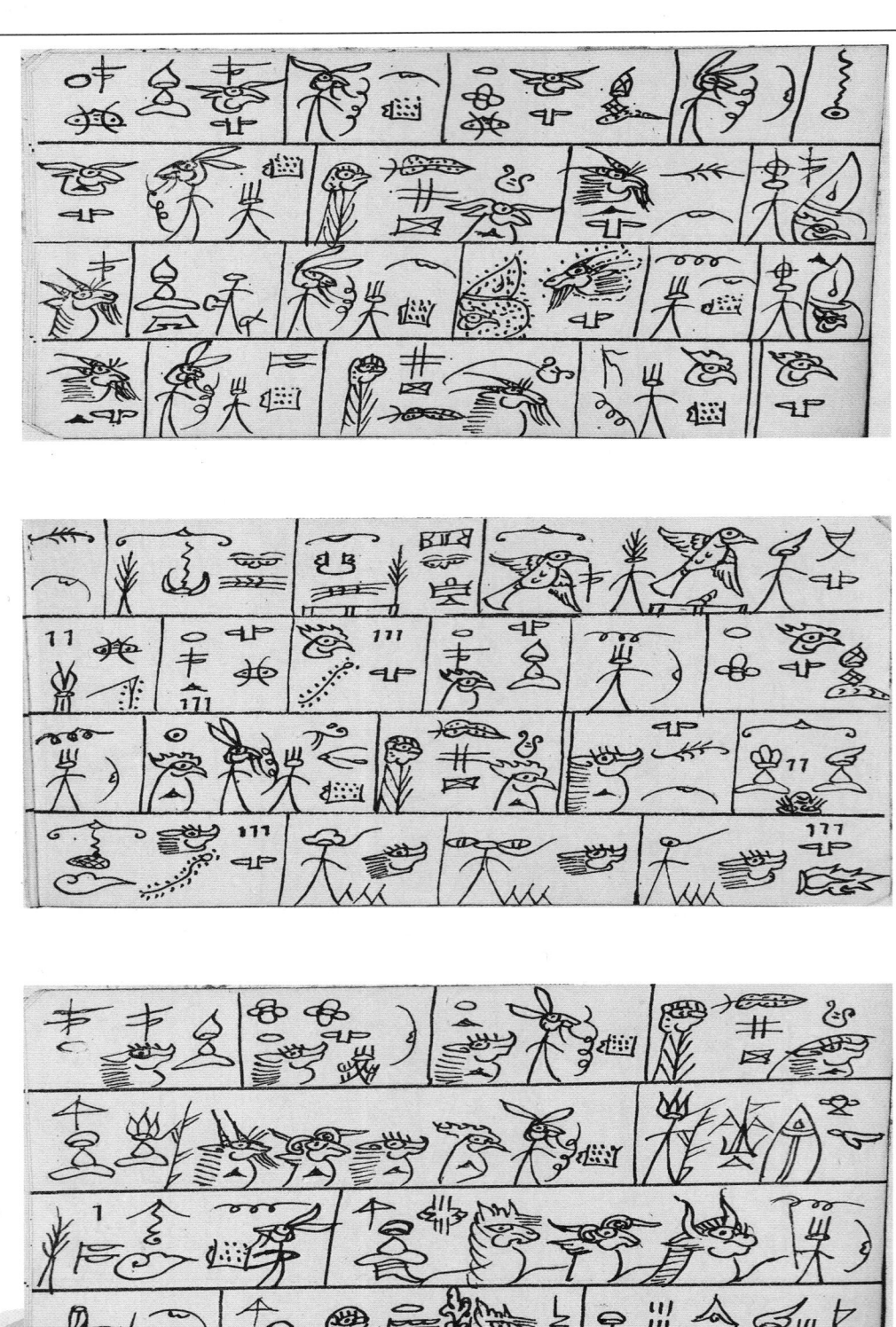

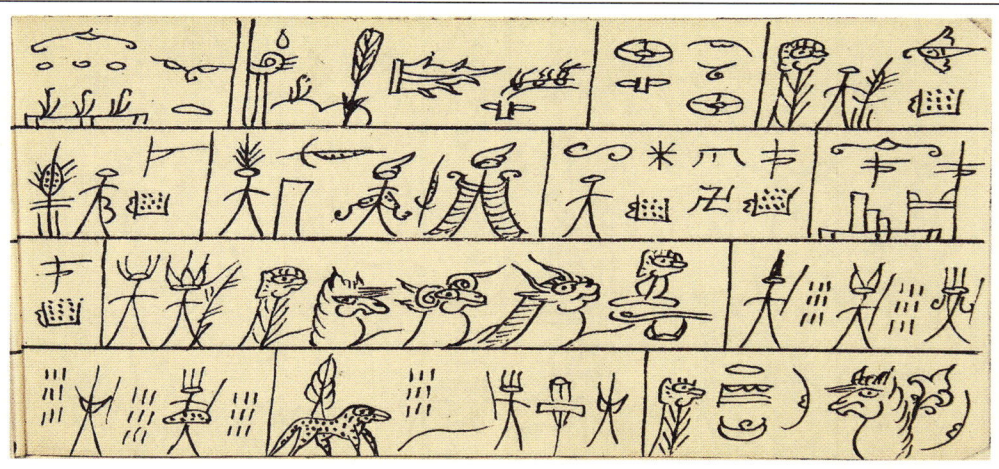

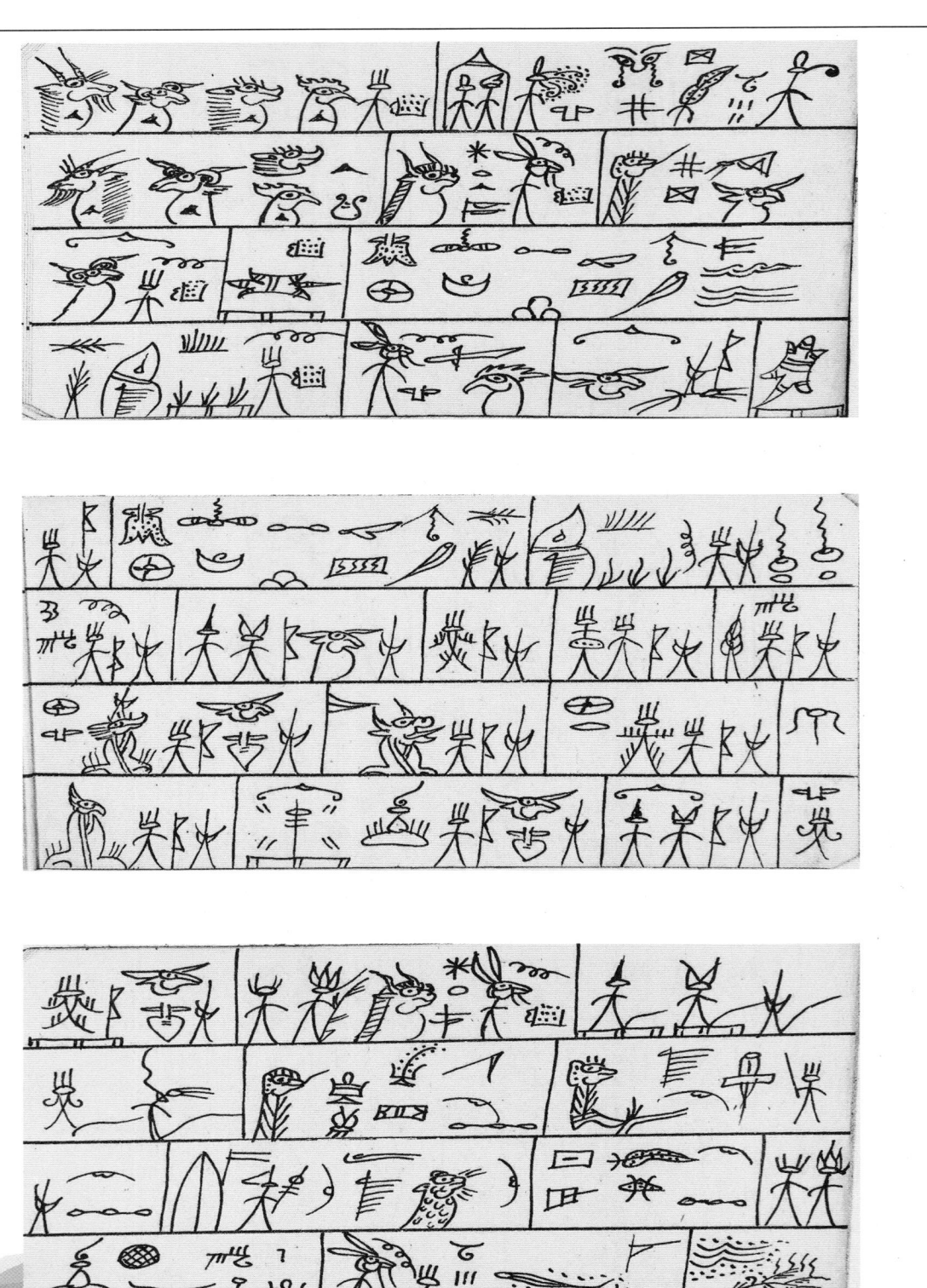

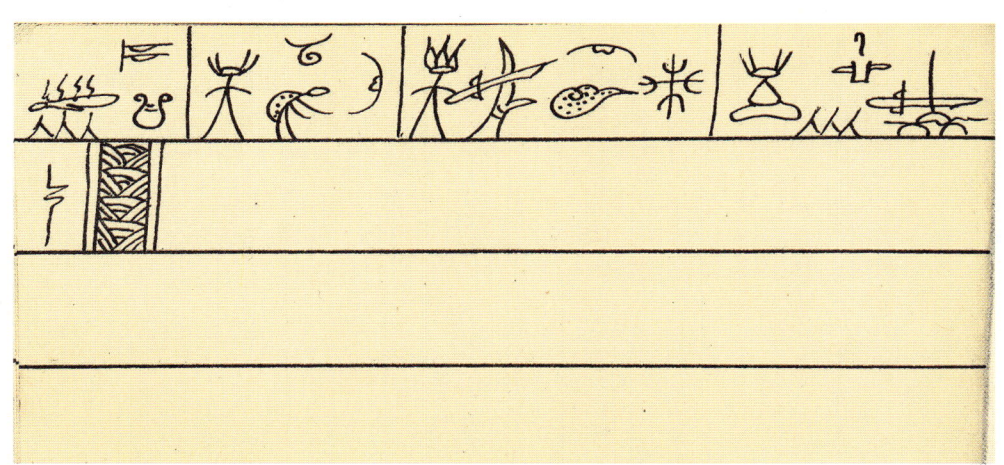

超度能者仪式·招魂

纳西族阮可东巴经。流传于云南省纳西族阮可支系聚居区。1册。佚名撰。经书记述了给神祇、生者、死者等各类人招魂。旧抄本，线订册叶装。页面高10.1厘米，广33.5厘米，每页4行。保存完好。今藏于丽江市东巴文化研究院。

43

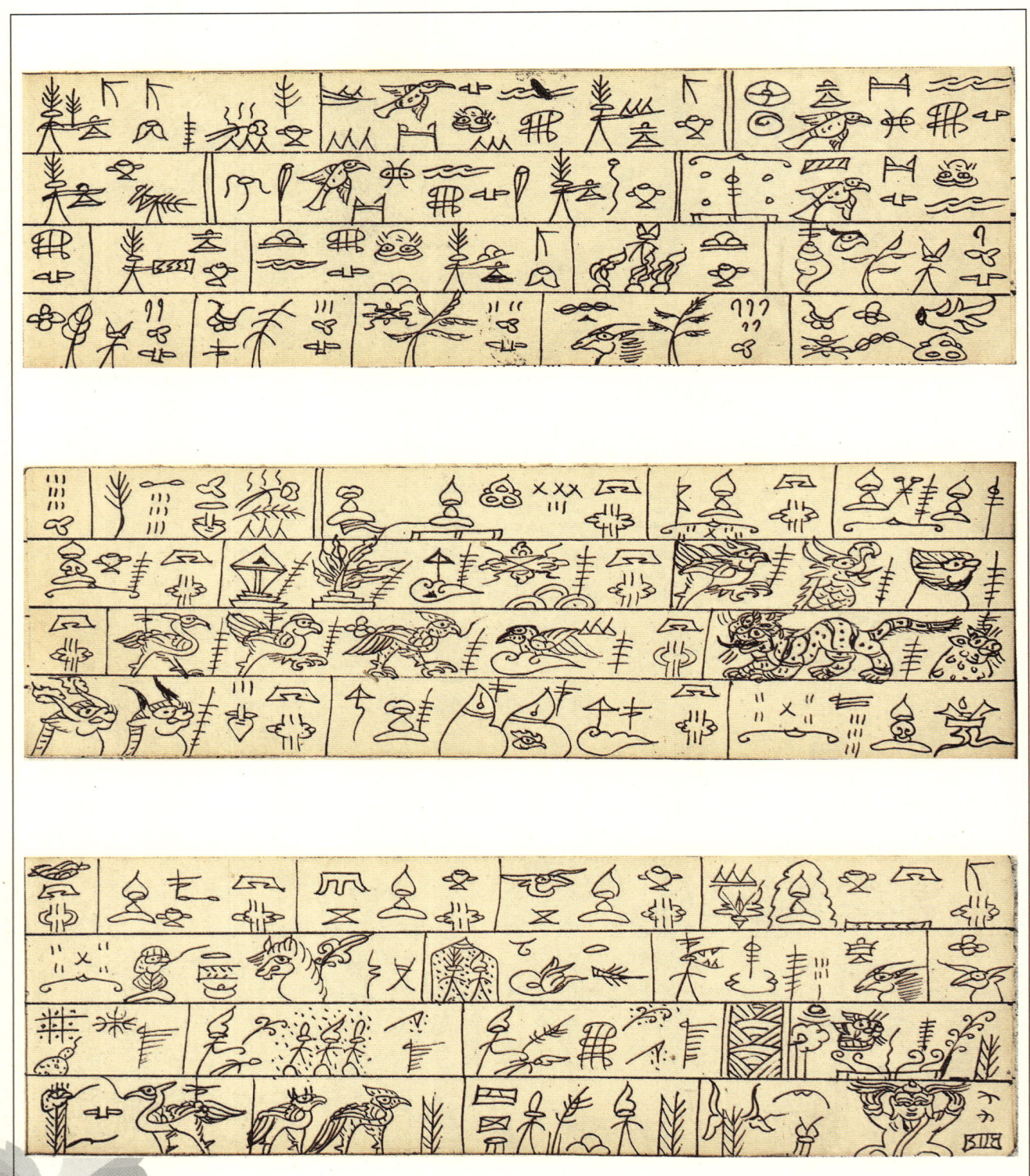

44

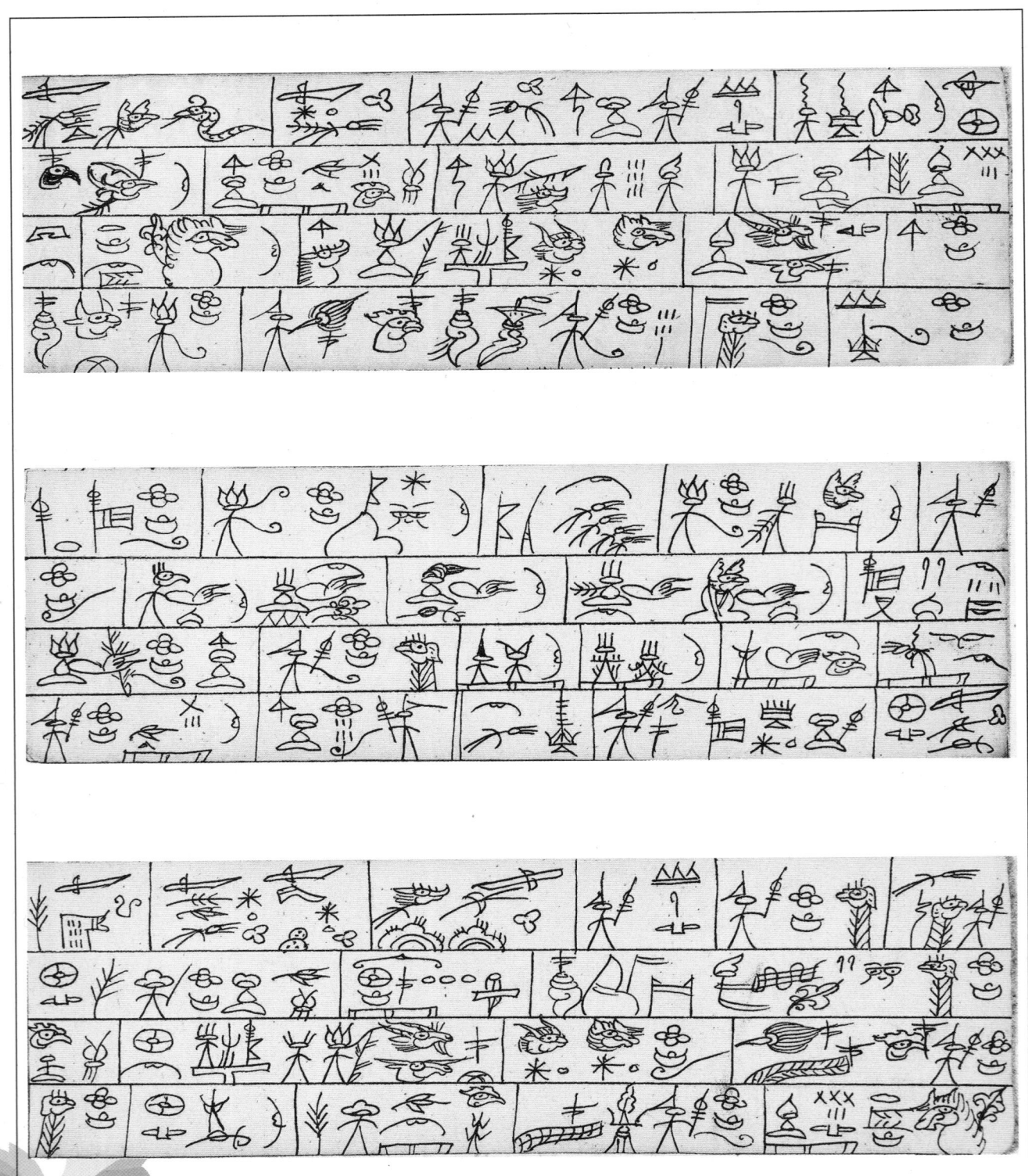

超度什罗仪式·送固松玛

纳西族东巴经。流传于云南省丽江市纳西族地区。不分卷，1册。卷尾注此经典为东亨使用。讲述了送女鬼固松玛的由来及规仪。通过仪式将死者送回祖先居住地，以求保佑家人幸福吉祥。旧抄本，线订册叶装。页面高8.8厘米，广29.2厘米，每页3行。保存完好。今藏于丽江市东巴文化研究院。

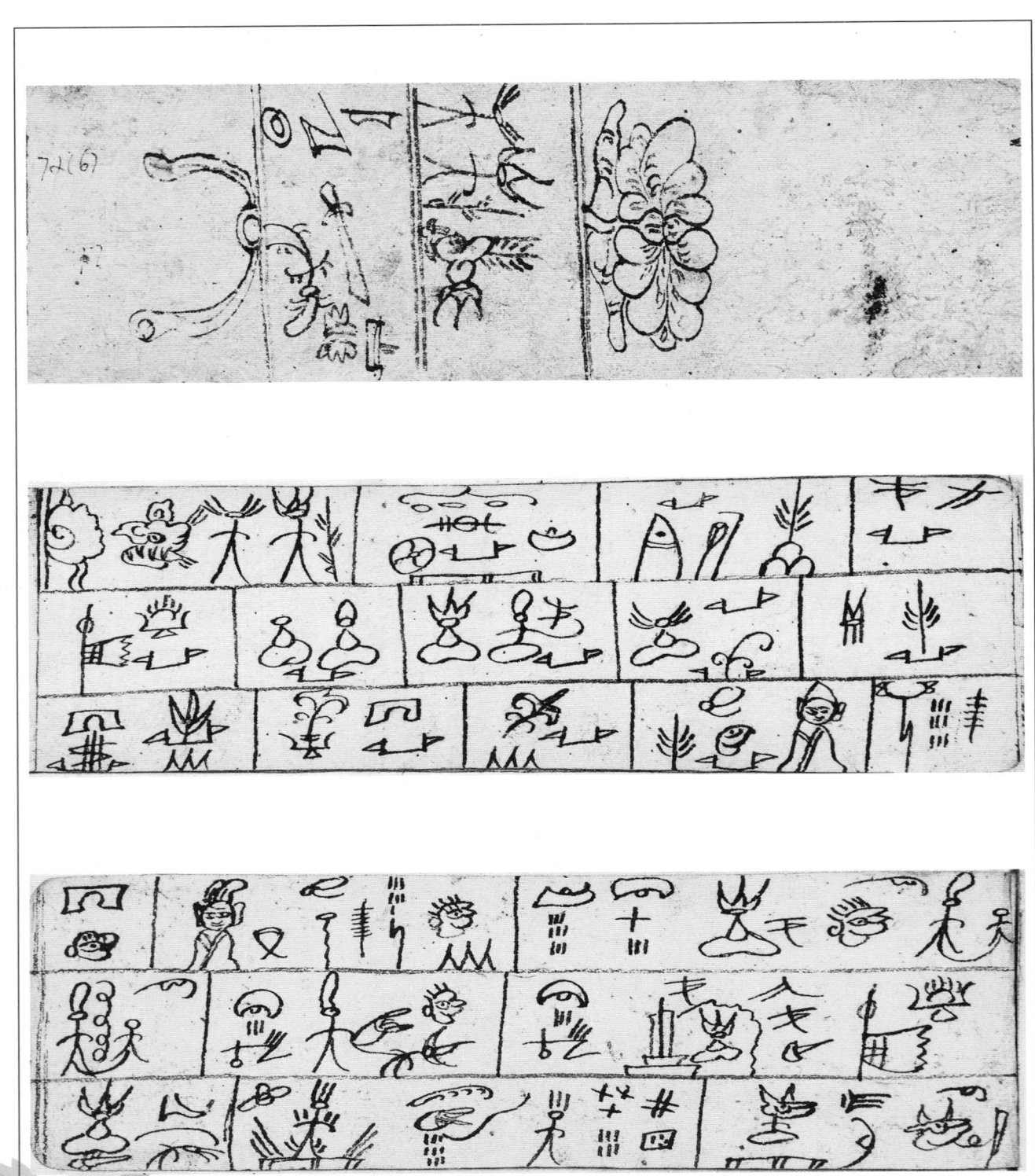

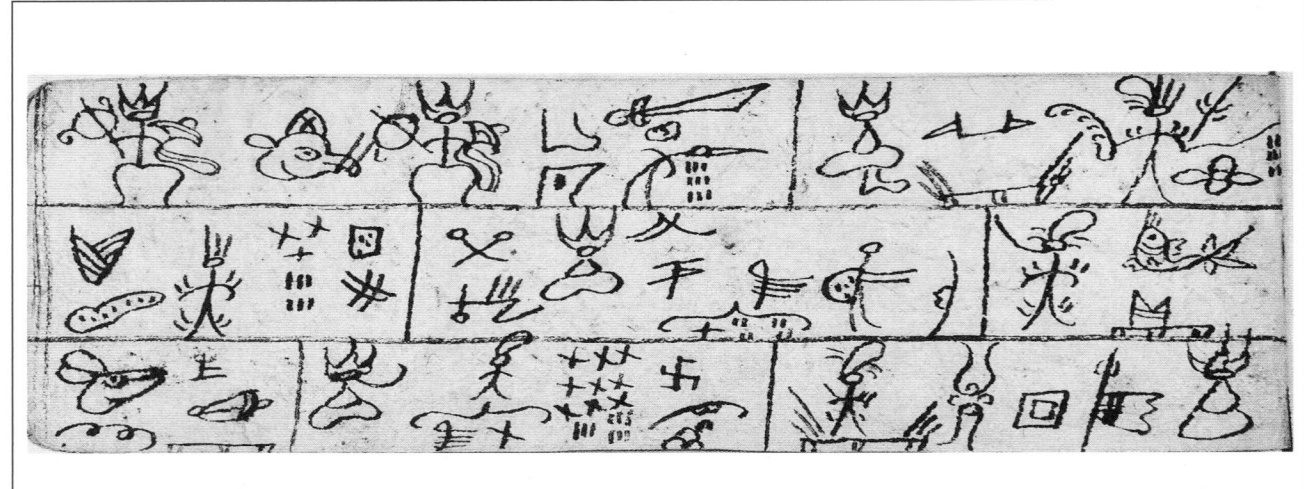

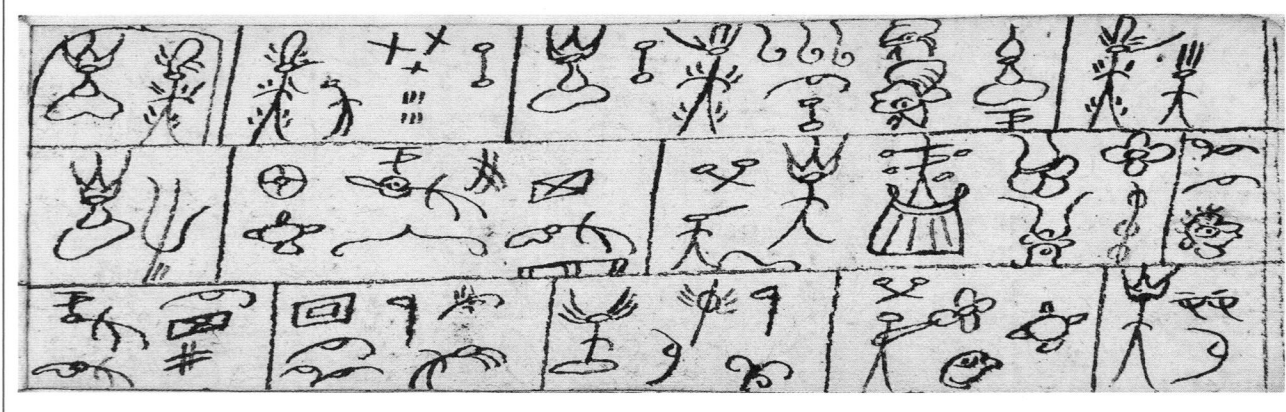

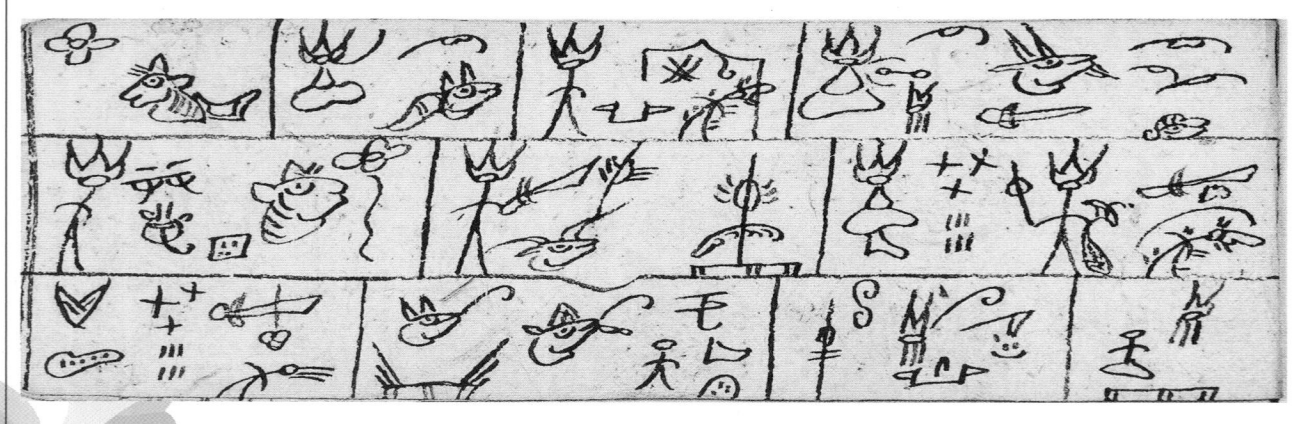

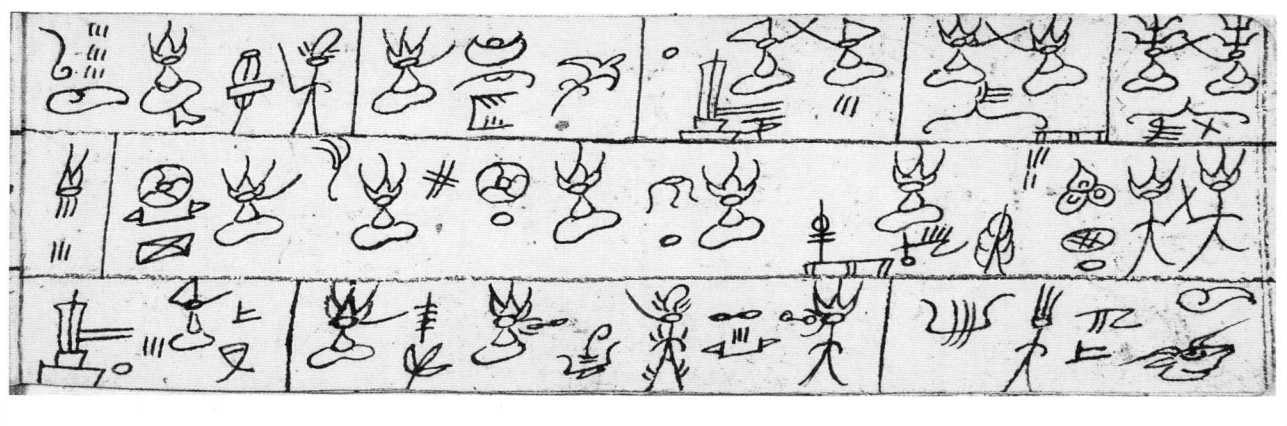

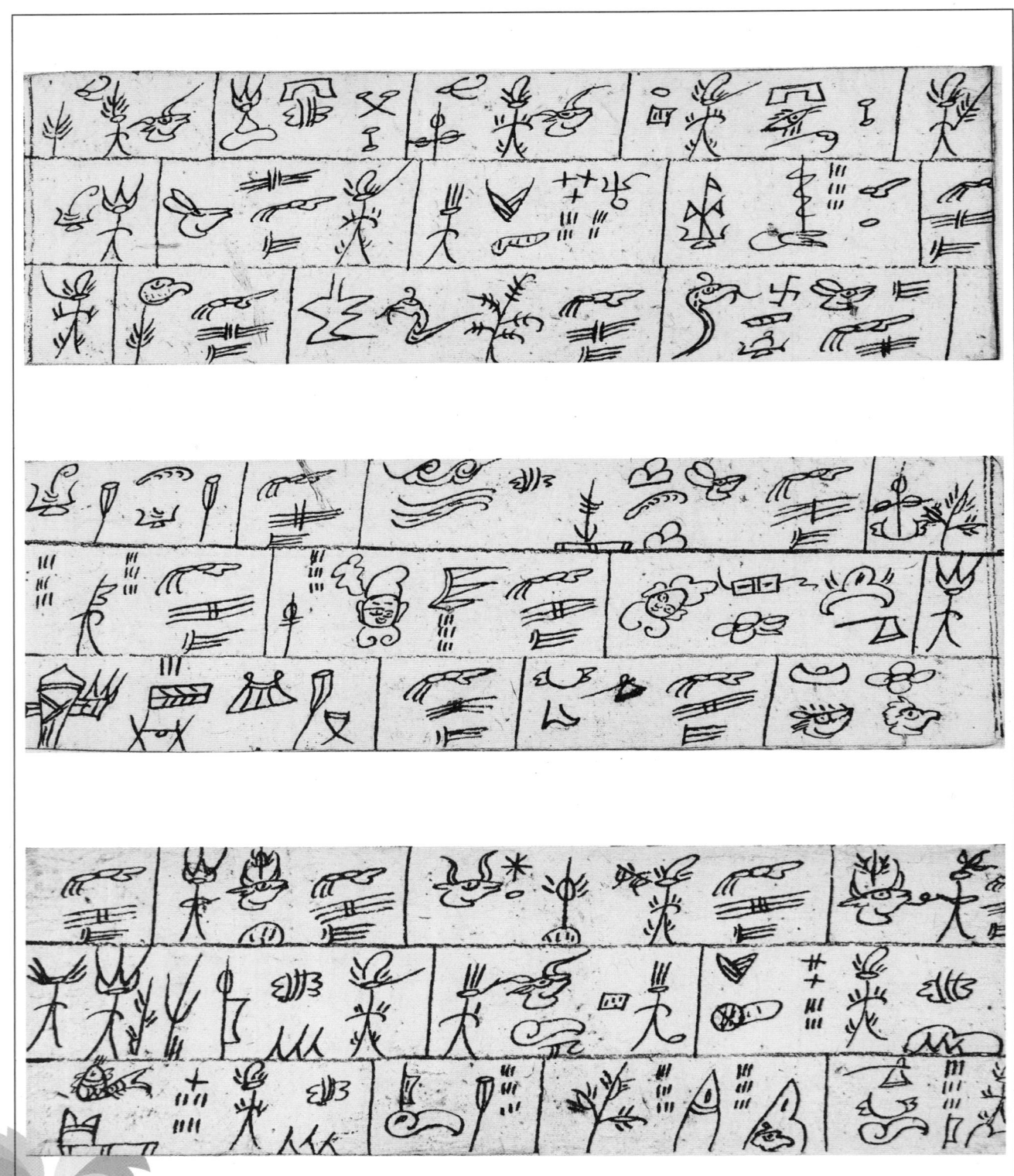

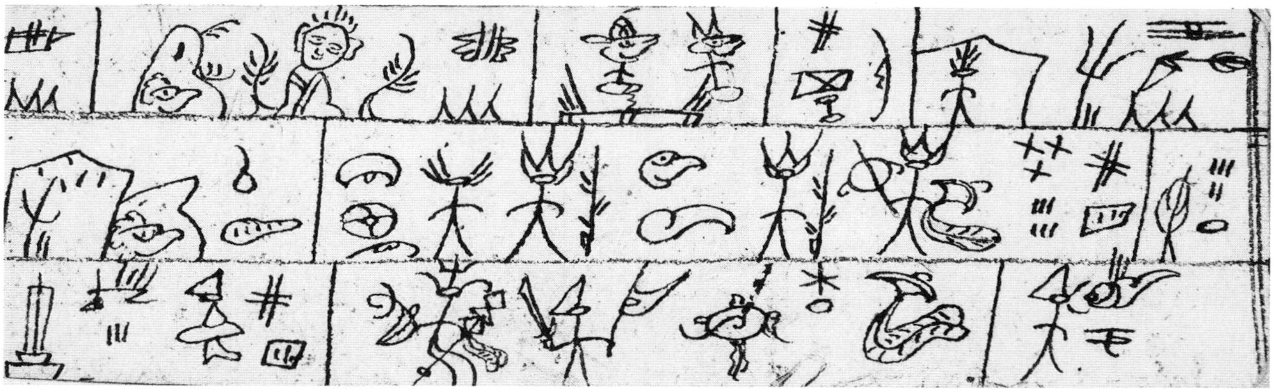

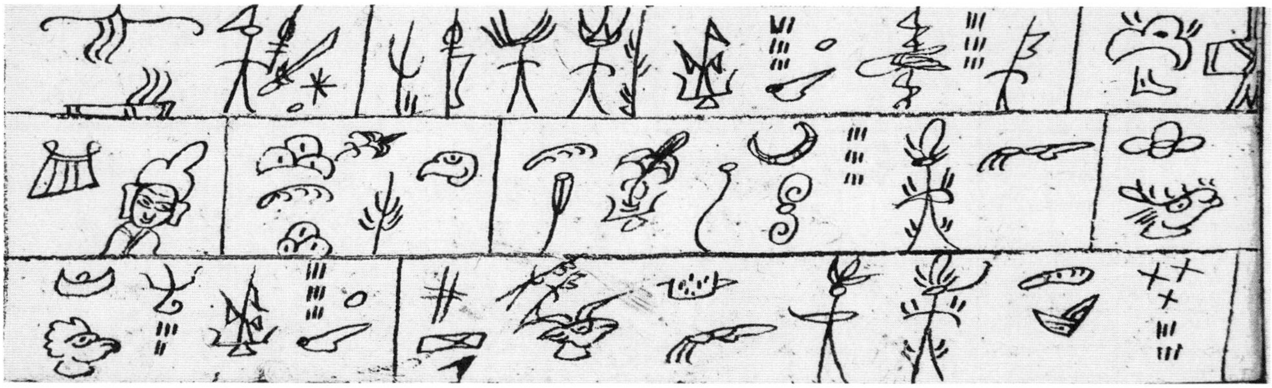

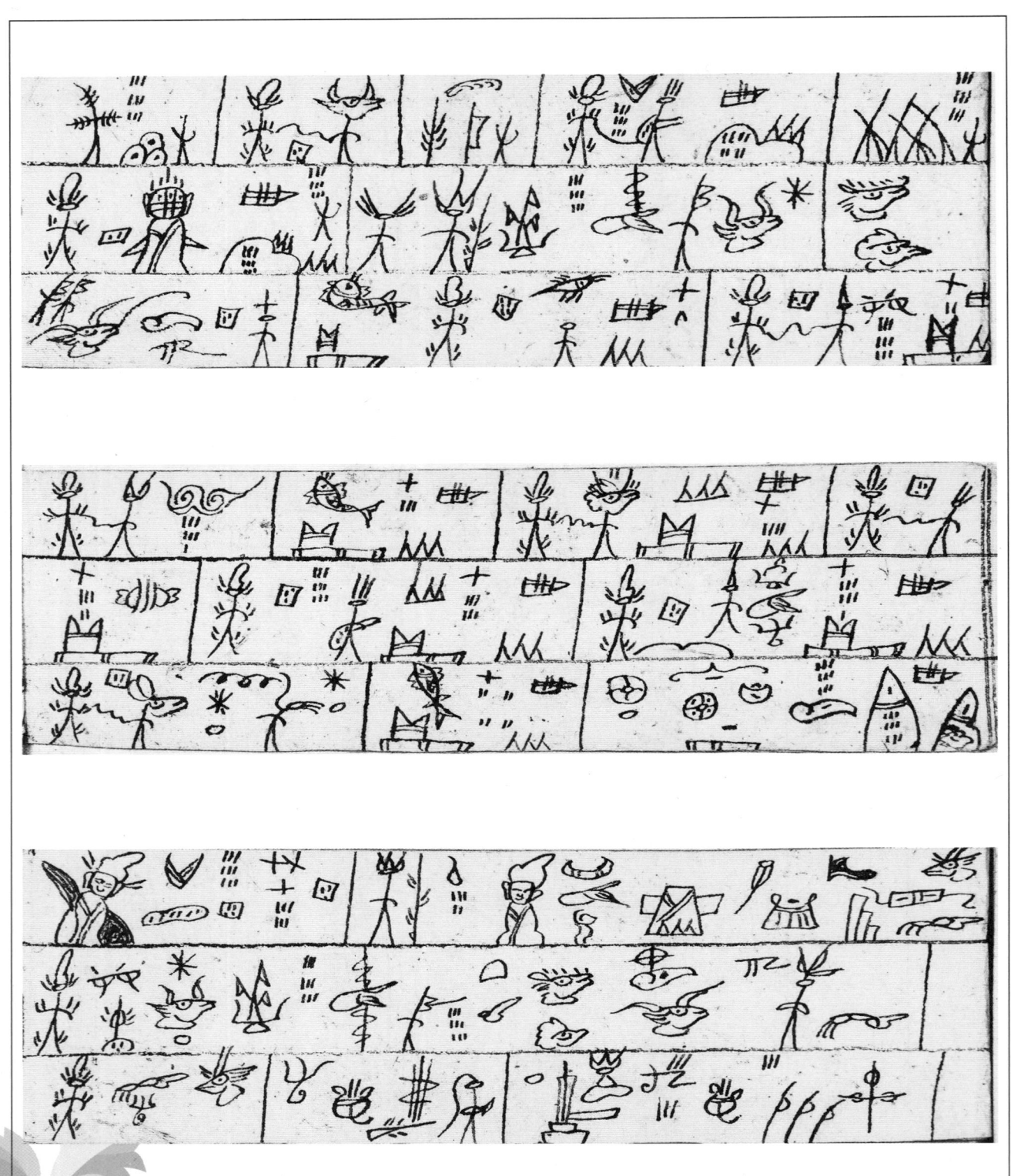

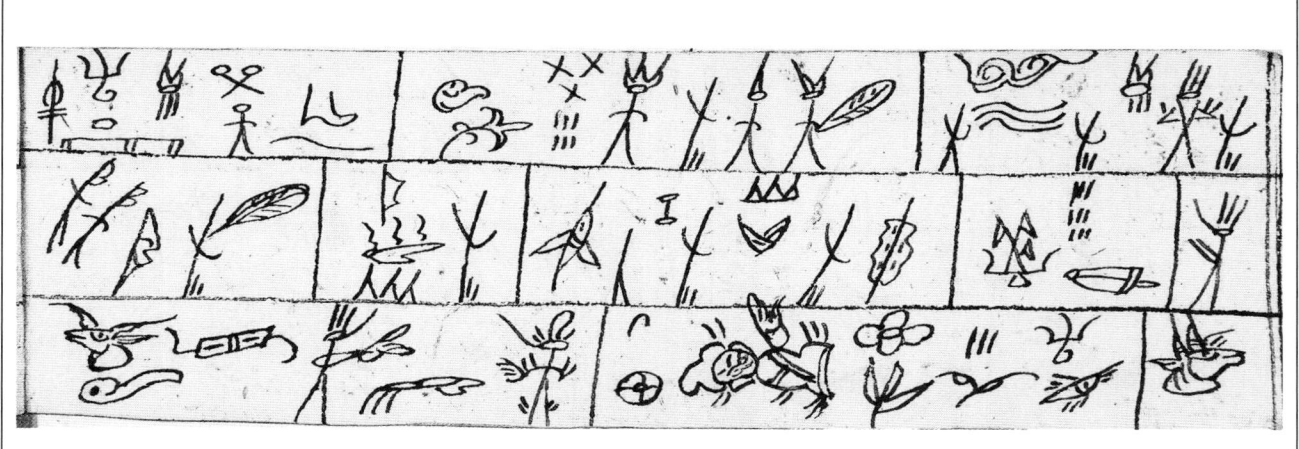

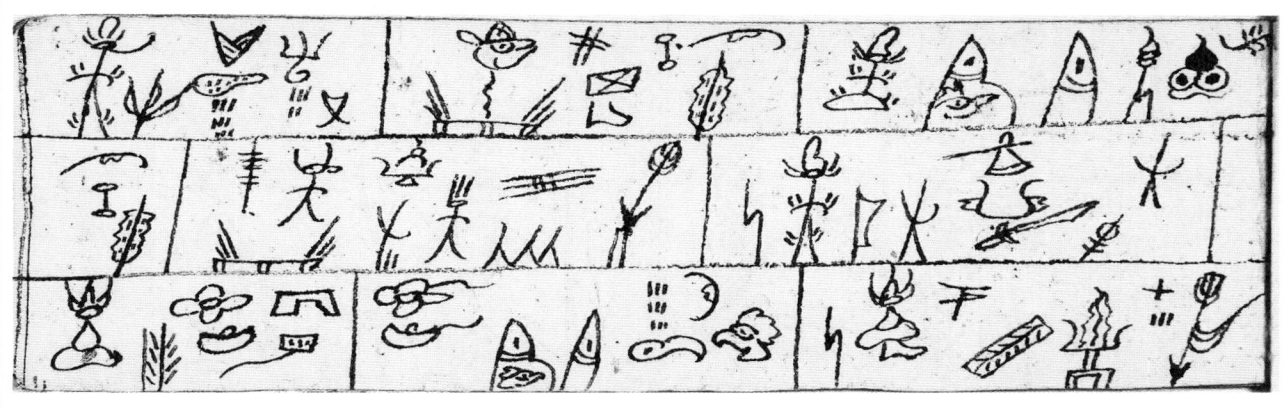

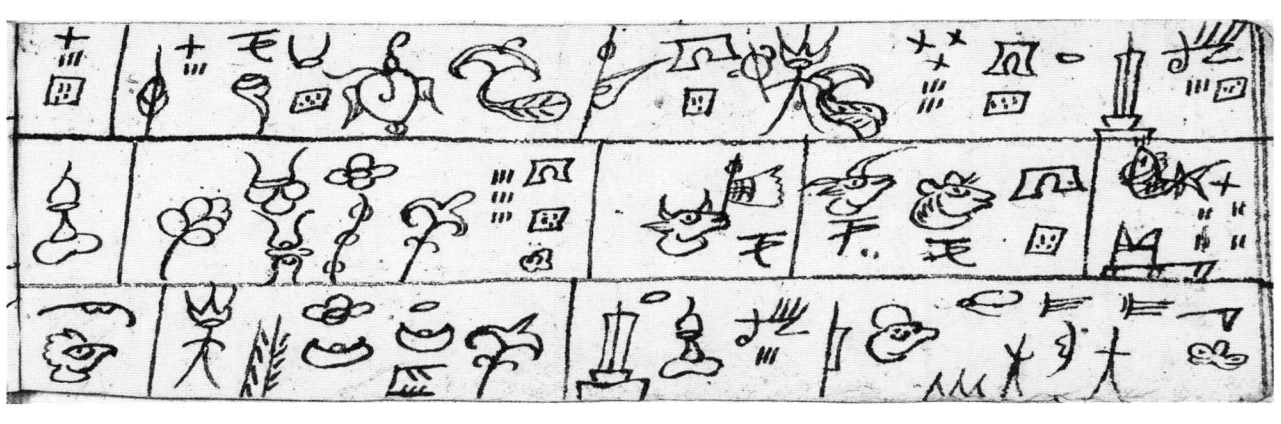

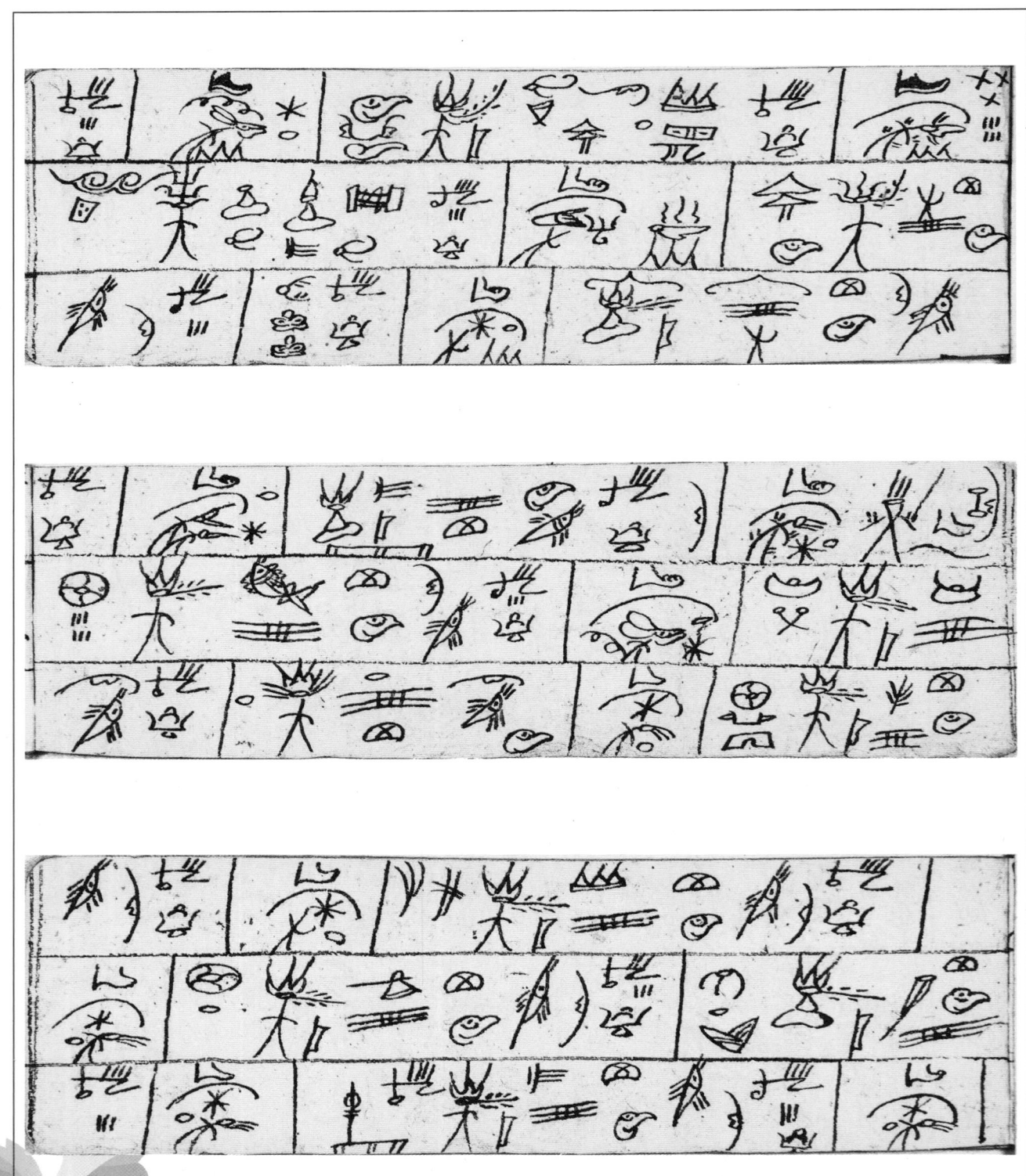

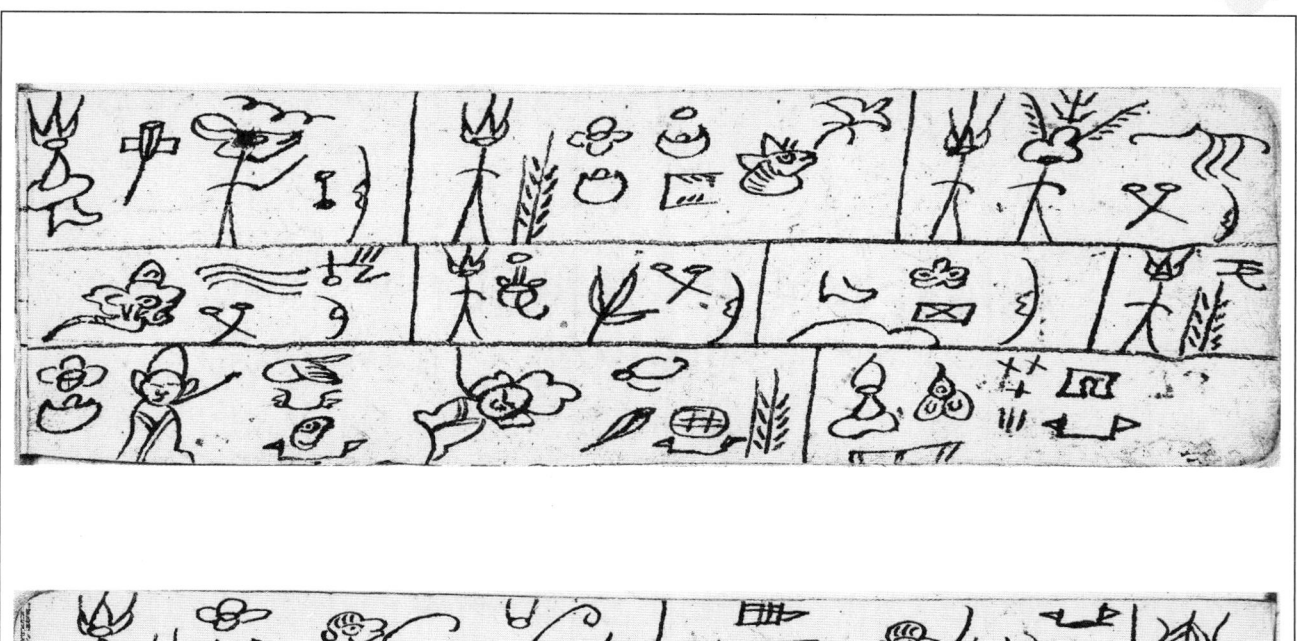

超度什罗仪式·开神路（上）·法轮出处

纳西族东巴经。流传于云南省丽江市纳西族地区。分卷。佚名撰。讲述了风、火、水、土、木、铁6个法轮变化出五行。生前有差错过失的灵魂，经过东巴什罗用圣水洗涤和超度，能够从地狱出来，送往神地。旧抄本，线订册叶装。页面高8.8厘米，广29.2厘米，每页3行。部分内文彩色书写。保存完好。今藏于丽江市东巴文化研究院。

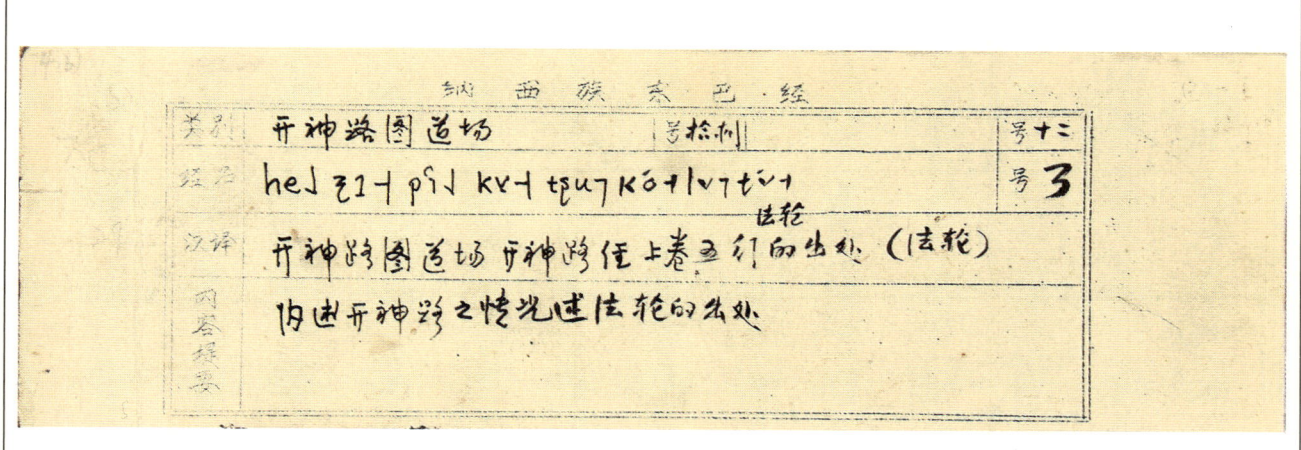

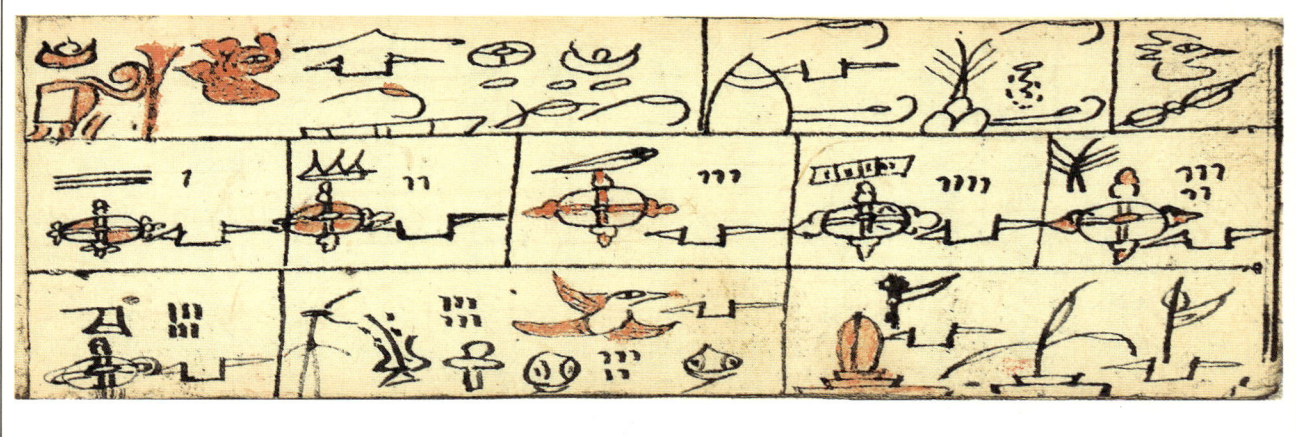

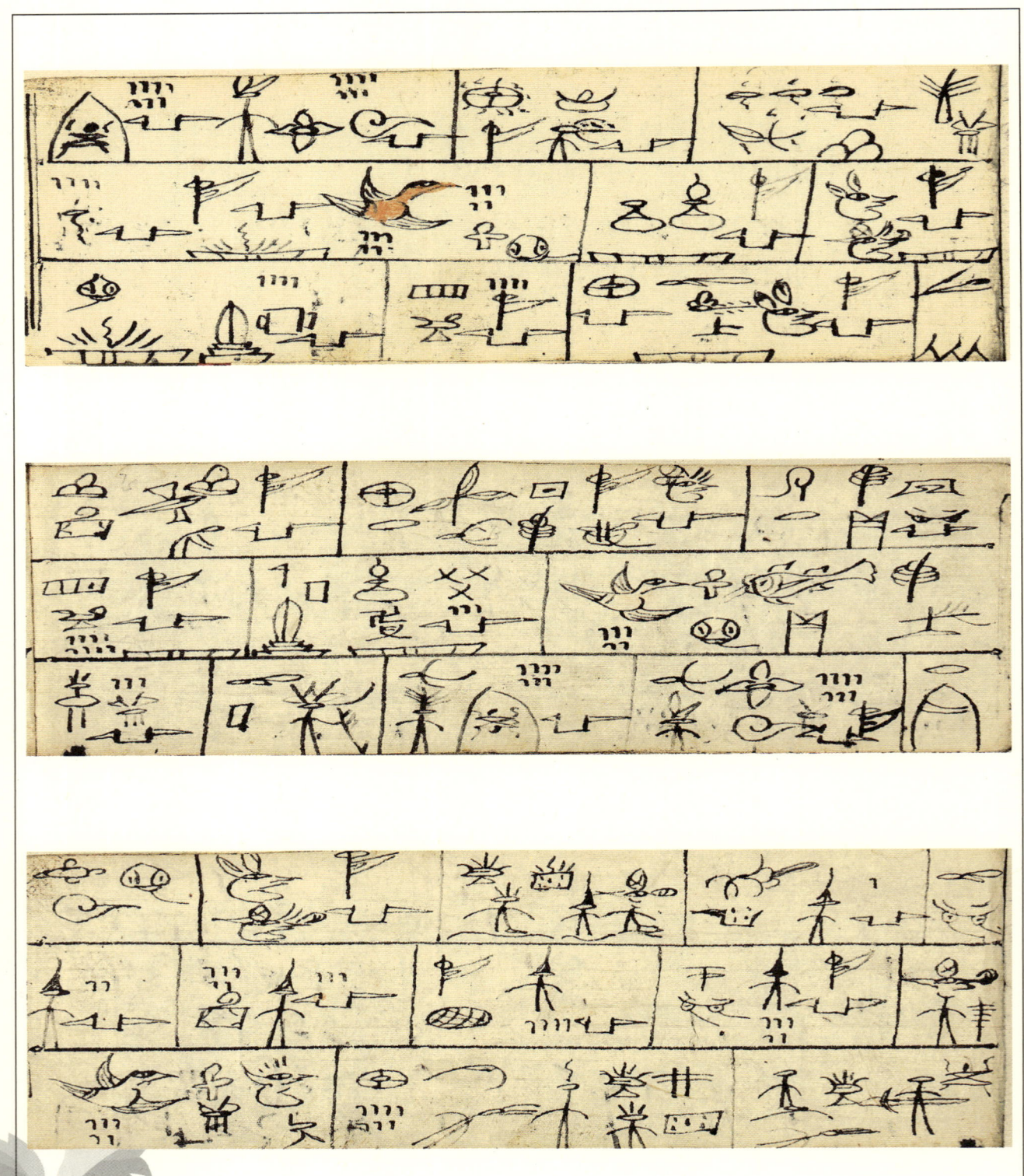

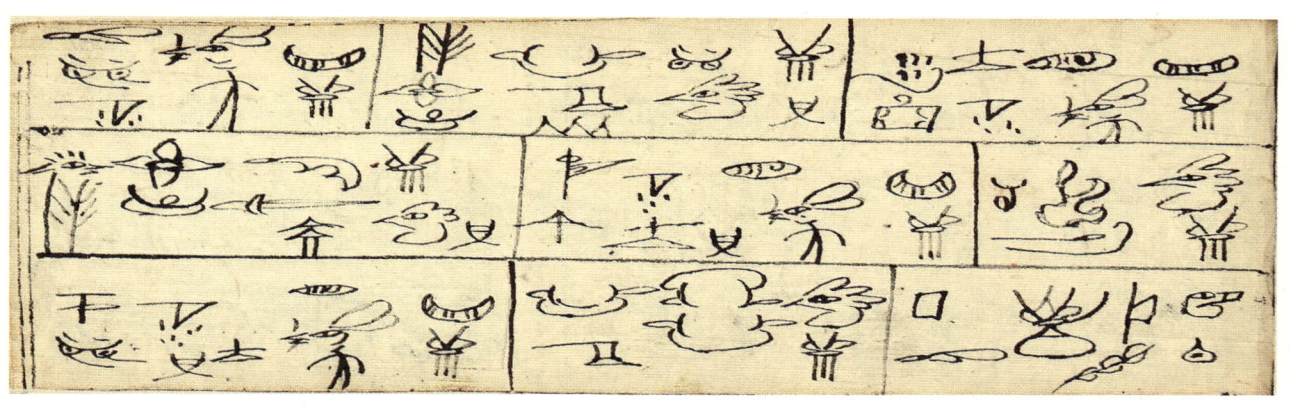

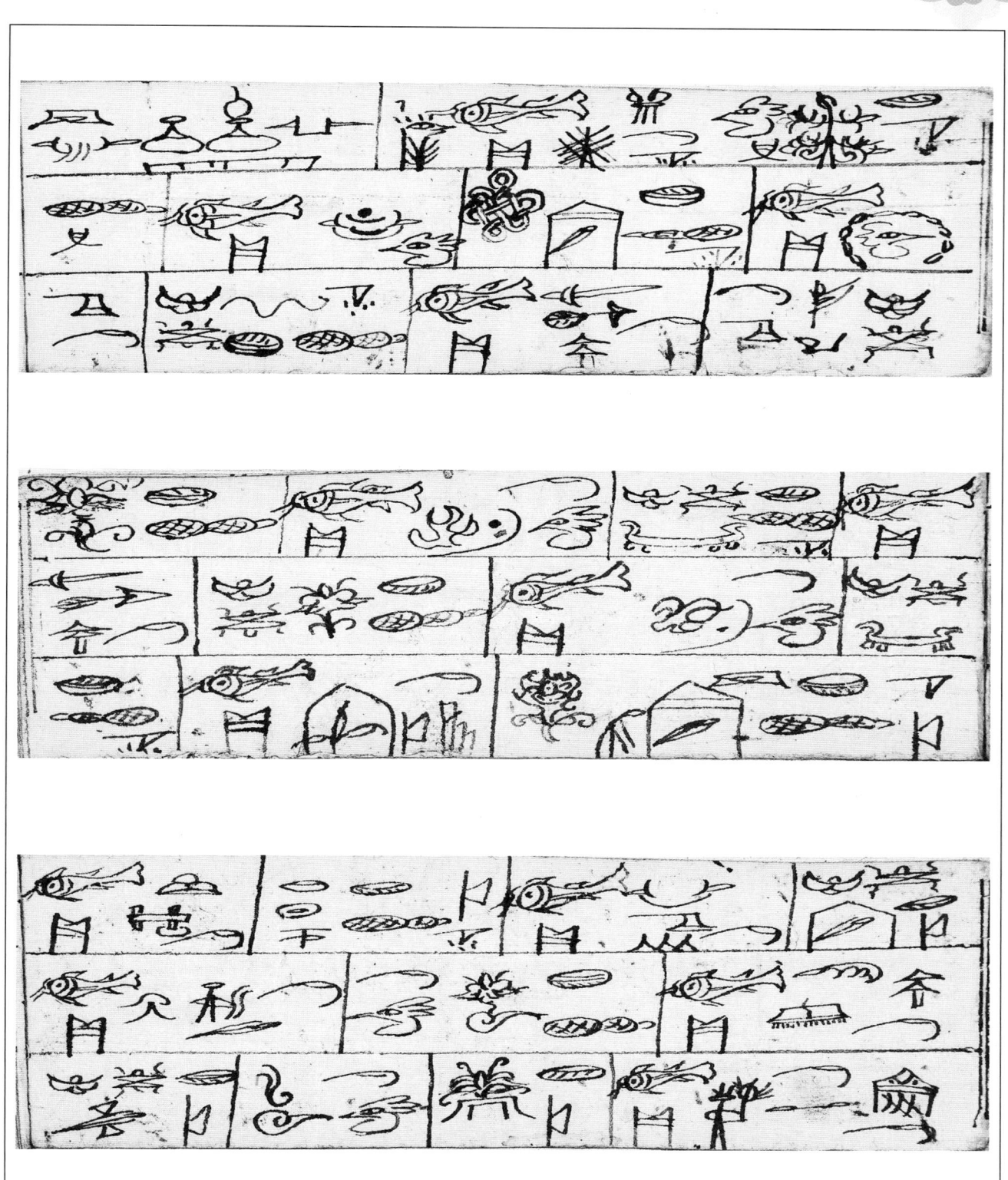

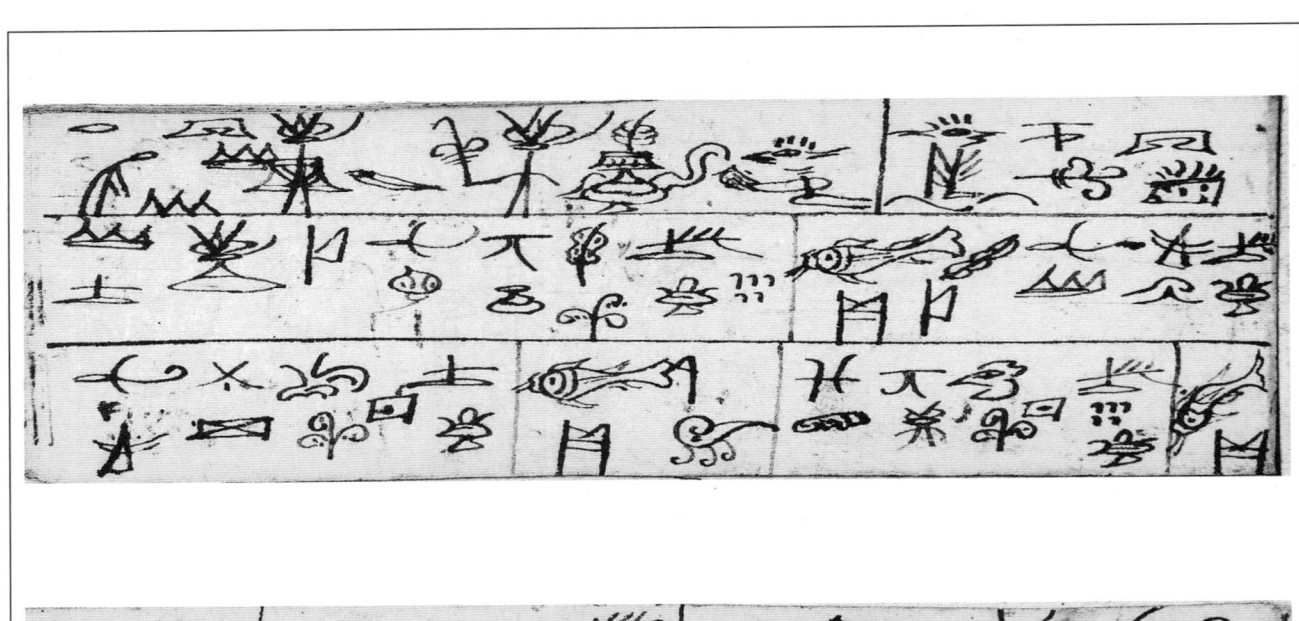

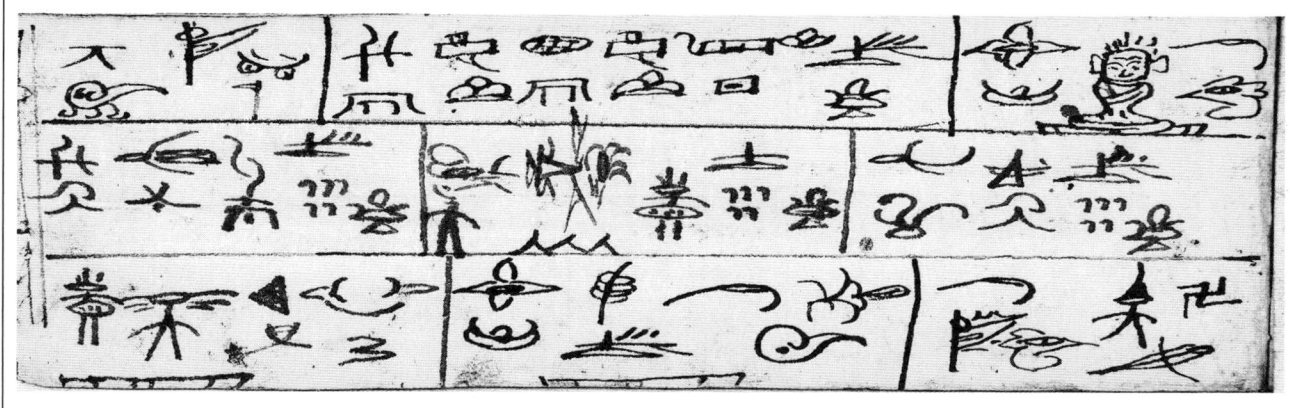

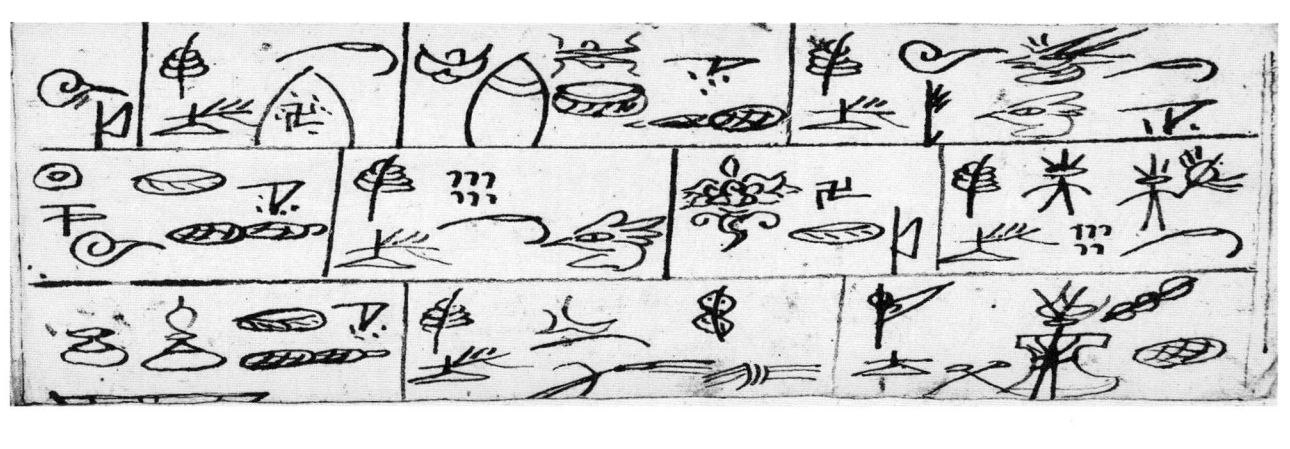

超度什罗仪式·什罗改名十二次

纳西族东巴经。流传于云南省丽江市纳西族地区。不分卷，1册。佚名撰。讲述了东巴什罗死后其灵魂要送往神地、祖先居住地。依据东巴什罗诞生时的不同方位而有不同的名字。东巴什罗在劳寿玖威大神剃度和除秽后，正式取名东巴什罗并在18层天上诵念经书，静心修行。最终，东巴什罗被送往了幸福吉祥的神地。旧抄本，线订册叶装。页面高9.2厘米，广27.8厘米，每页3行。保存完好。今藏于丽江市东巴文化研究院。

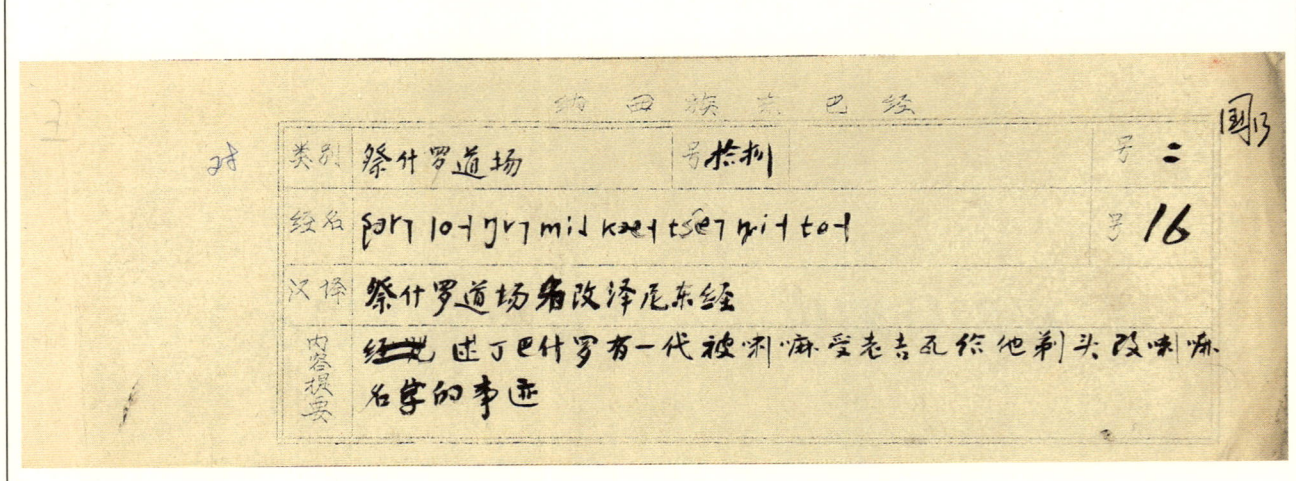

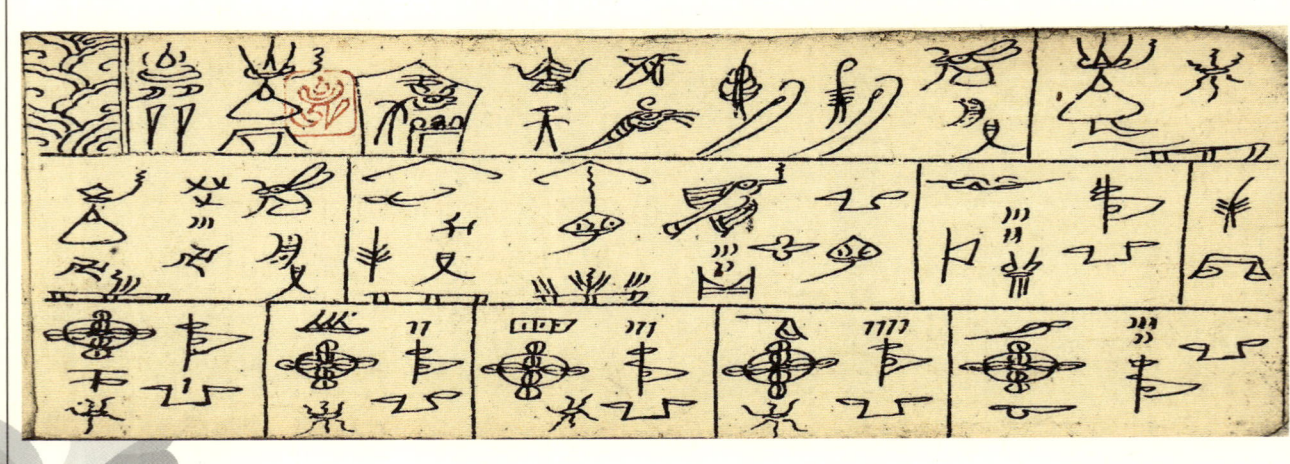

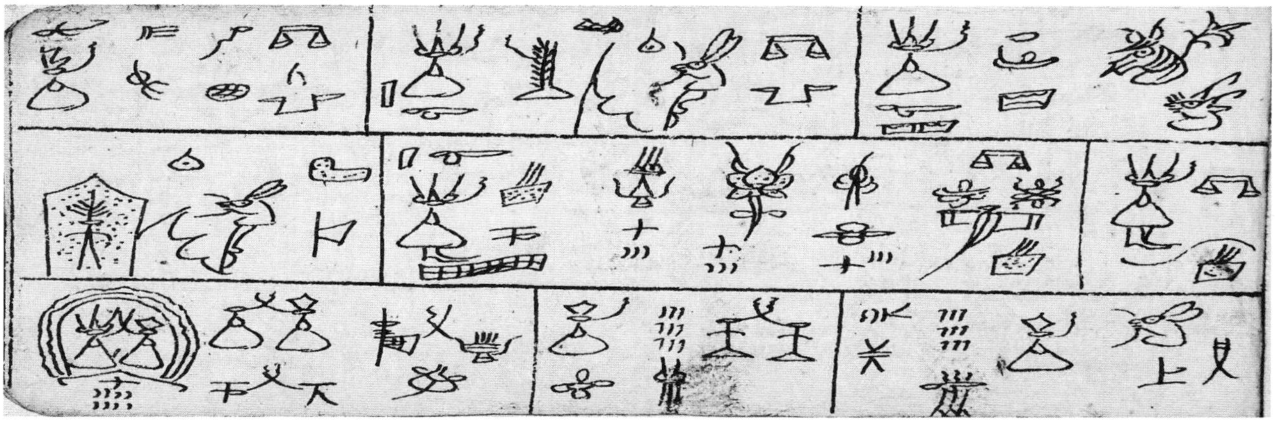

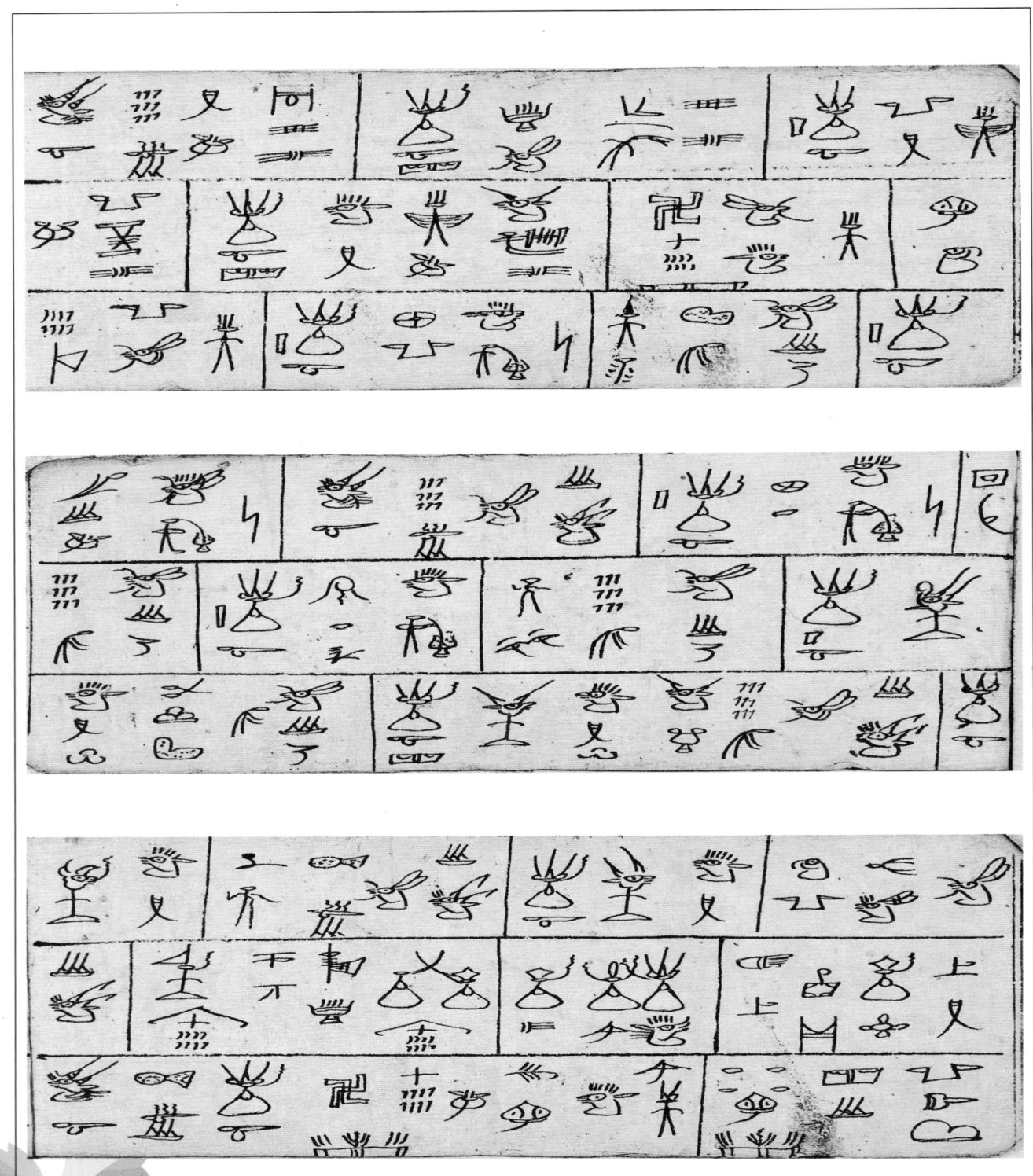

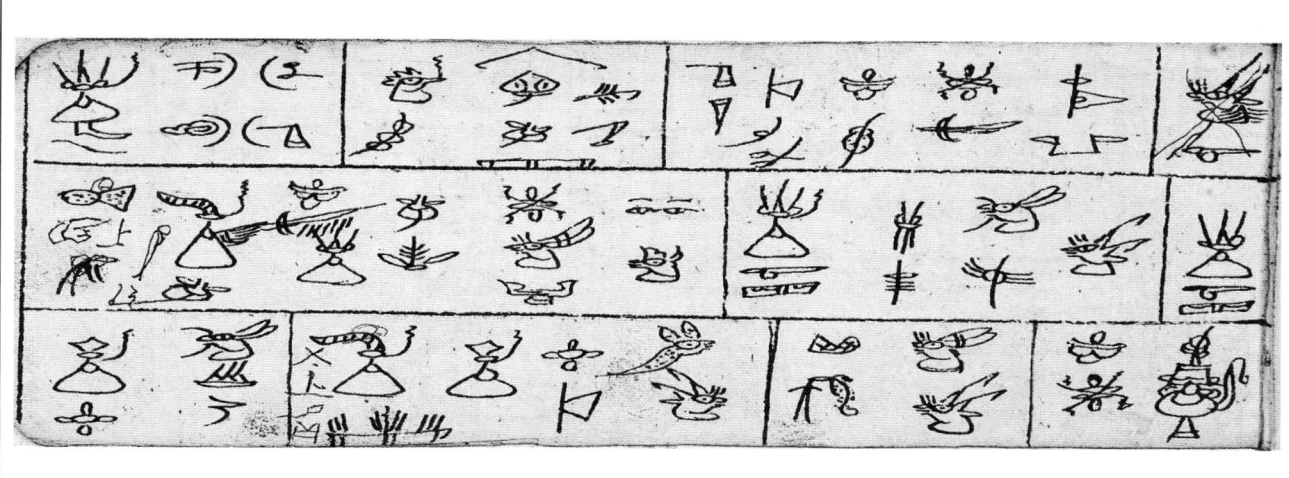

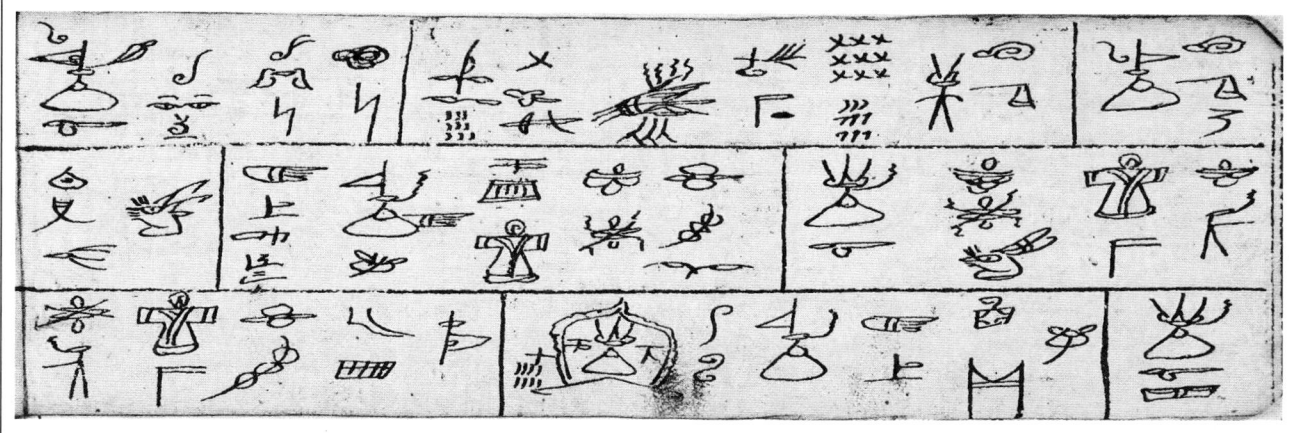

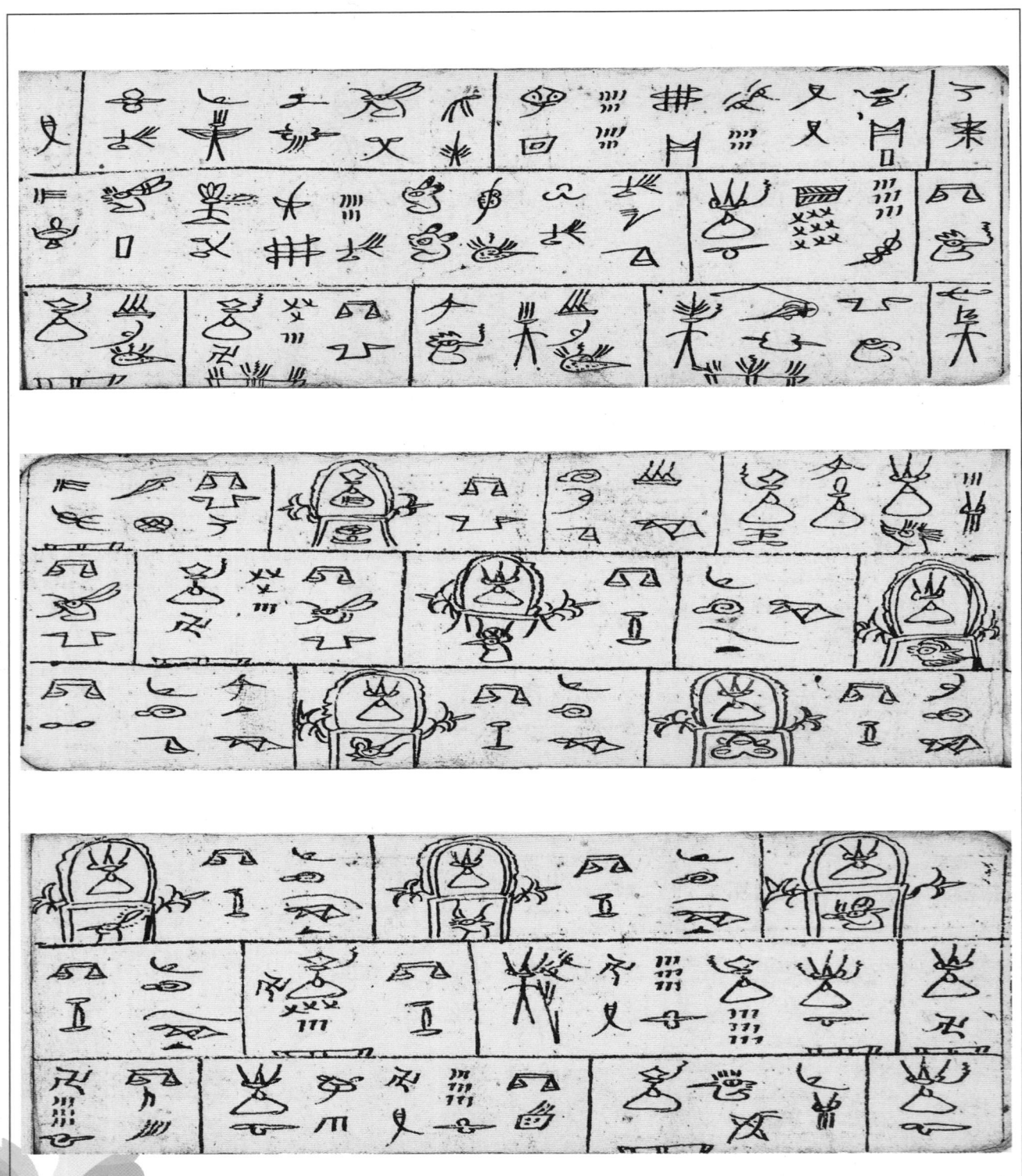

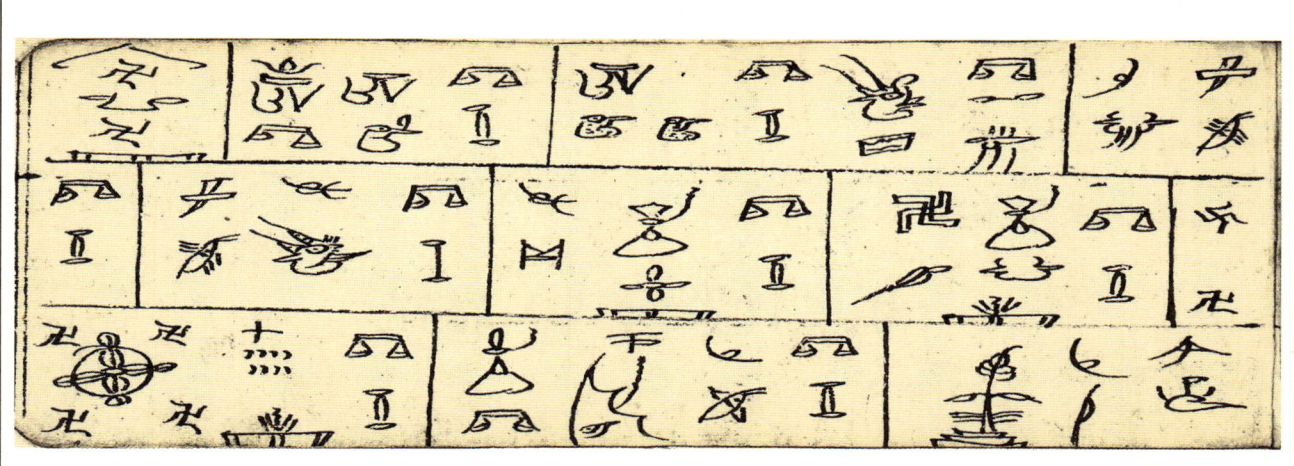

超度什罗仪式·规程

　　纳西族东巴经。流传于云南省丽江市纳西族地区。不分卷，1册。佚名撰。东巴教超度什罗仪式经书，记录了仪式规程。旧抄本，线订册叶装。页面高9.2厘米，广27.5厘米。保存完好。今藏于丽江市东巴文化研究院。

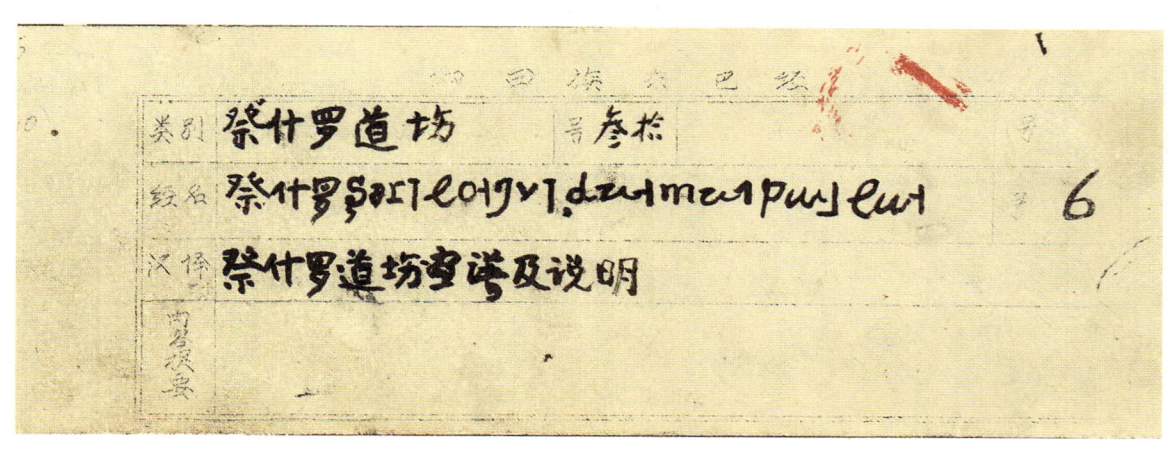

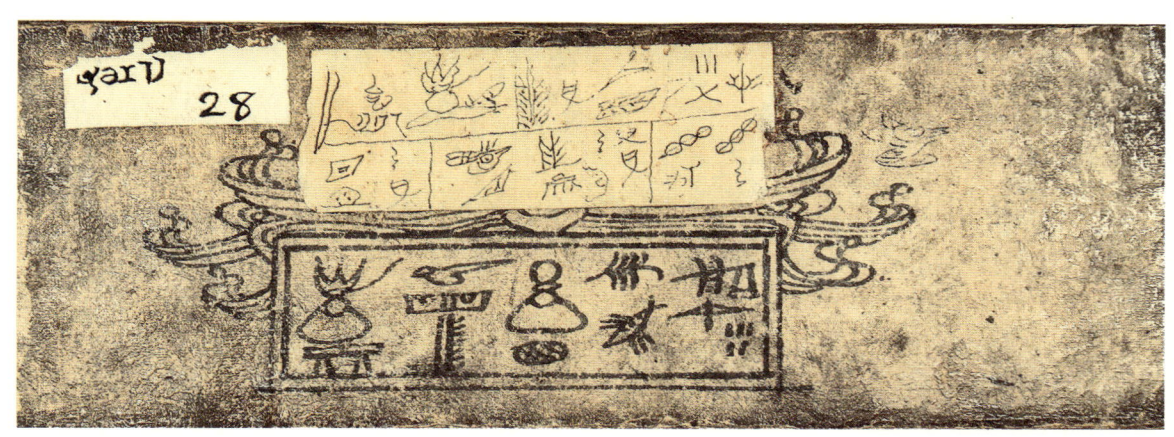

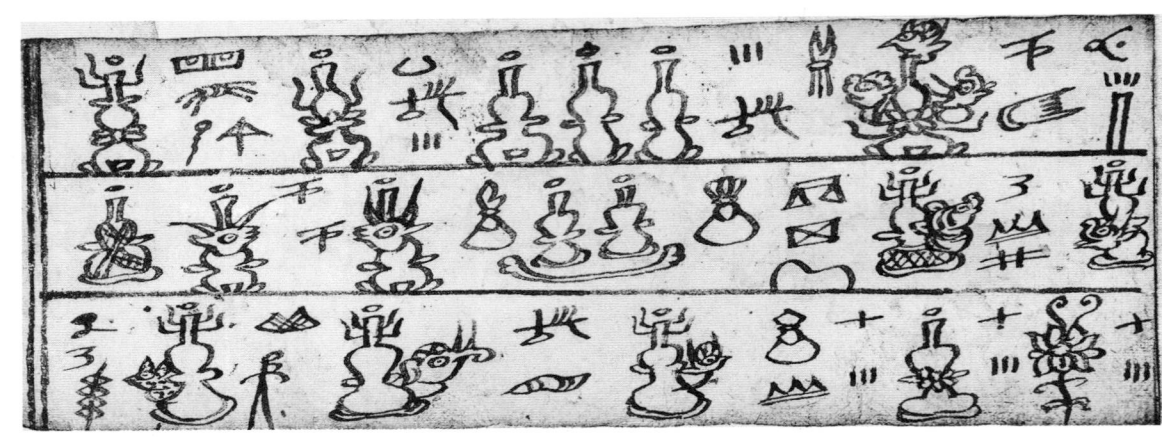

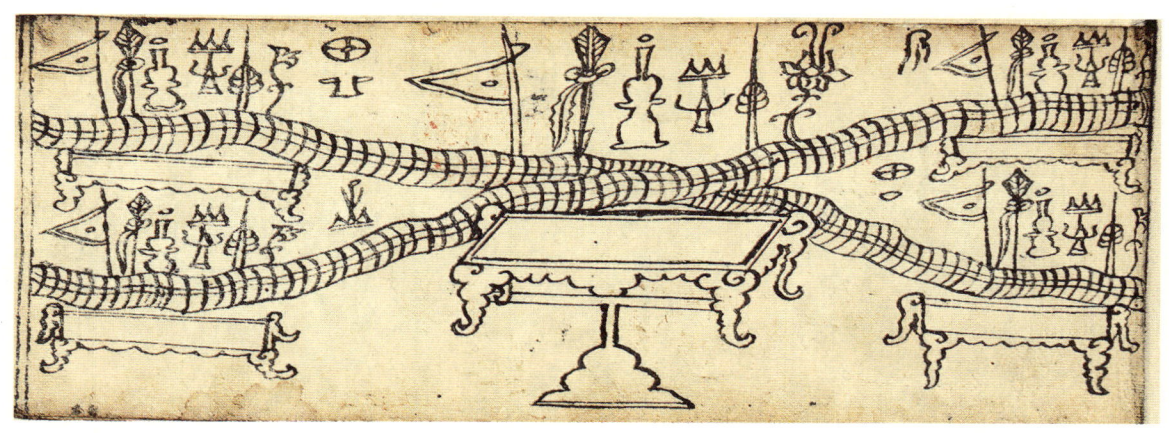

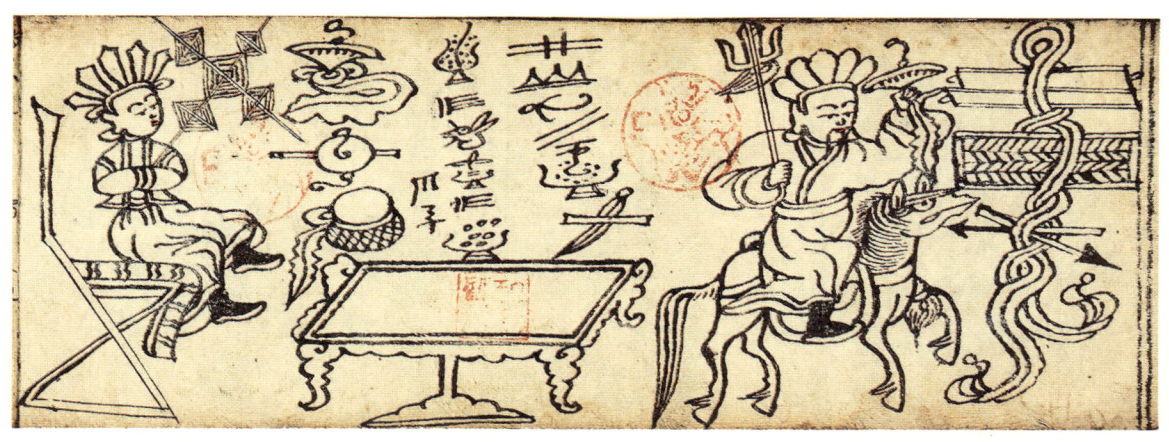

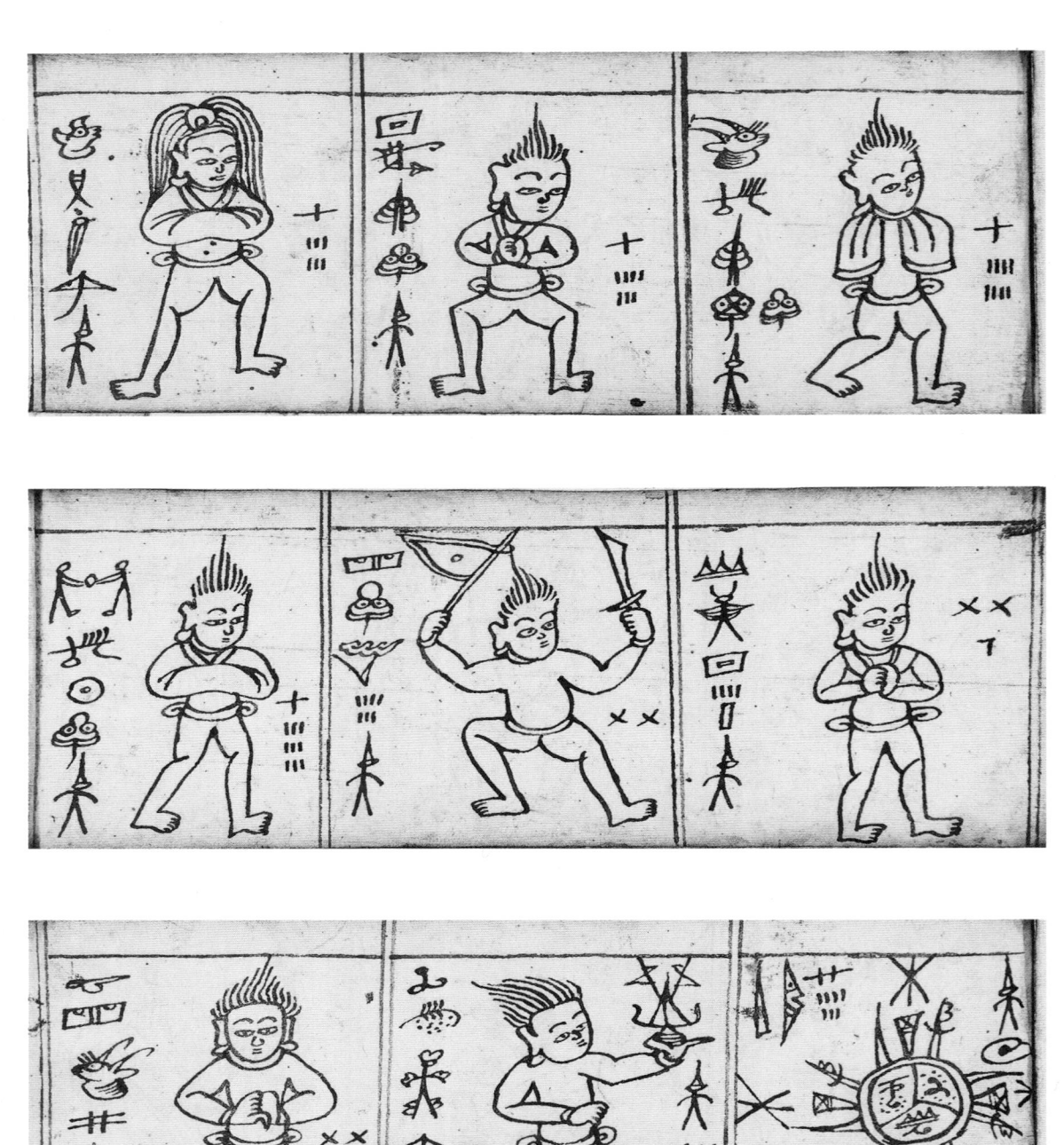

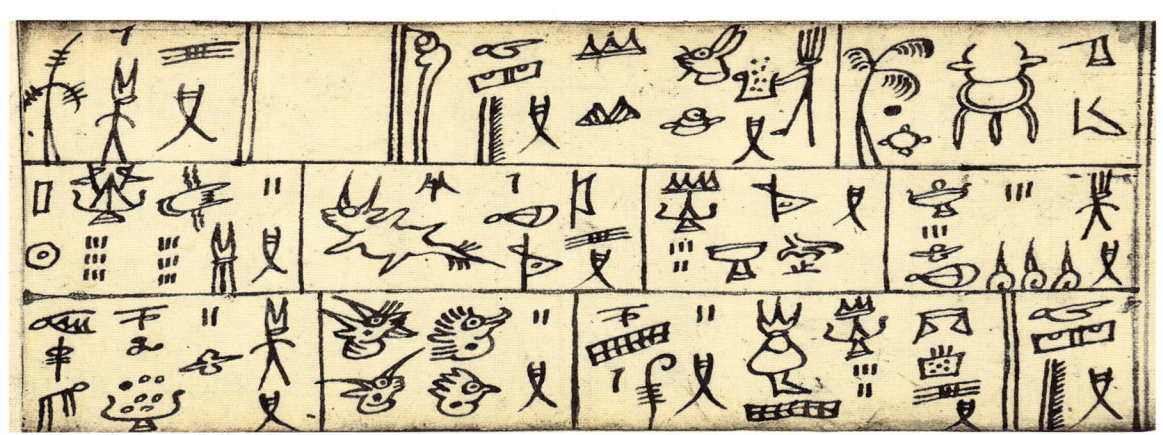

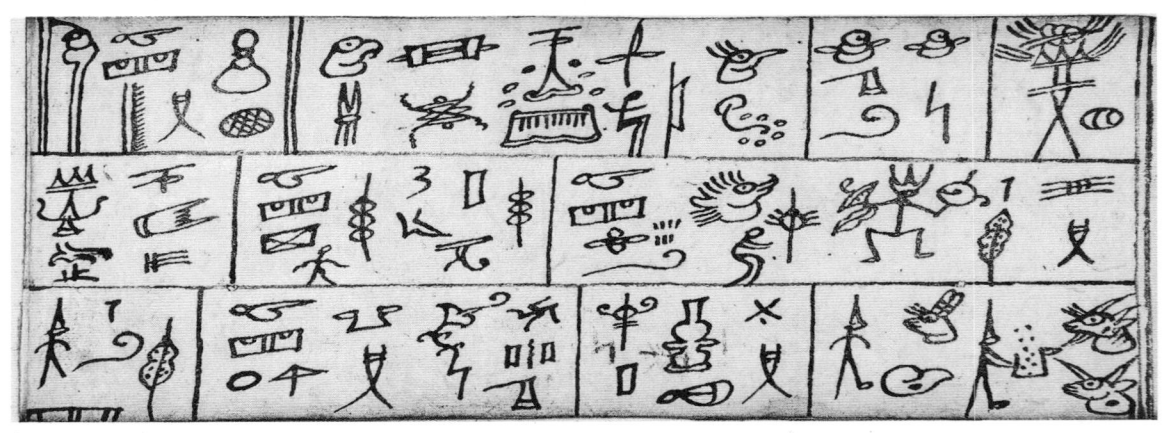

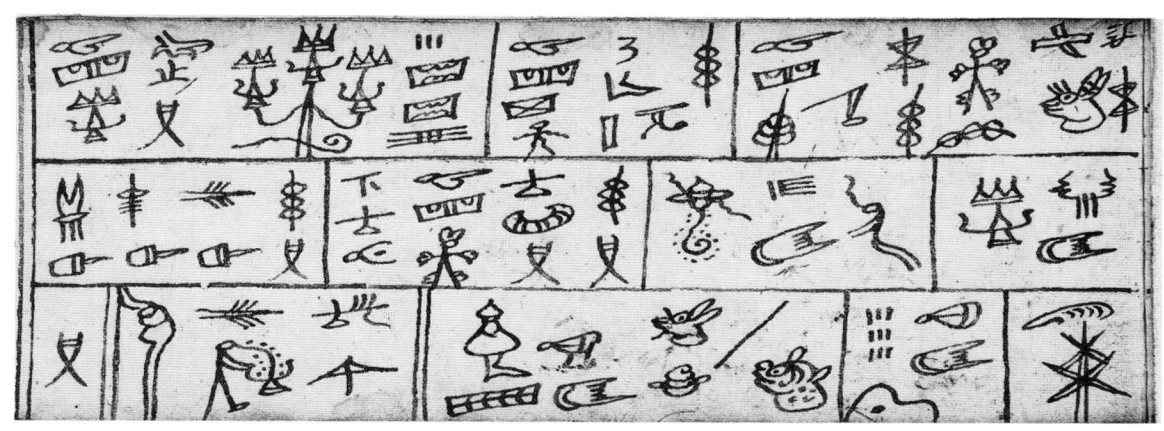

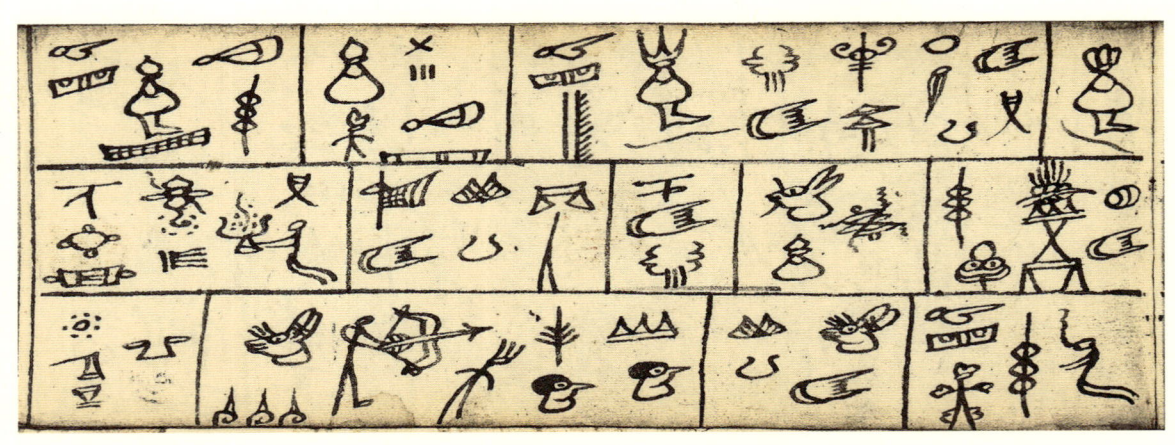

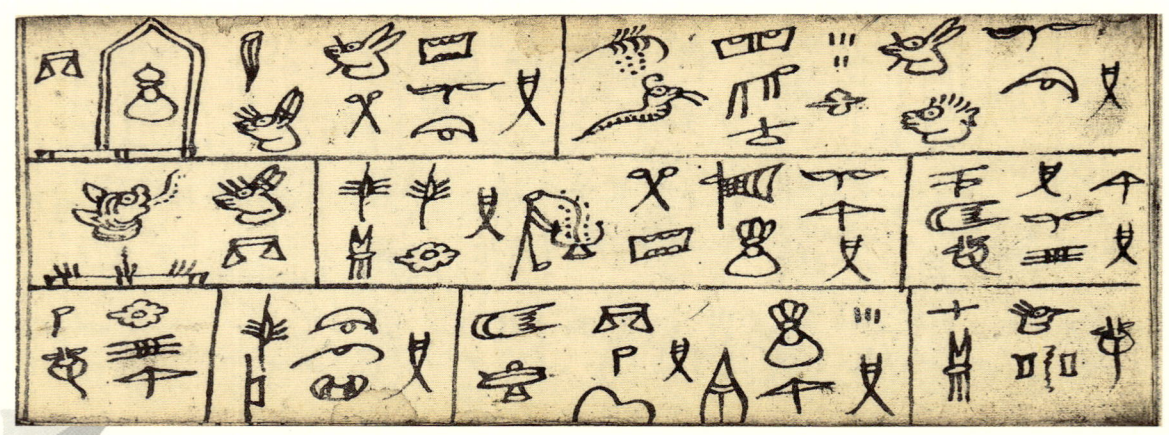

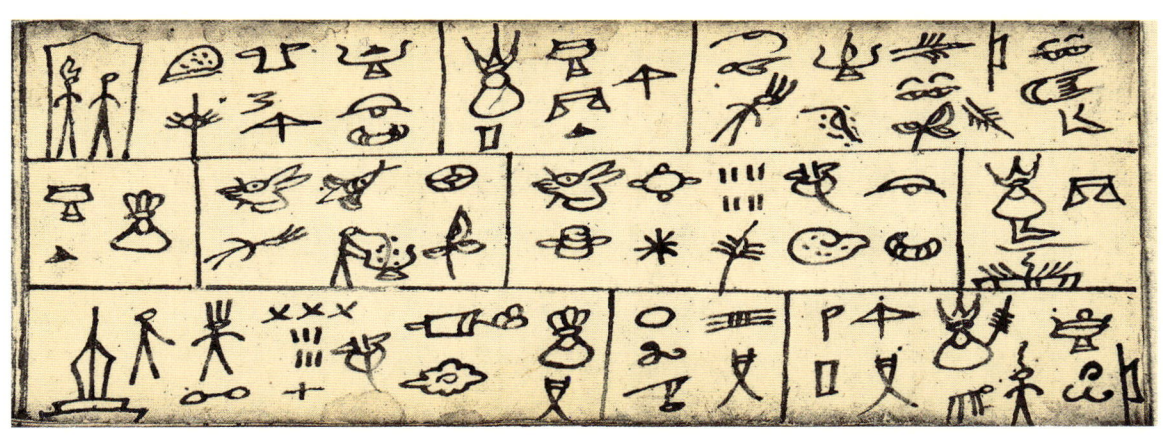

超度拉姆仪式·茨拉金姆传略

纳西族东巴经。流传于云南省丽江市纳西族地区。不分卷，1册。佚名撰。讲述了神女茨拉金姆的诞生和18层地狱的出现与产生。茨拉金姆灵魂要去往祖先居住地，会被地狱鬼纠缠，此时就需要请东巴什罗举行仪式，祈神压鬼，将其灵魂从地狱接上来再送往幸福吉祥的神地。旧抄本，线订册叶装。页面高9.6厘米，广27.5厘米。保存完好。今藏于丽江市东巴文化研究院。

纳西族东巴经

族别	祭拉姆道坊	号拾柒	号
经名	ᒪᖴᒥᔅᔿ᚛ᒪᖴᔿ 次老吉姆来历经		9
译	祭拉姆道坊次老吉姆来历经		
内容提要	内述次老吉姆之出生来历曾破十八个尼瓦地狱		

[ʂarï]
10

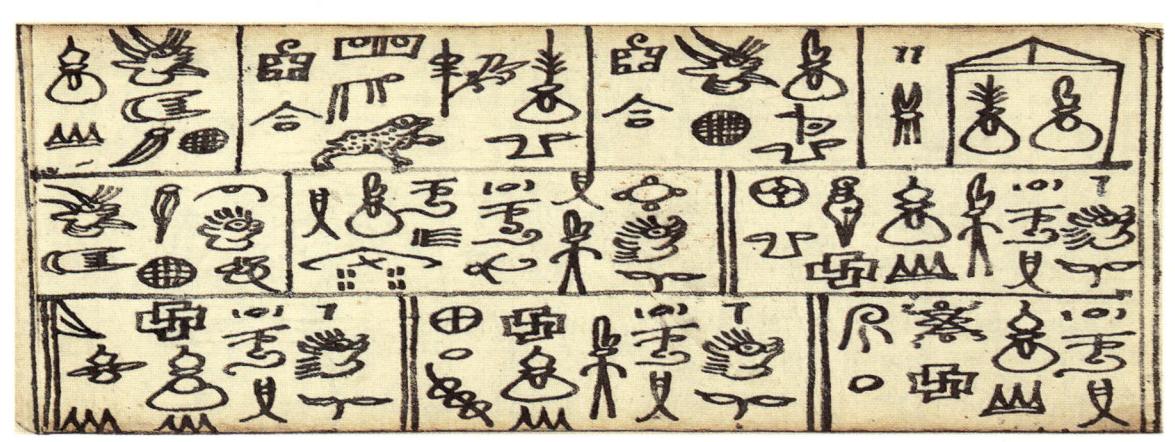

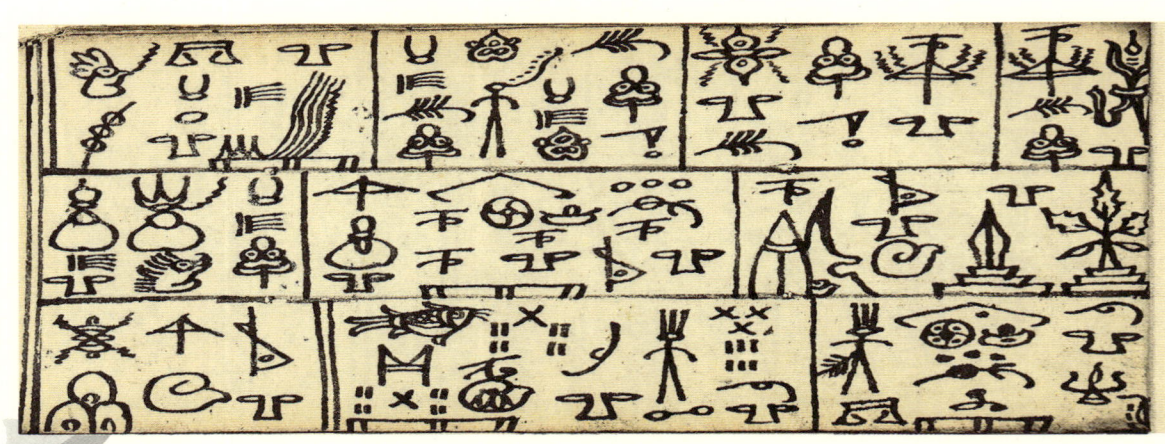

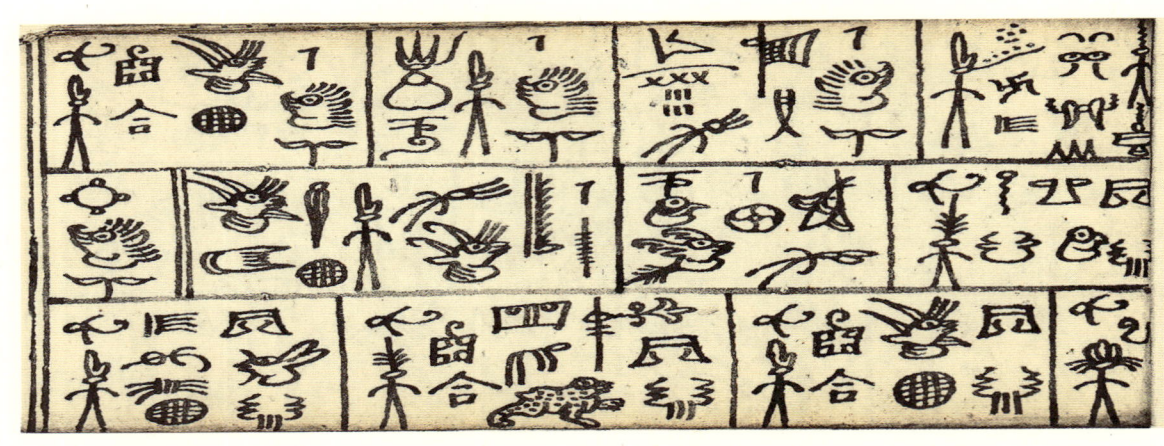

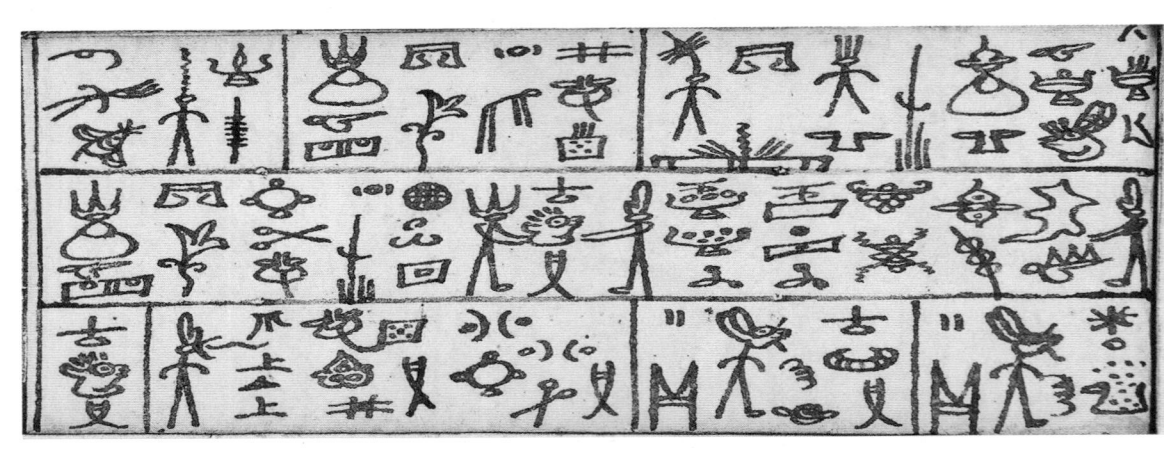

超度拉姆仪式 · 接送圣洁尊贵的神女

纳西族东巴经。流传于云南省丽江市纳西族地区。不分卷，1册。卷尾注此经典为所补余登东子书。讲述了18个尊贵善良神女的来历以及拉姆去世后要请18个神女来将其灵魂接走，东巴弟子将其从下方送上去。旧抄本，线订册叶装。页面高9.5厘米，广27.4厘米，每页3行。保存完好。今藏于丽江市东巴文化研究院。

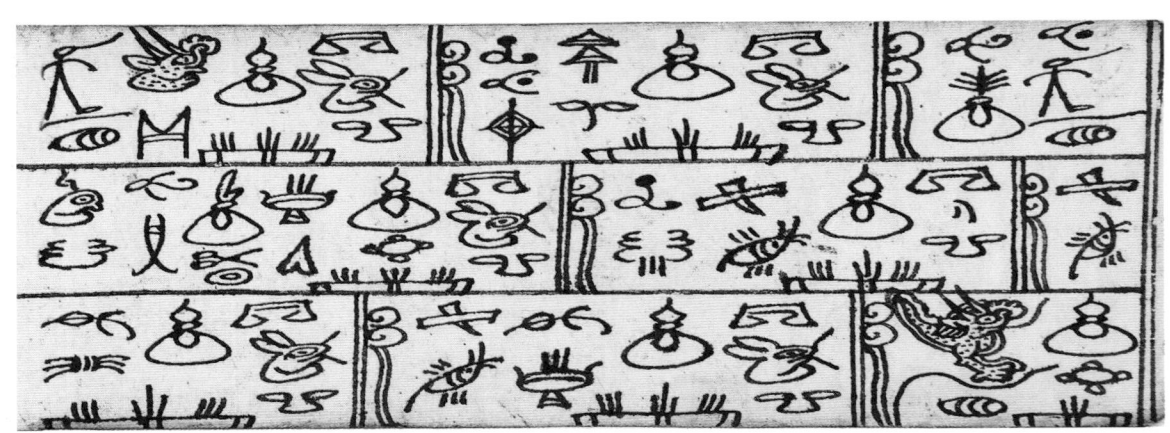

大祭风·迎请大神

纳西族东巴经。流传于云南省丽江市纳西族地区。不分卷，1册。佚名撰。讲述了东巴迎请众神，人们都得到福泽，延年益寿。于是在星相、年份、月份、日子呈祥的这天里，后人们按规矩做仪式迎请神灵。旧抄本，线订册叶装。页面高9厘米，广28.5厘米，每页3行。全书彩色书写。保存完好。今藏于丽江市东巴文化研究院。

纳西族东巴经

大祭风道场   号一

~~hii~~ KiVI, PVtCoJSaT.   号2

大祭风道场迎接天神经（迎神经）

内述法事将要开始讽诵迎神经，从此开始法事接着次第
发行，直沸结尾，这本书门叙述迎接神衹的情况

112

大祭风·迎请卢神

　　纳西族东巴经，哥巴文书写。流传于云南省丽江市纳西族地区。不分卷，1册。卷尾注此经典为东发书。此为迎请卢神的经书，为以后将要举行的一系列祭祀活动打下基础。东巴为祭祀仪式做准备，遵循卢神和沈神创立的规矩进行祭祀，就能得到神灵的威力并镇压各种鬼怪。旧抄本，线订册叶装。页面高9.3厘米，广28.9厘米，每页4行。保存完好。今藏于丽江市东巴文化研究院。

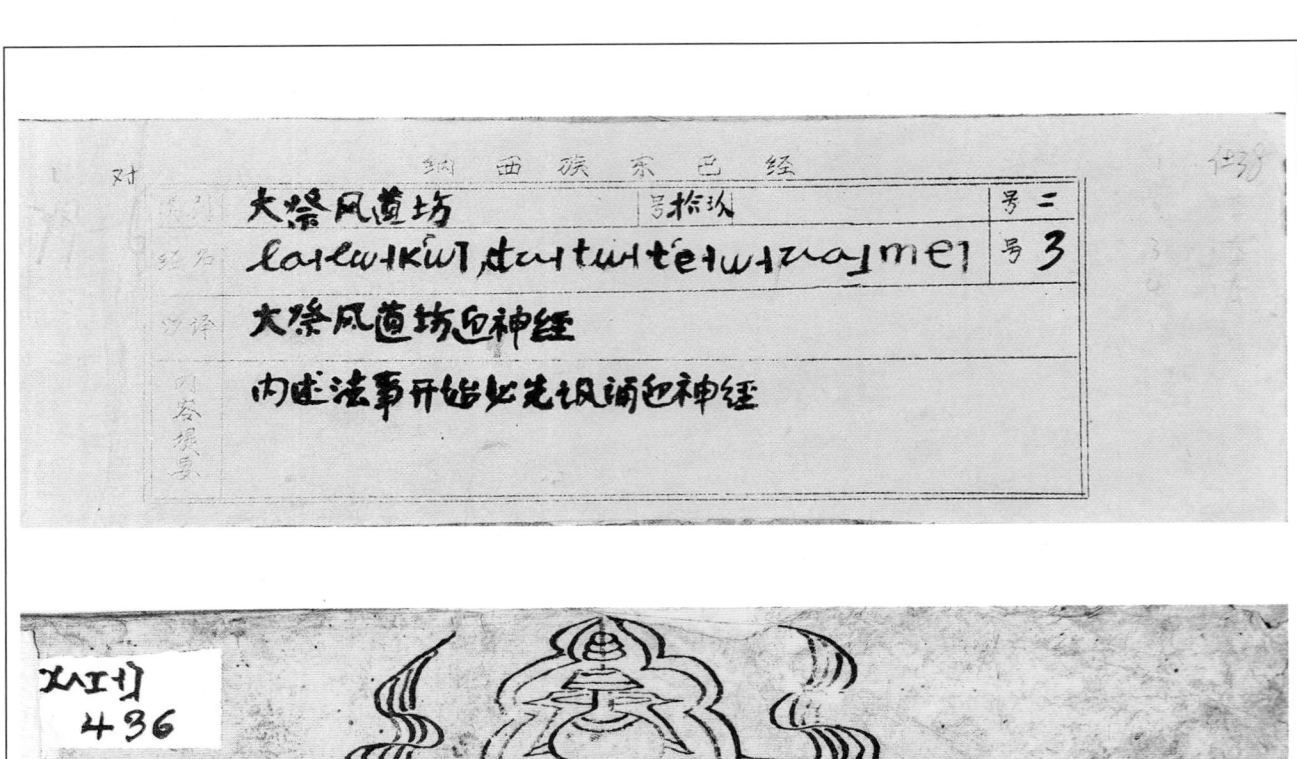

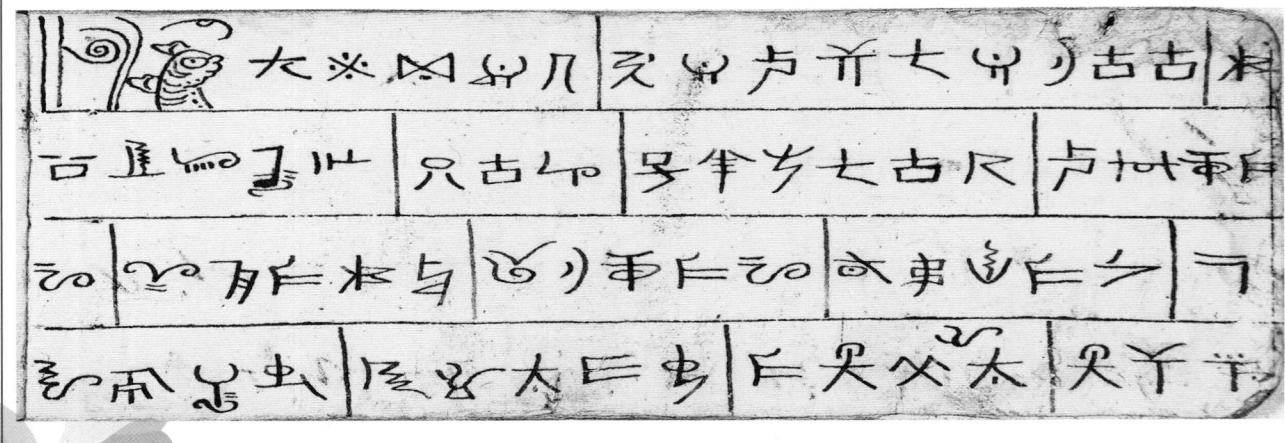

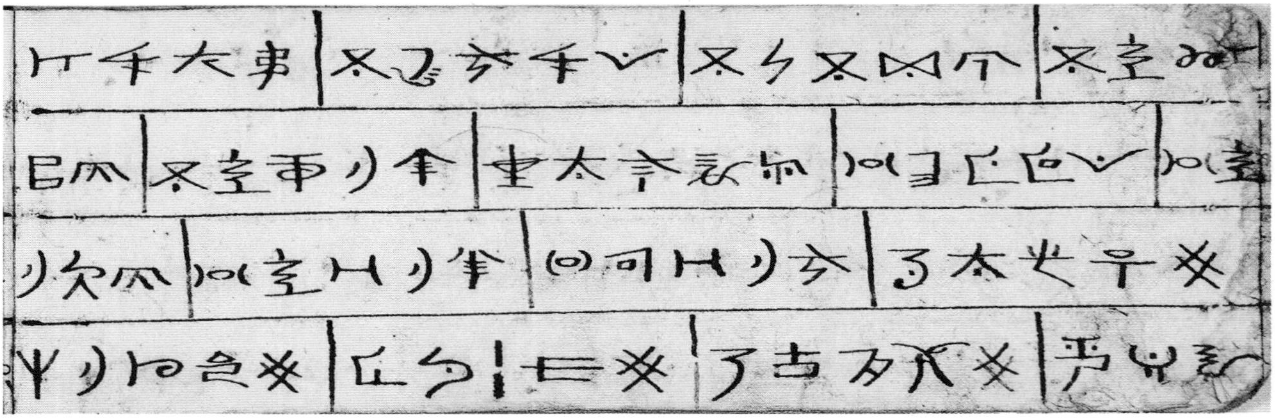

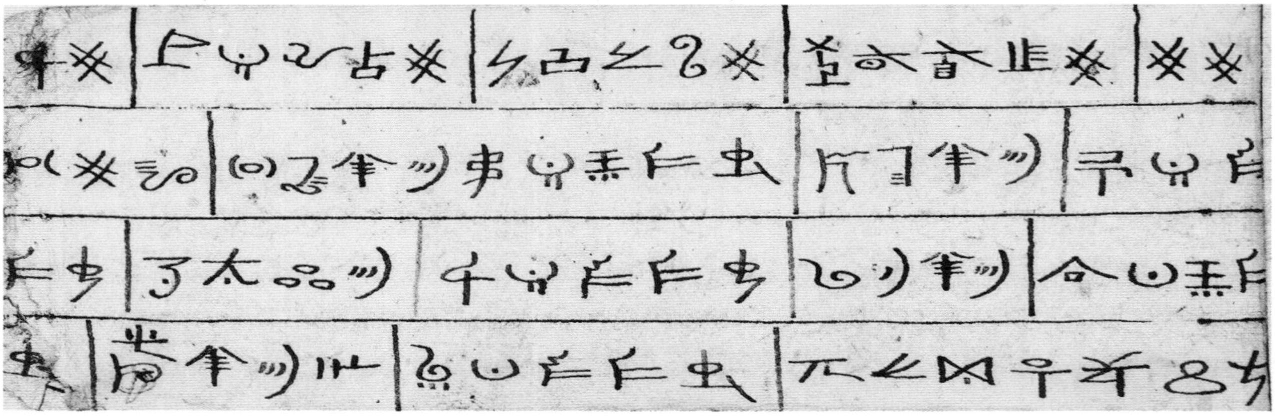

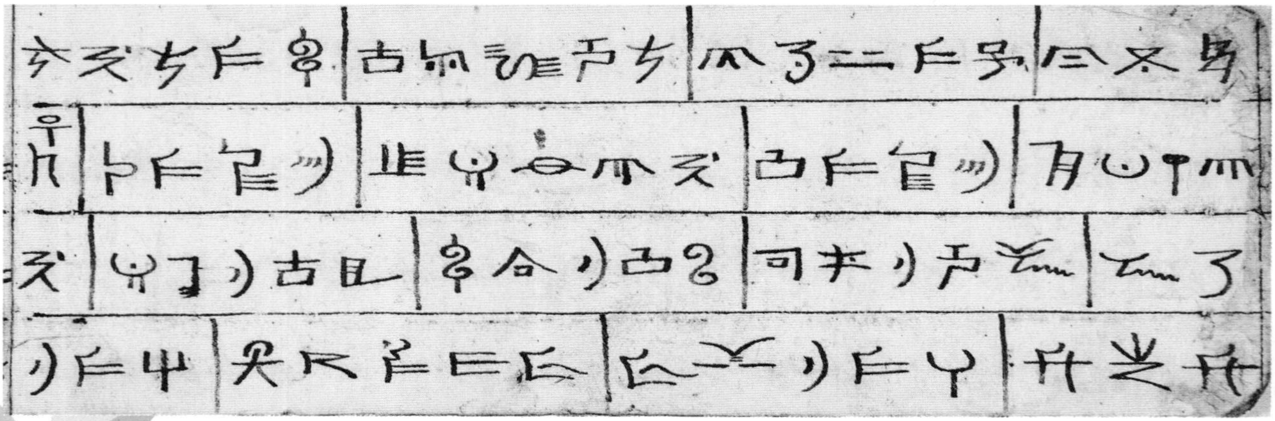

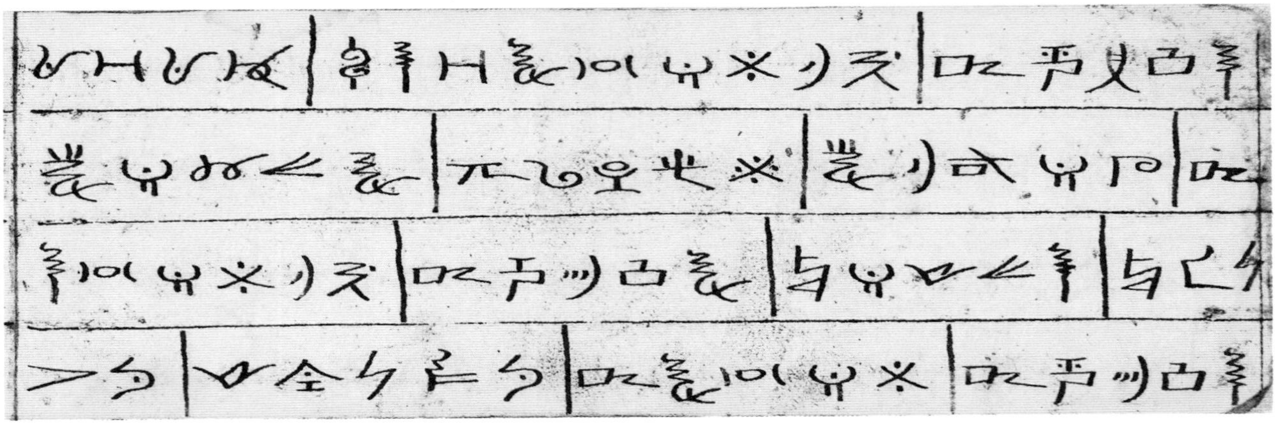

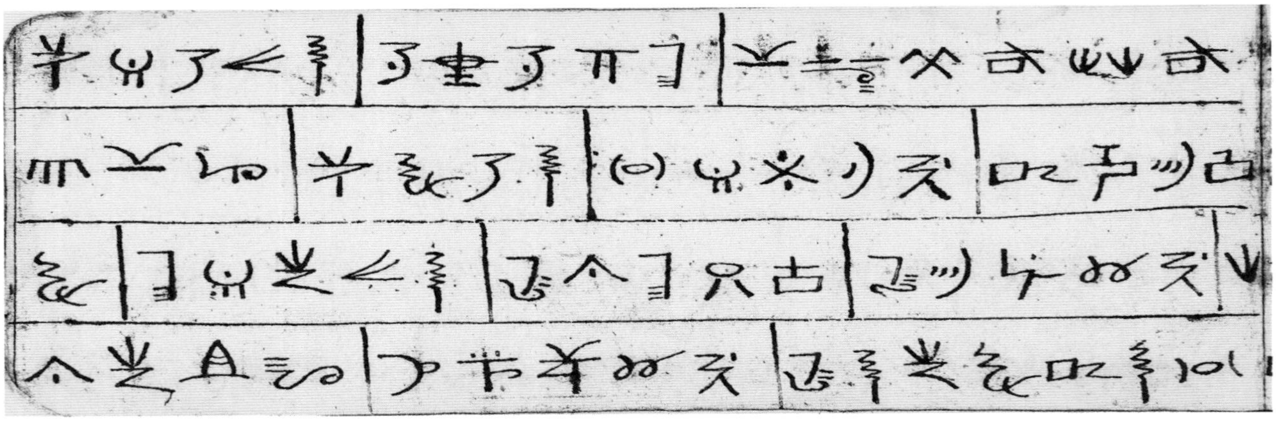

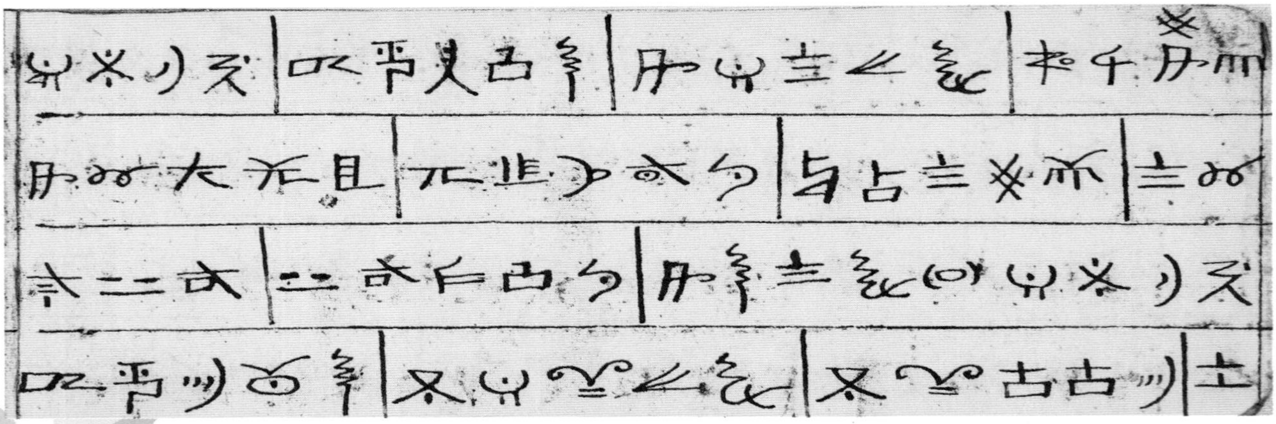

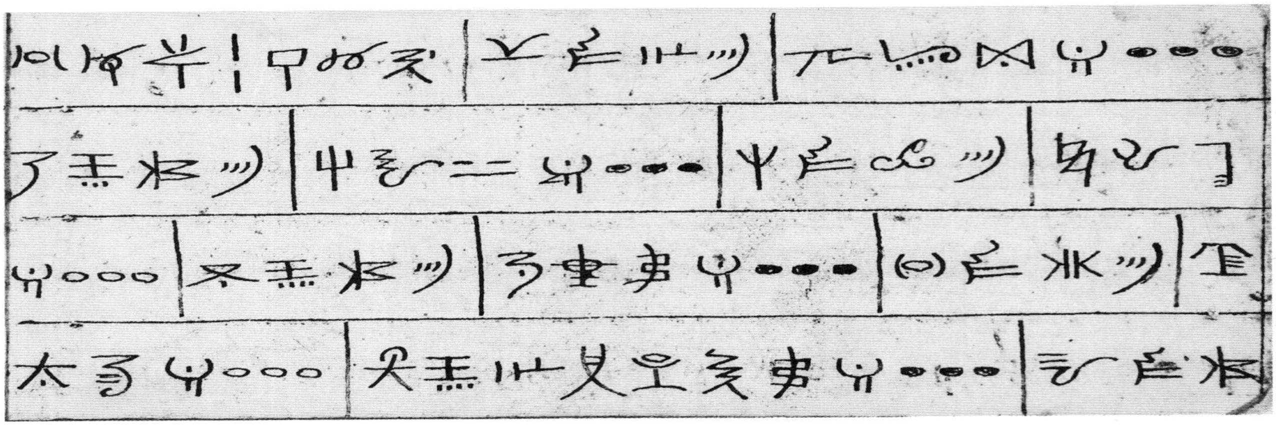

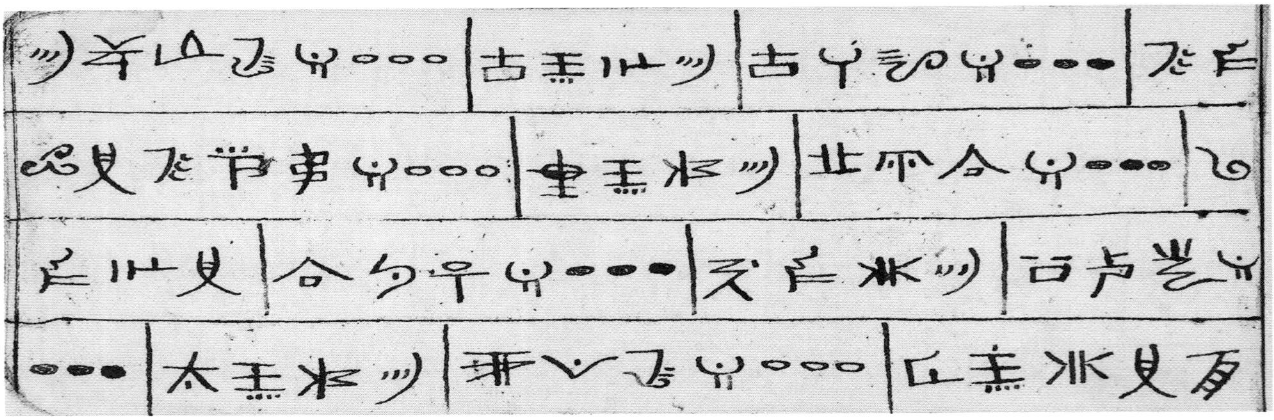

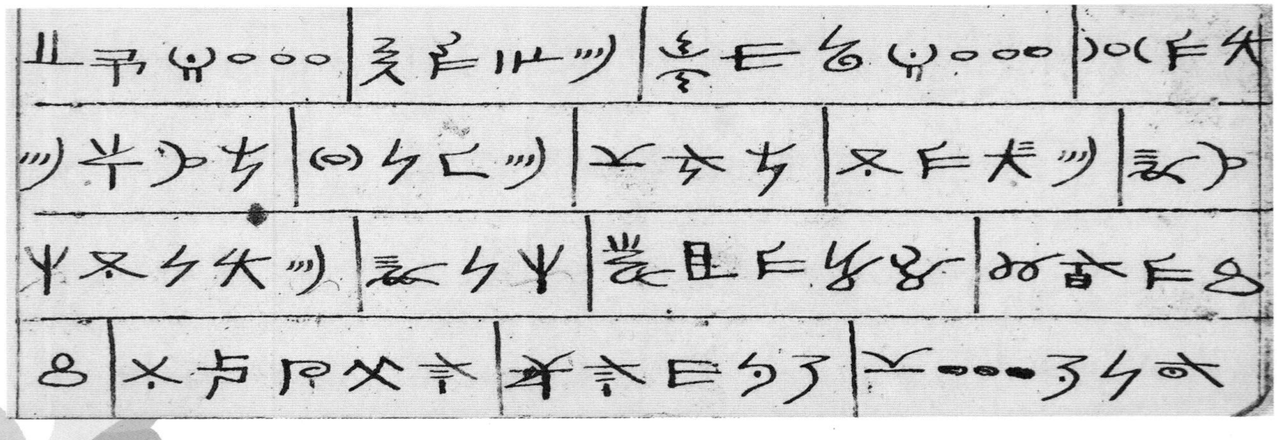

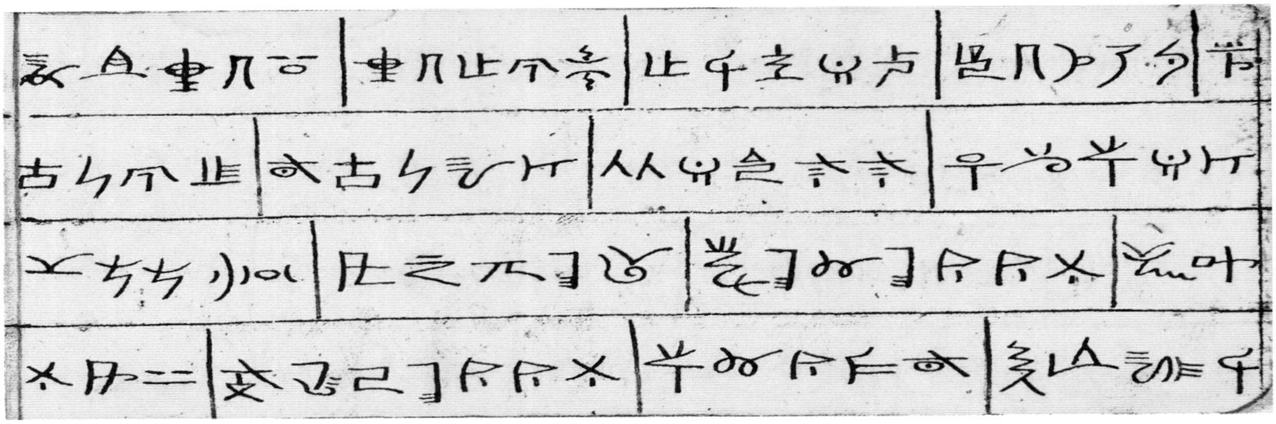

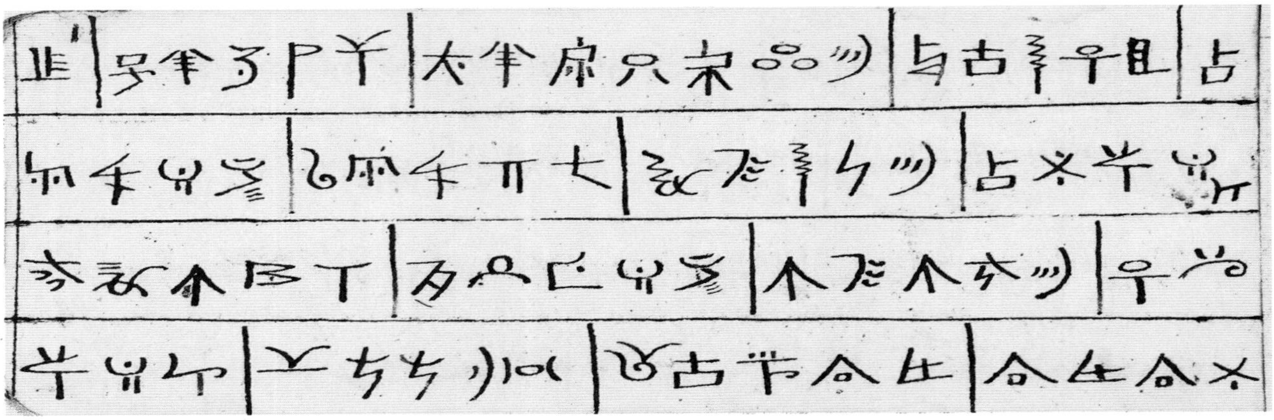

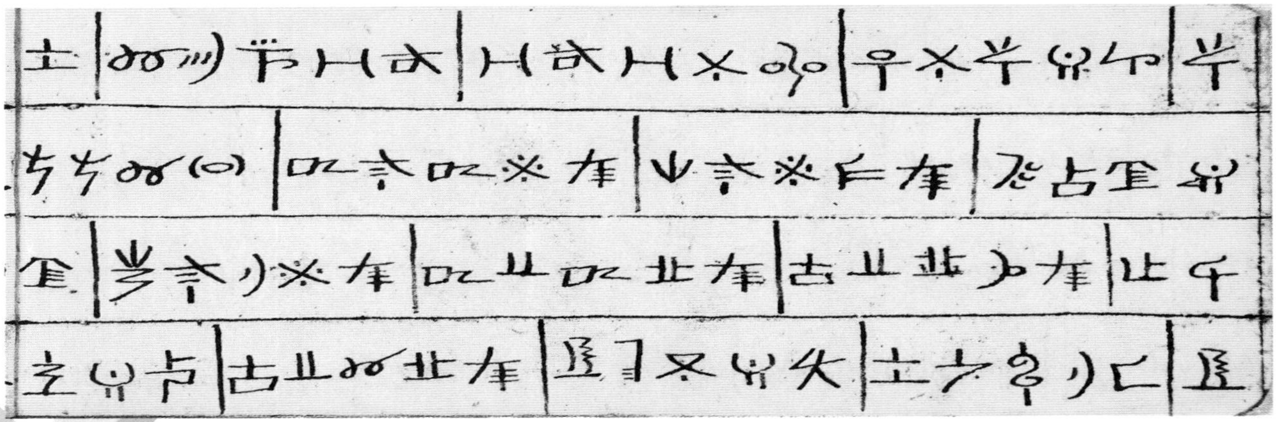

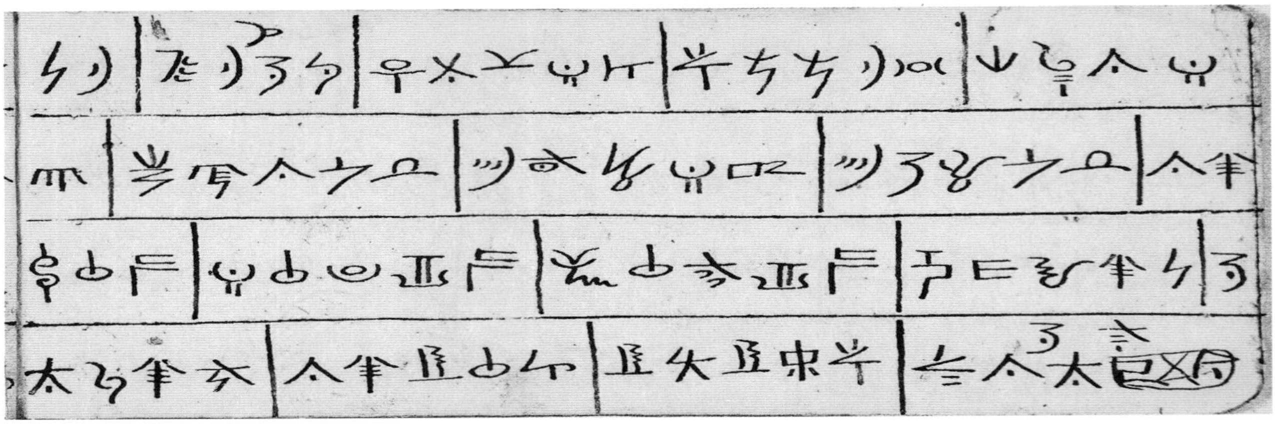

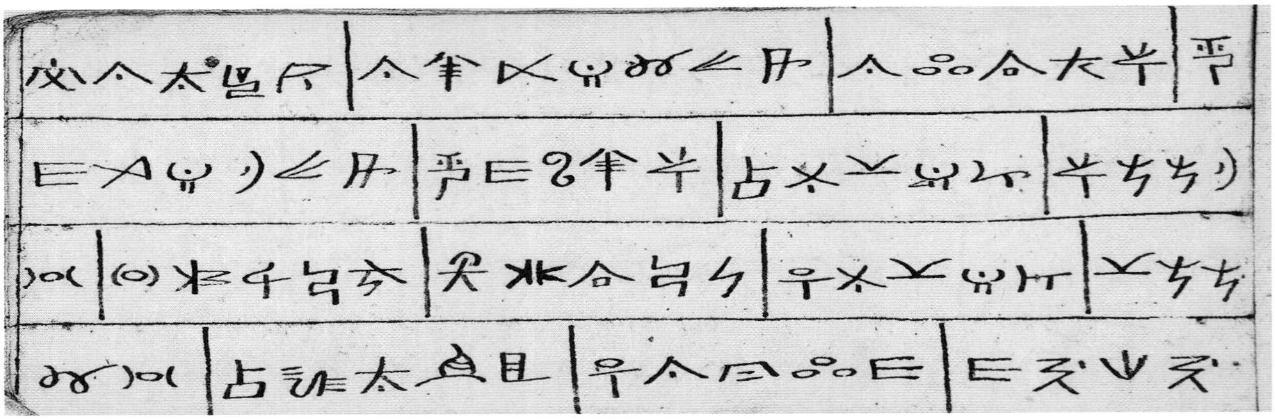

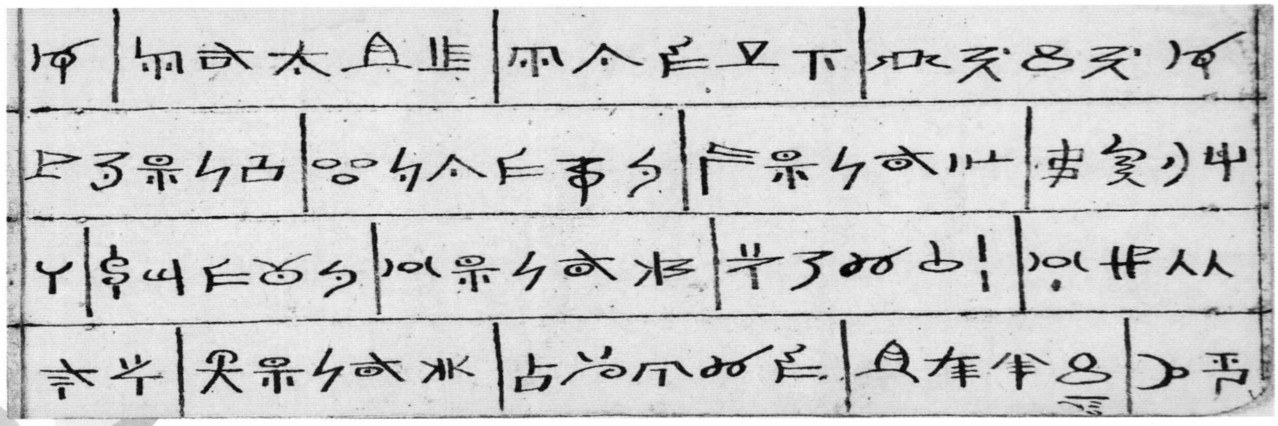

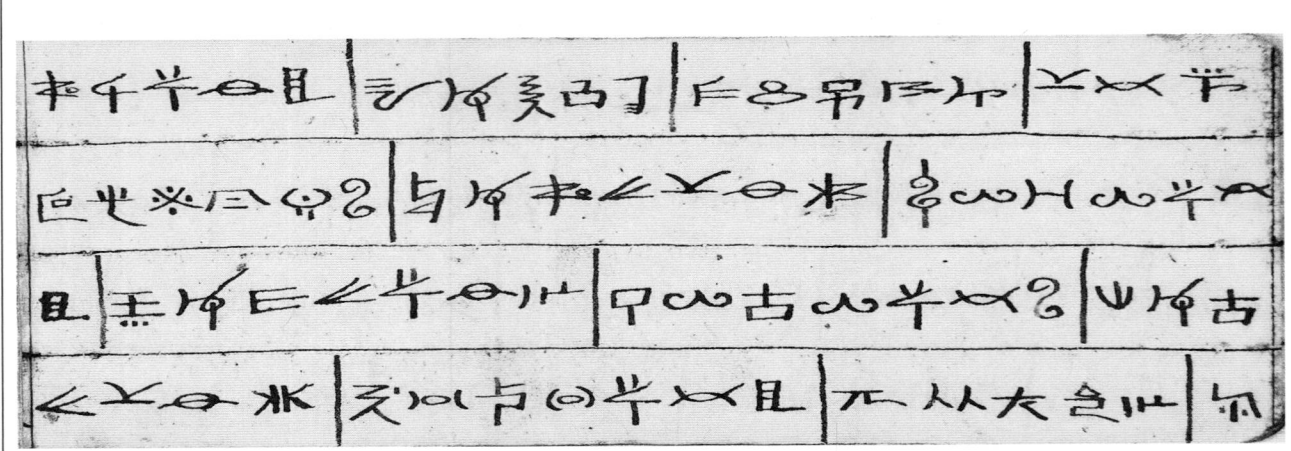

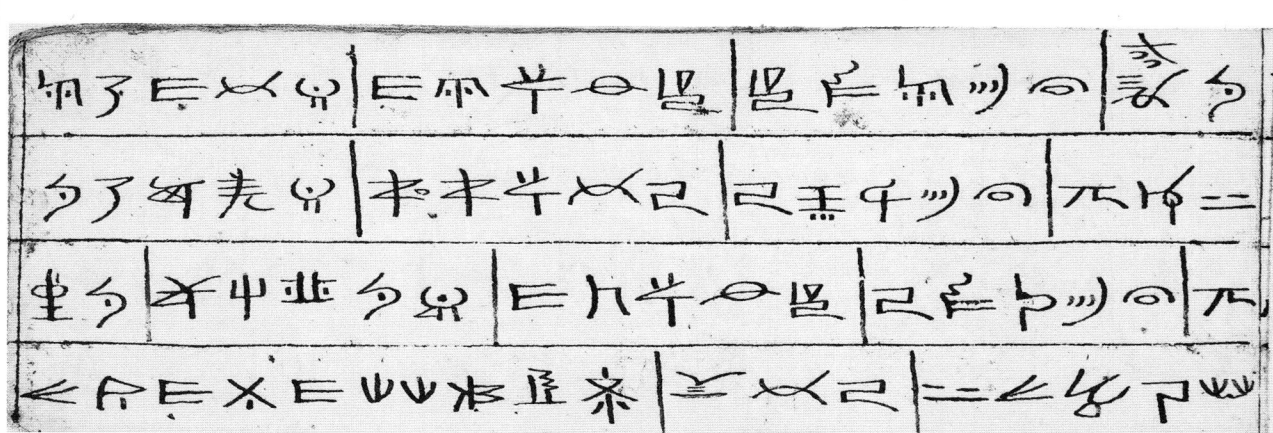

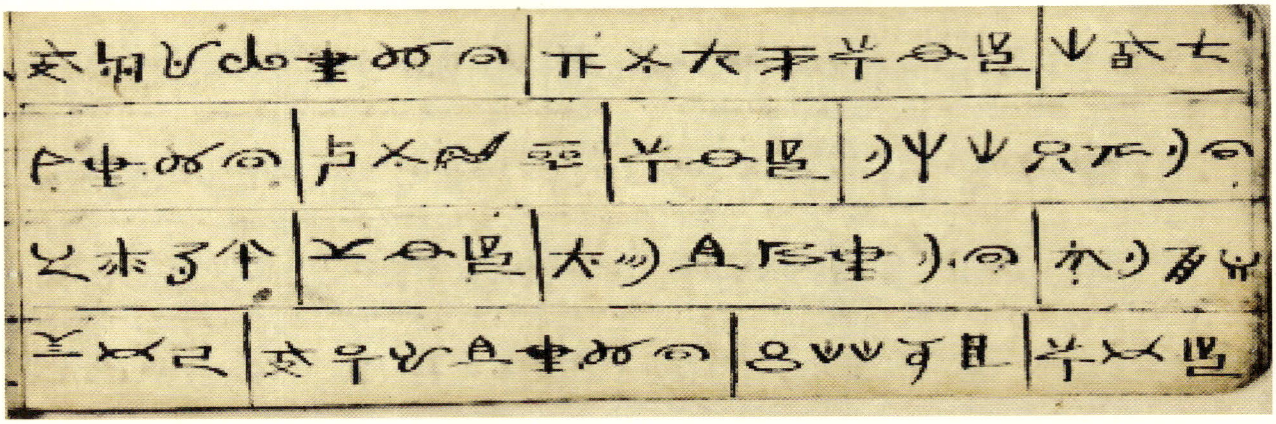

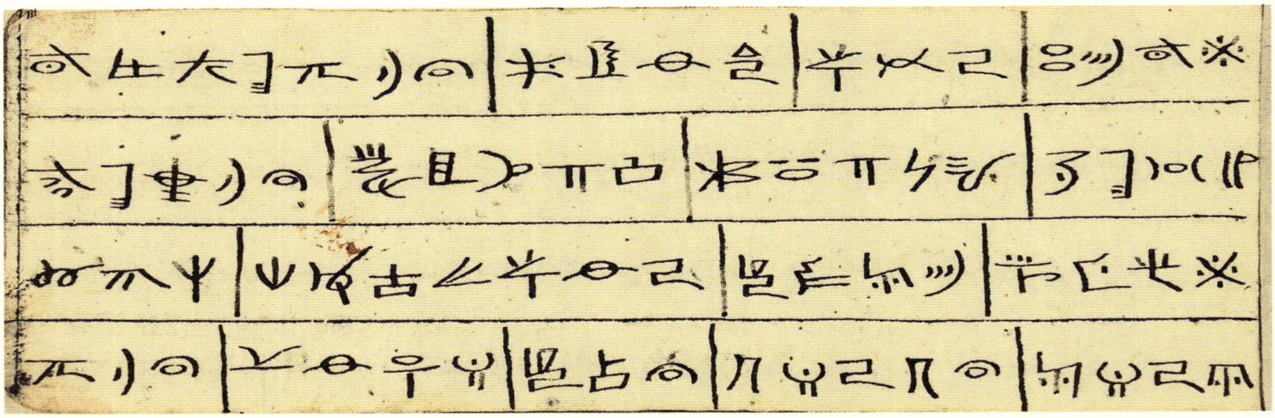

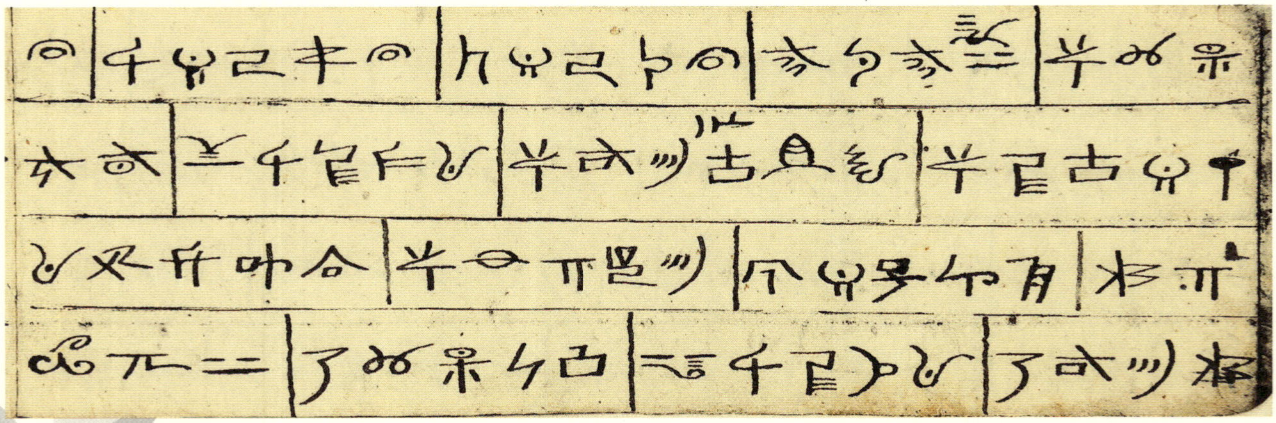

大祭风·鲁般鲁饶

　　纳西族东巴经，大祭风仪式中的一本重要经书。流传于云南省丽江市纳西族地区。不分卷，1册。佚名撰。经书详细讲述了青年男女到高原殉情的故事。女主人公等不到情人而殉情。她的灵魂遇到了情人，原谅了他，还希望能做仪式让自己的灵魂回到鬼群。可是情人不按她所说导致自己生病，直到请祭司做了祭祀之后才转危为安。旧抄本，线订册叶装。页面高8.8厘米，广28.5厘米，每页3行。保存完好。今藏于丽江市东巴文化研究院。

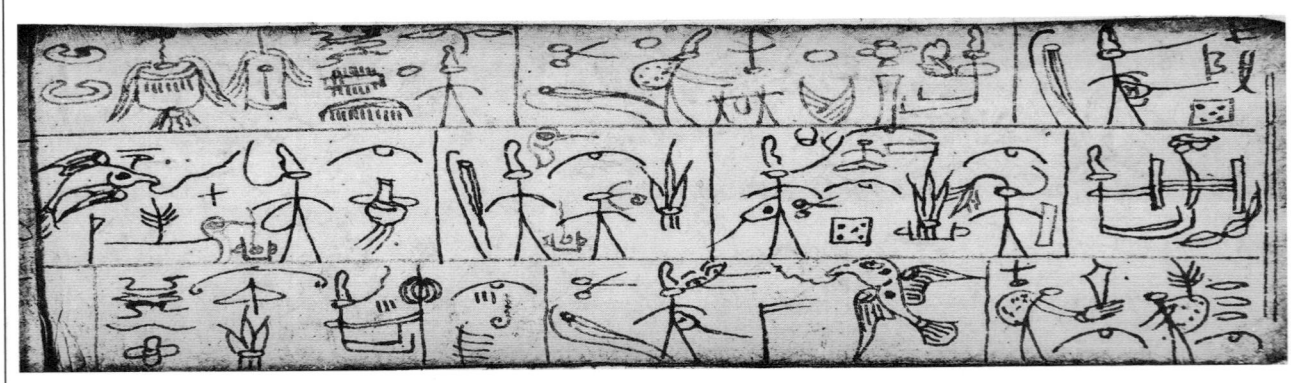

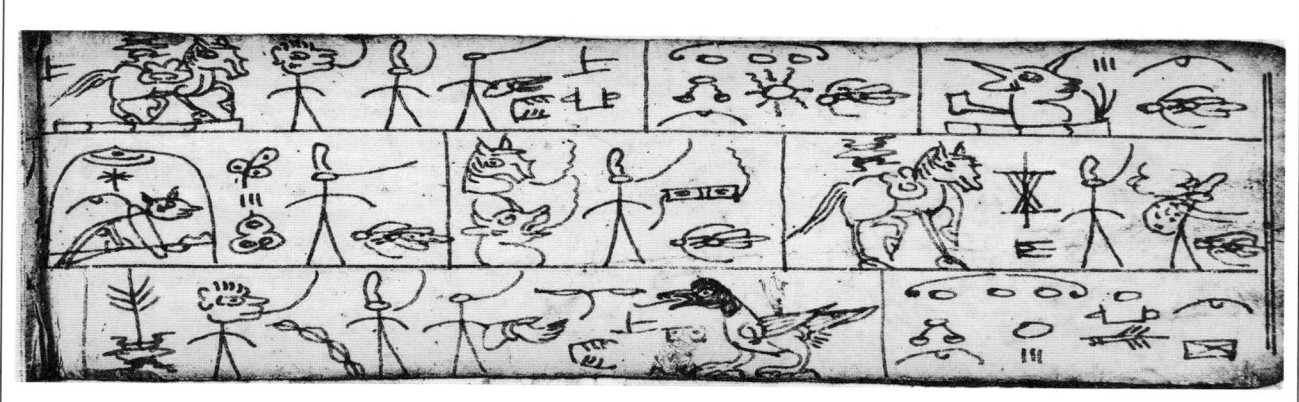

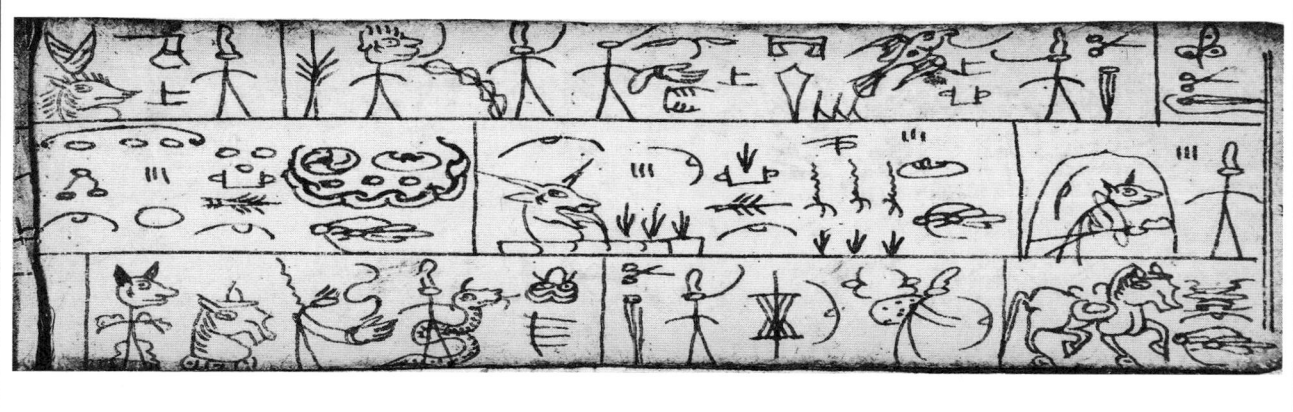

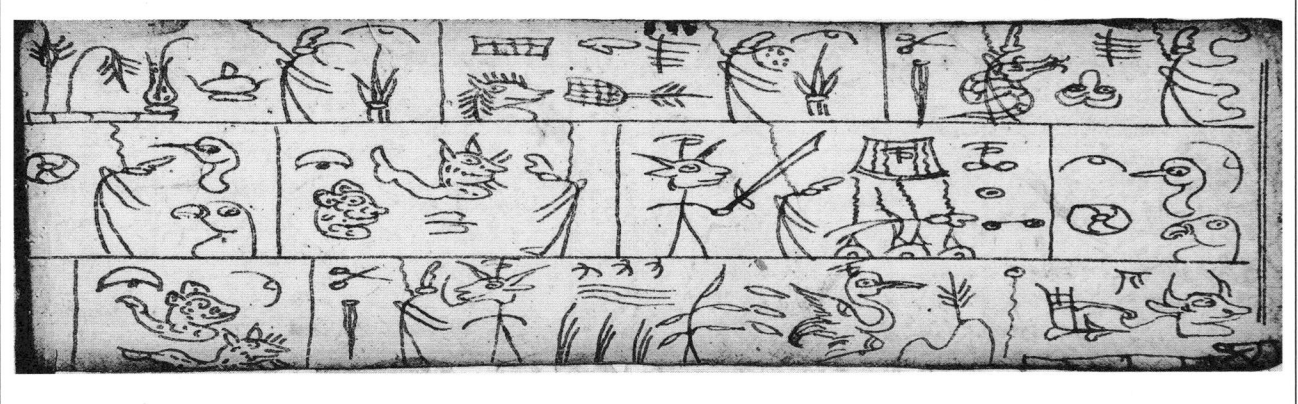

　　　第五十三卷　纳西族

大祭风·超度吊死情死者·说苦道乐

纳西族东巴经。流传于云南省丽江市纳西族地区。不分卷，1册。卷尾注此经典为多杨的书。讲述了做人的难处，告诉死者成为吊死鬼、情死鬼之后就脱离了艰辛的人类生活，规劝其不要留恋于人间。旧抄本，线订册叶装。页面高10.6厘米，广31厘米，每页3行。保存完好。今藏于丽江市东巴文化研究院。

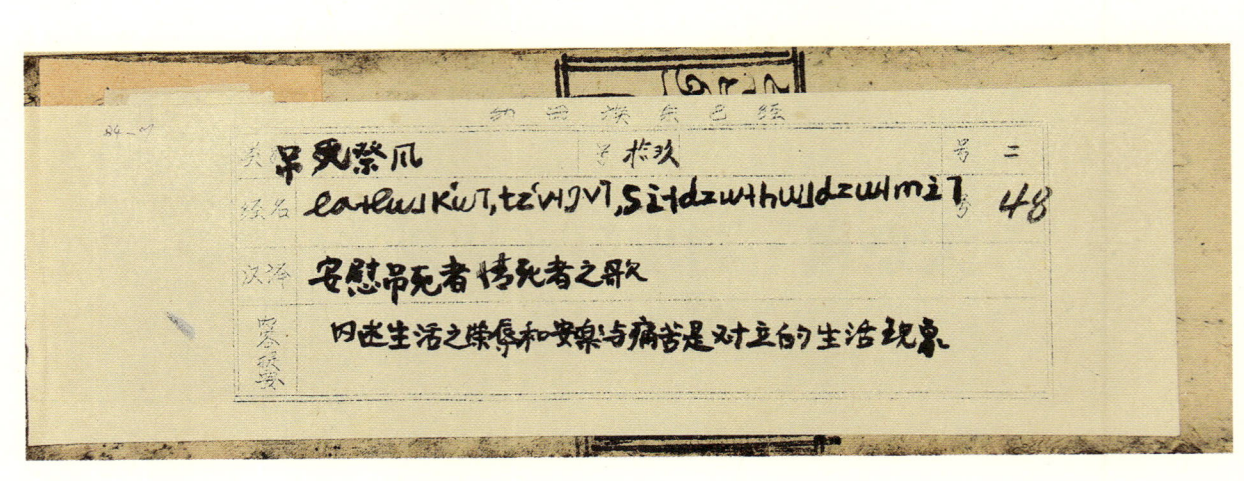

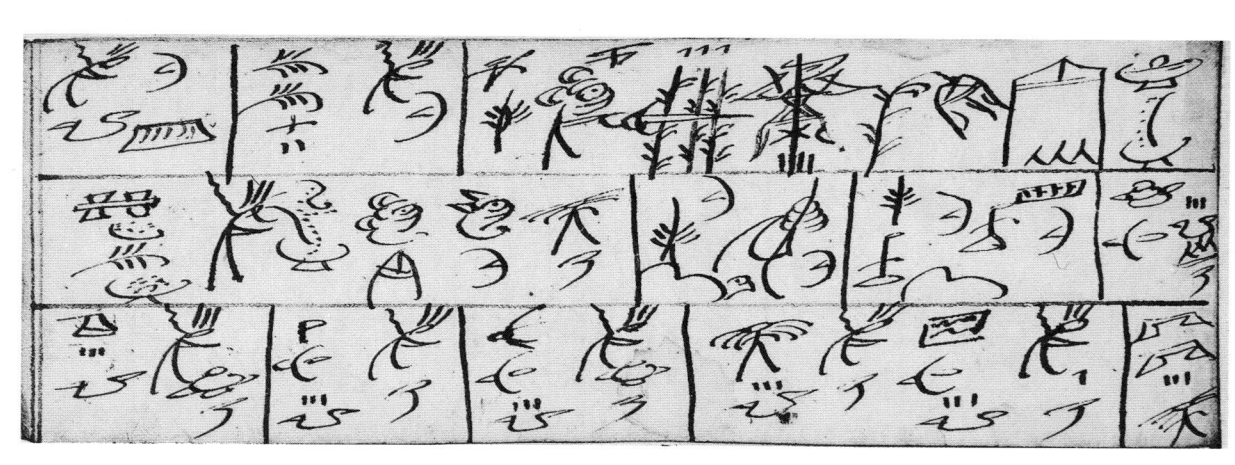

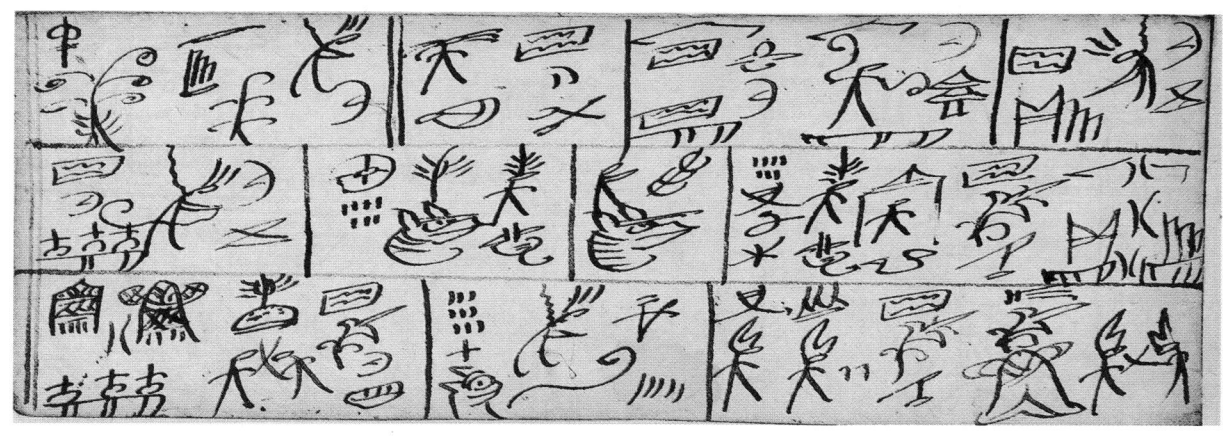

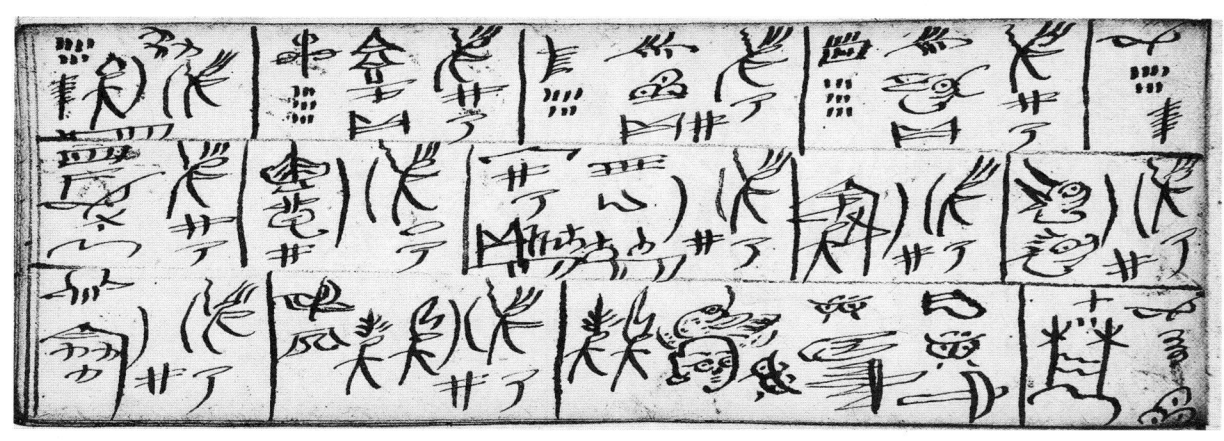

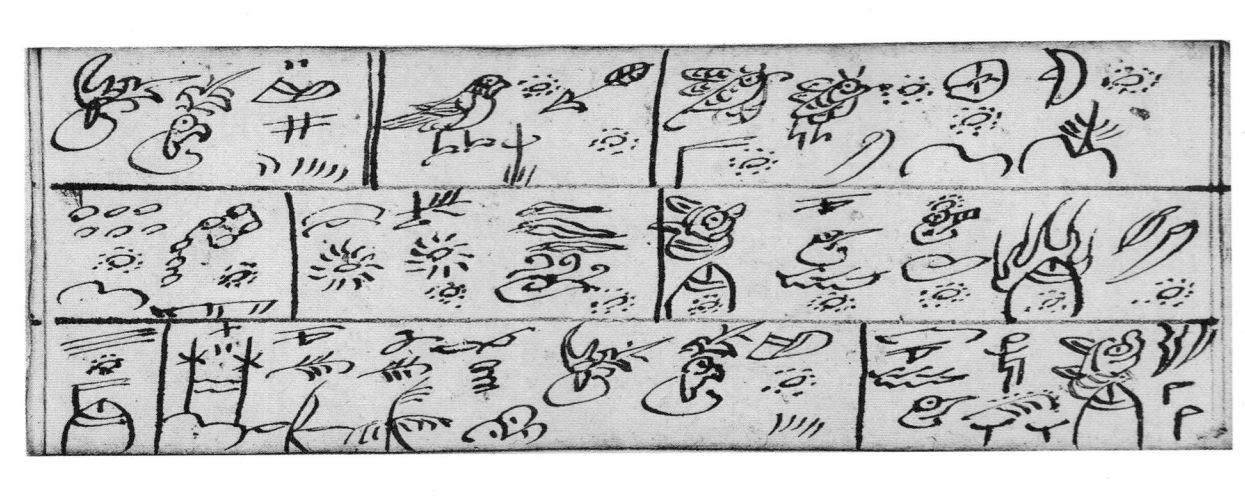

　　　　第五十三卷　纳西族

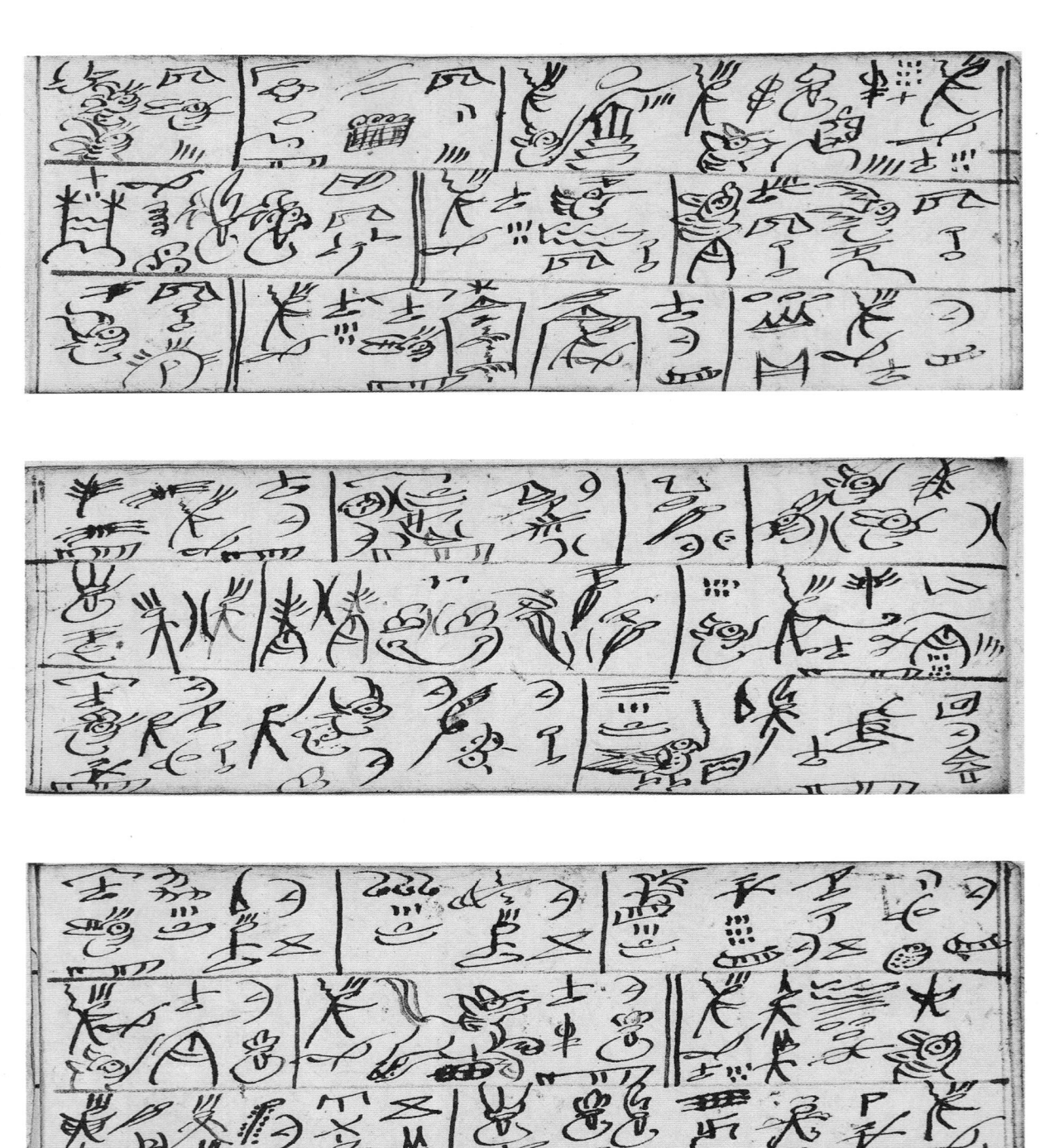

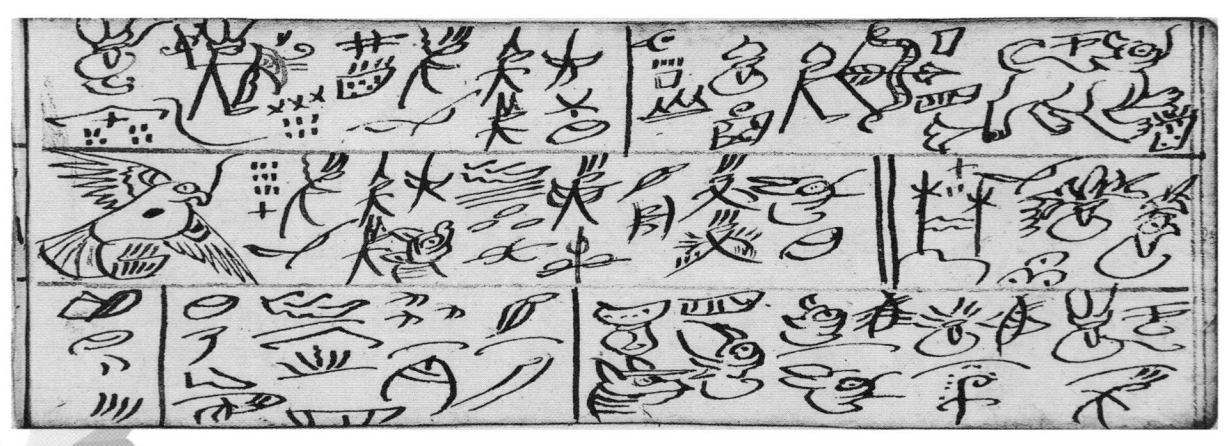

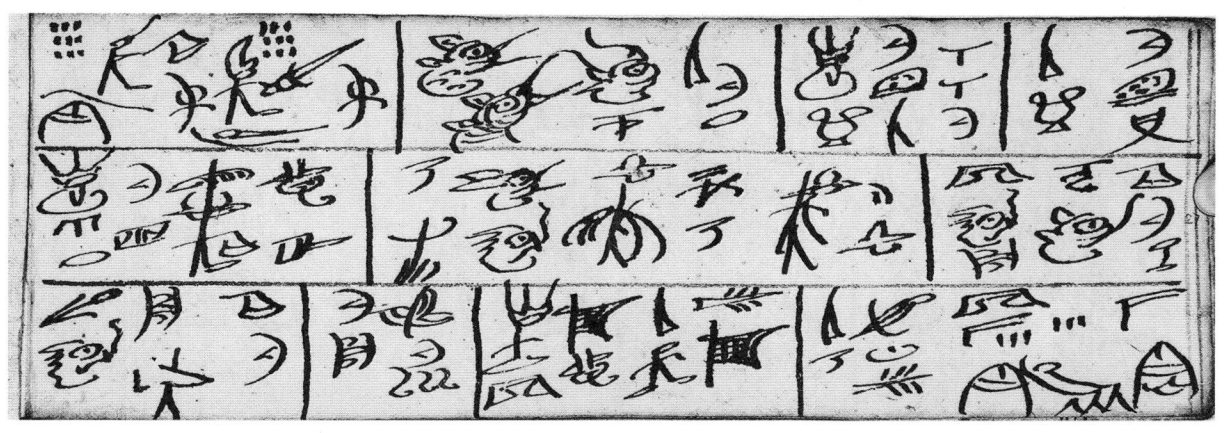

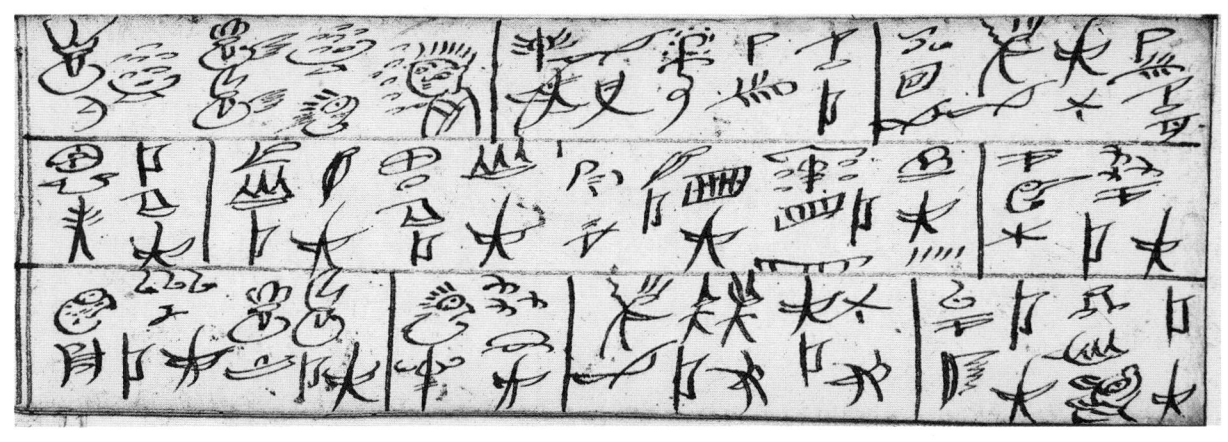

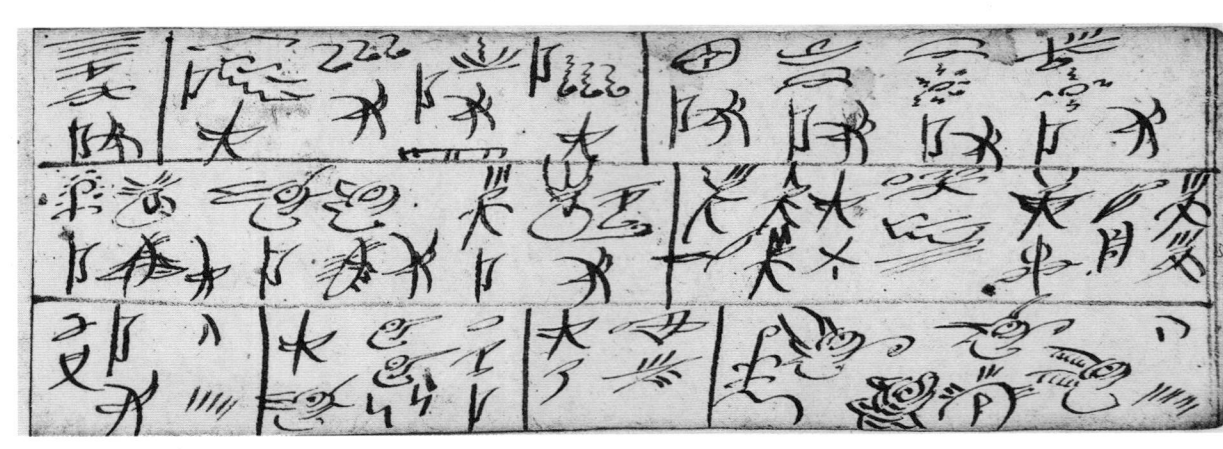

大祭风·粮食的来历

纳西族东巴经。流传于云南省丽江市纳西族地区。不分卷，1册。佚名撰。该书前半部分讲述了粮食的产生、种植与寻找酒曲、酿酒的过程以及各种工具的来历与出处。后半部分讲述了高勒趣招魂的故事。旧抄本，线订册叶装。页面高9.2厘米，广28.8厘米，每页3行。有彩色封面。保存完好。今藏于丽江市东巴文化研究院。

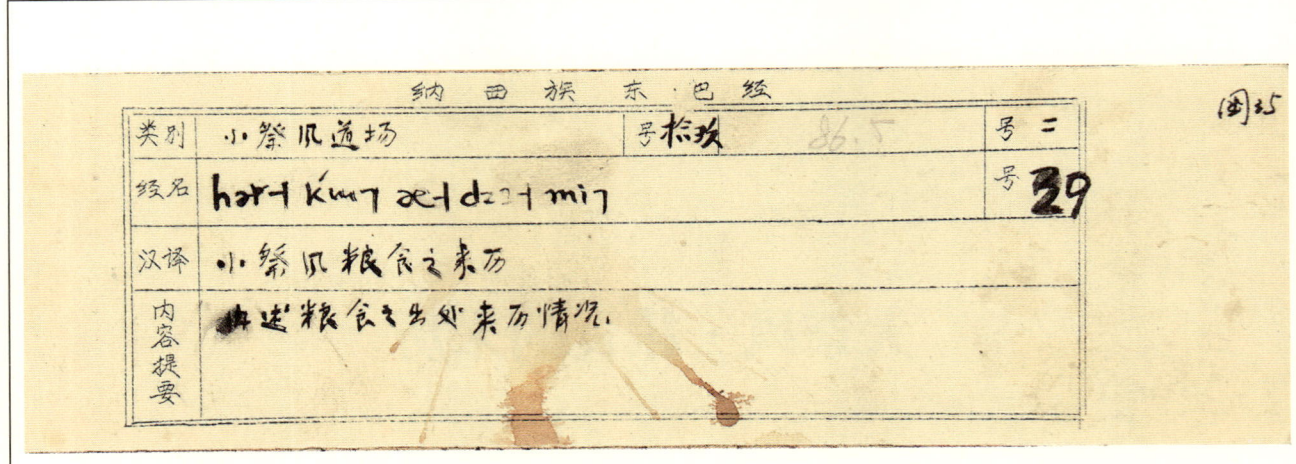

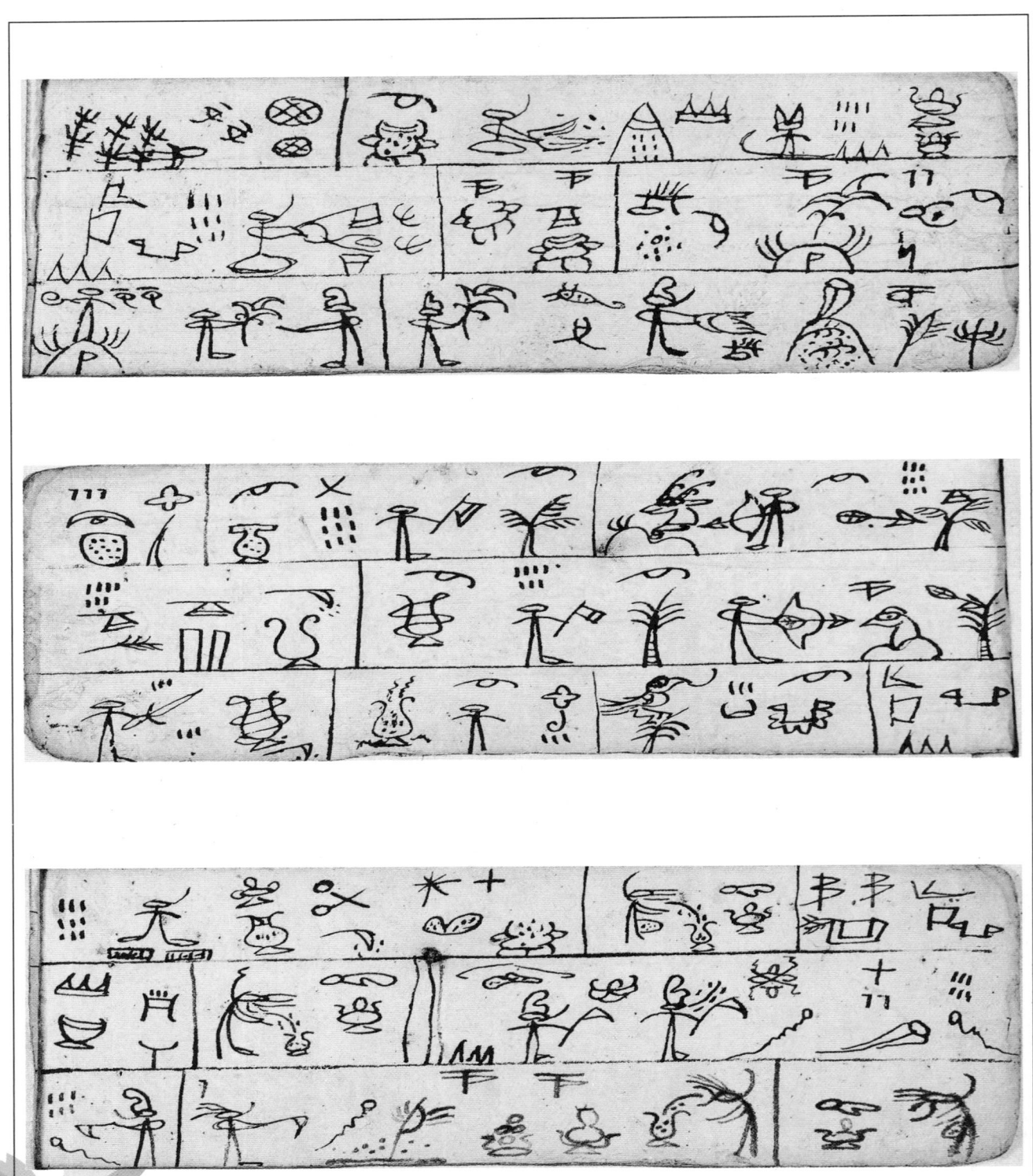

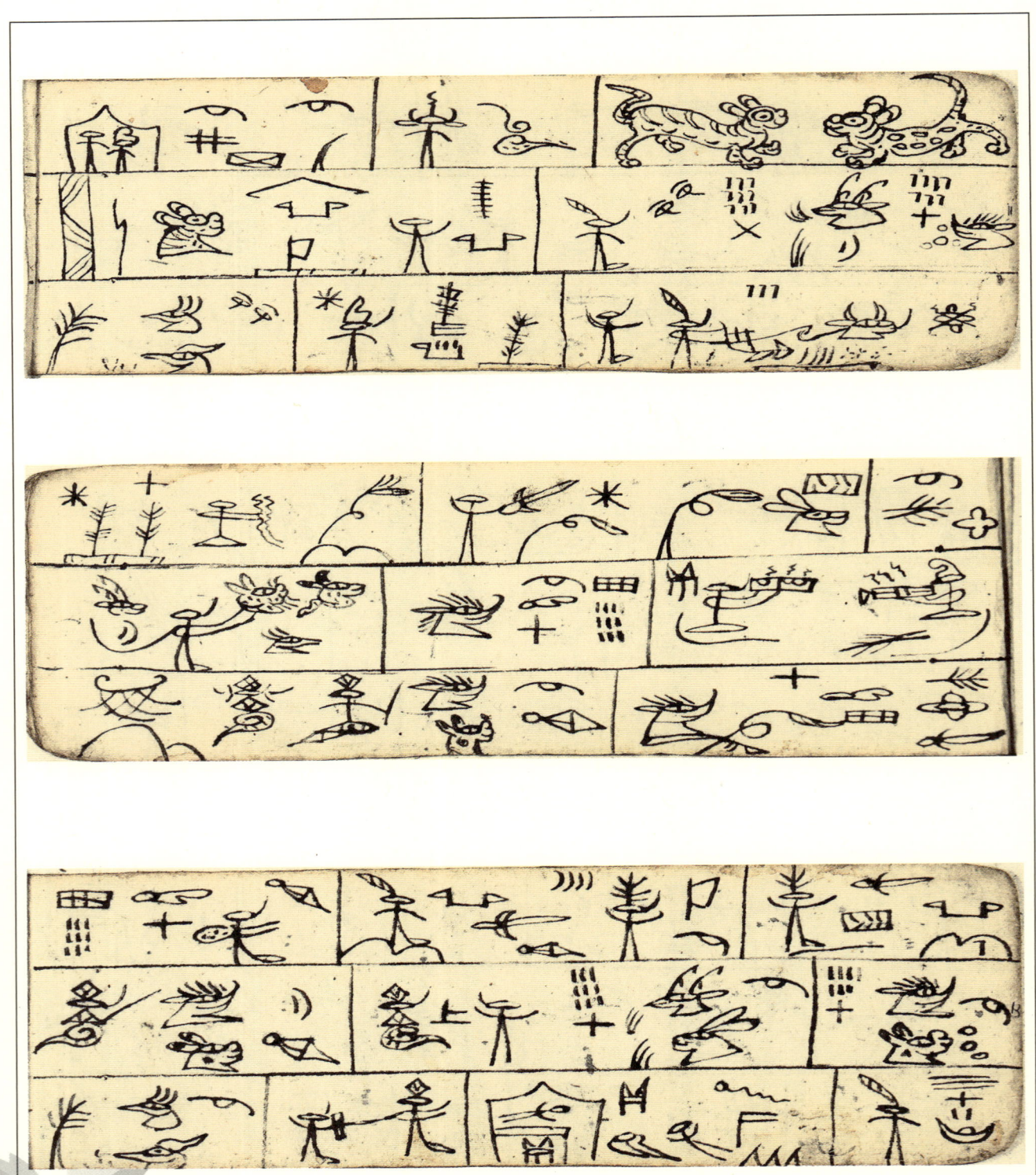

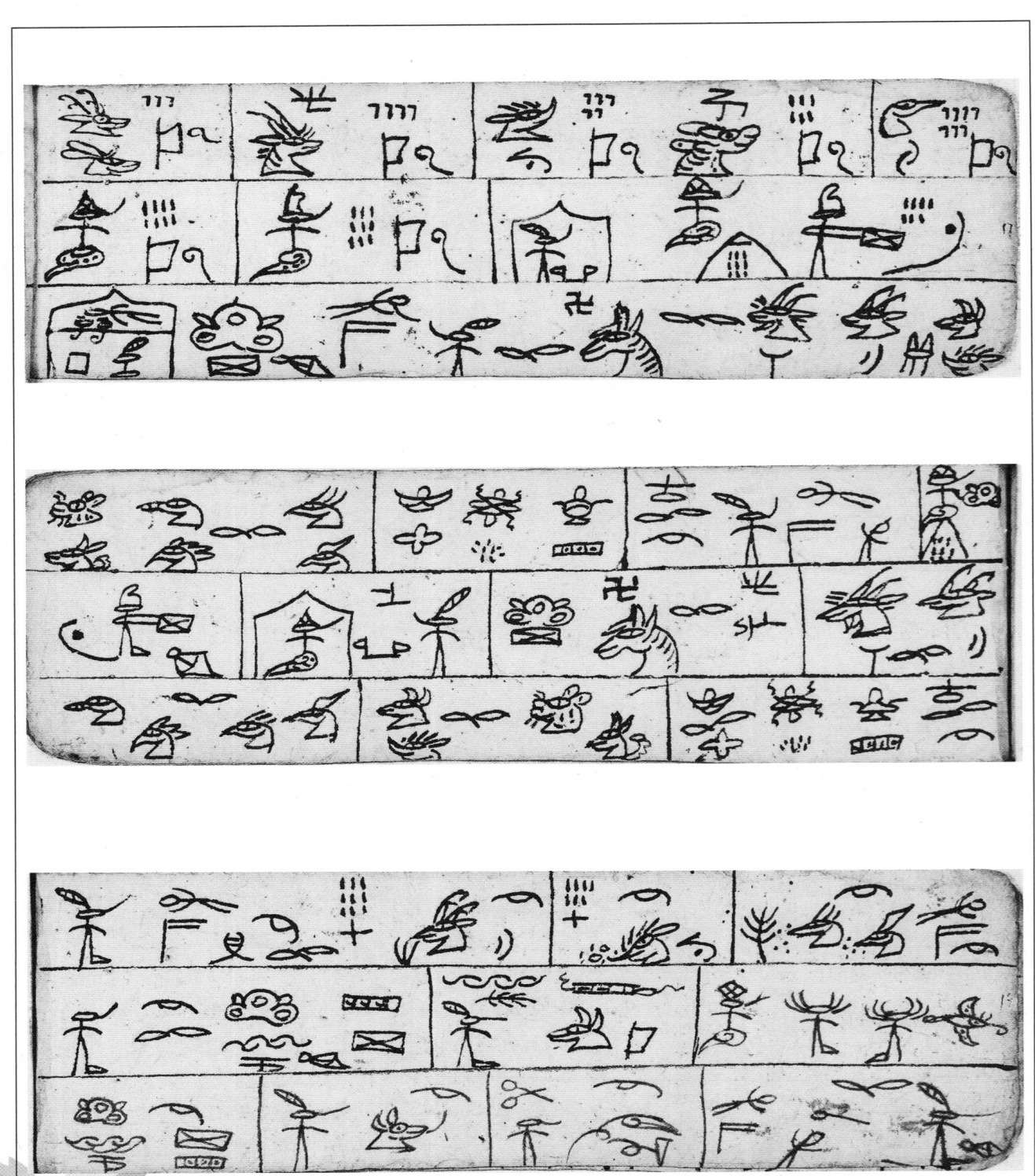

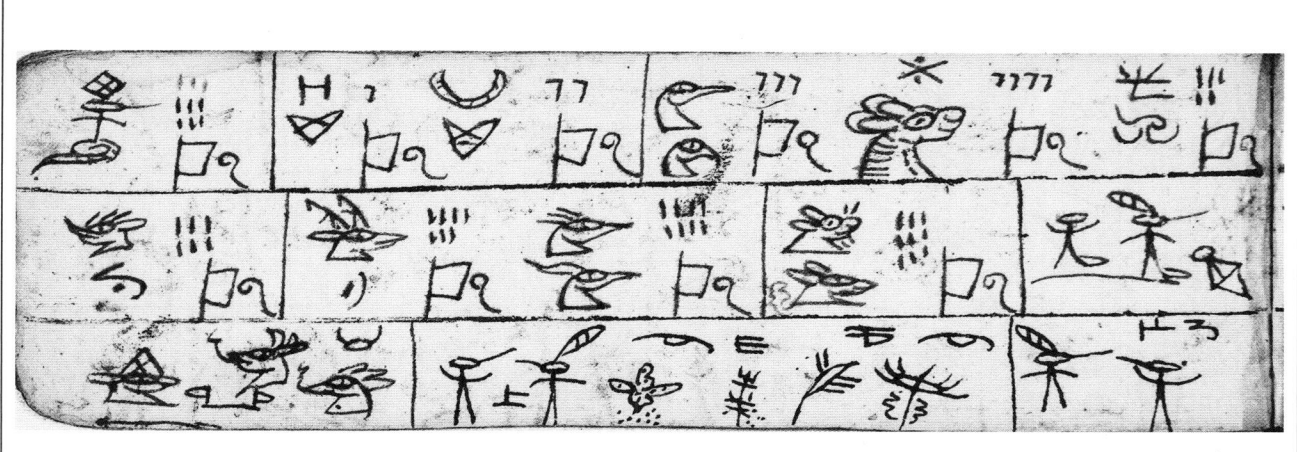

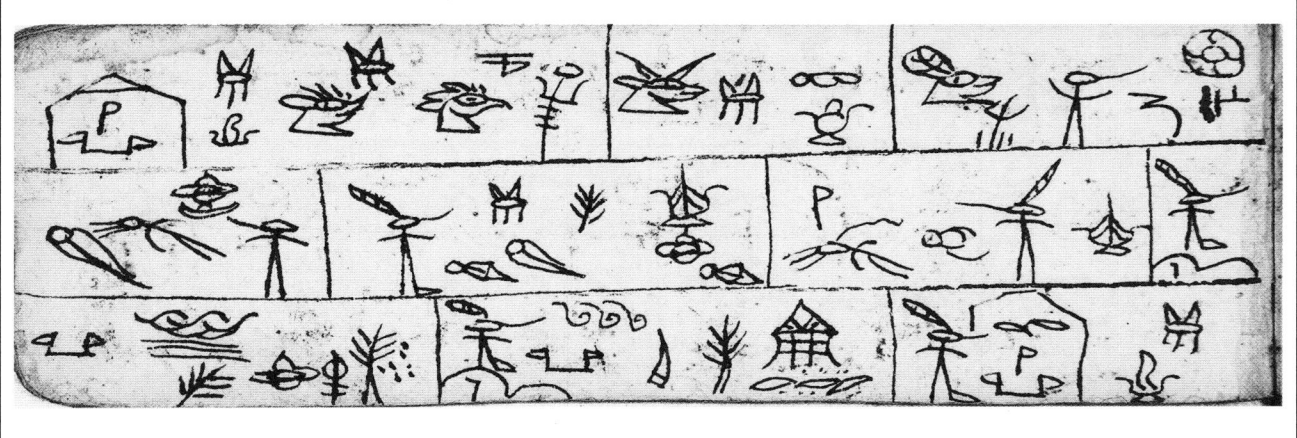

分开吊死者和活人

纳西族东巴经。流传于云南省丽江市纳西族地区。不分卷，1册。佚名撰。通过许多优美的语句和形象比喻，讲述了吊死者和活人必须分开。分开吊死者和活人的仪式需要用到猪，也讲述了猪的来历和出处。旧抄本，线订册叶装。页面高9厘米，广28.9厘米，每页3行。全书彩色书写。保存完好。今藏于丽江市东巴文化研究院。

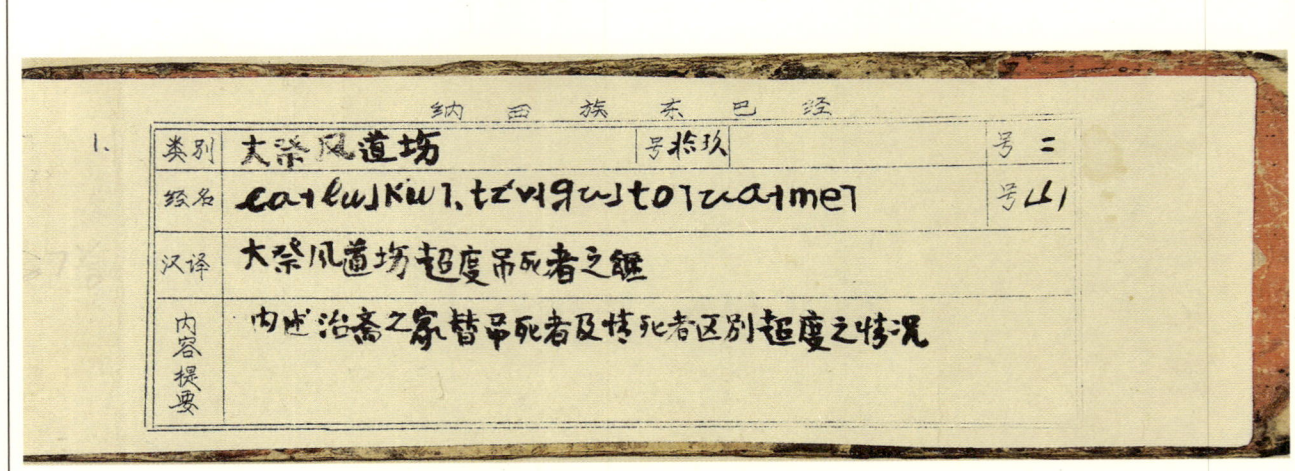

纳西族东巴经

类别	大祭风道场		号 玖		号 二
经名	ca˩lɯ˩kɯ˩, tʂʅˠᵛgɯˋtoˑ˩ɑ˩meˑ˩				号 山
汉译	大祭风道场超度吊死者之锤				
内容提要	内述治斋之家替吊死者及特死者区别超度之情况				

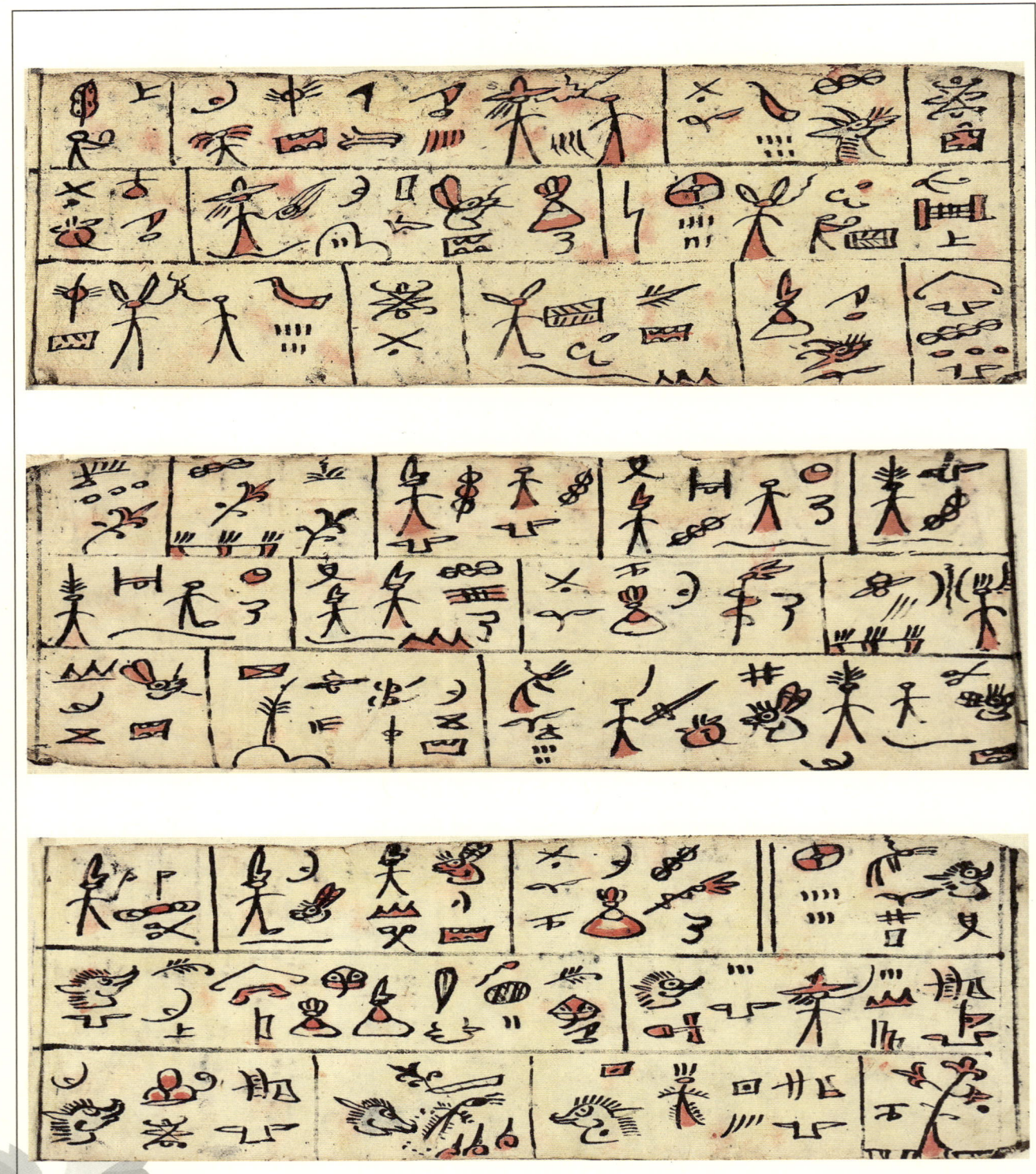

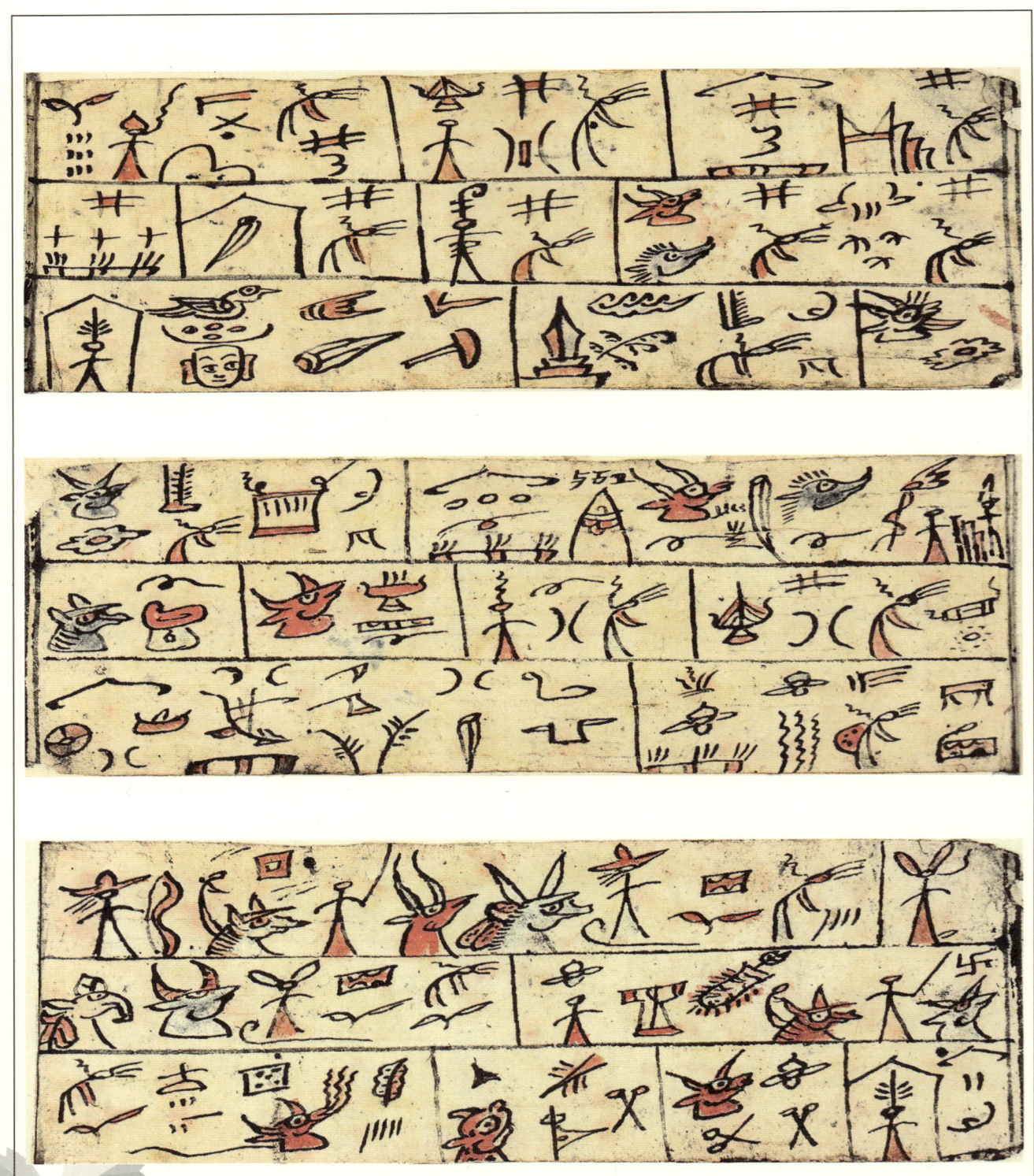

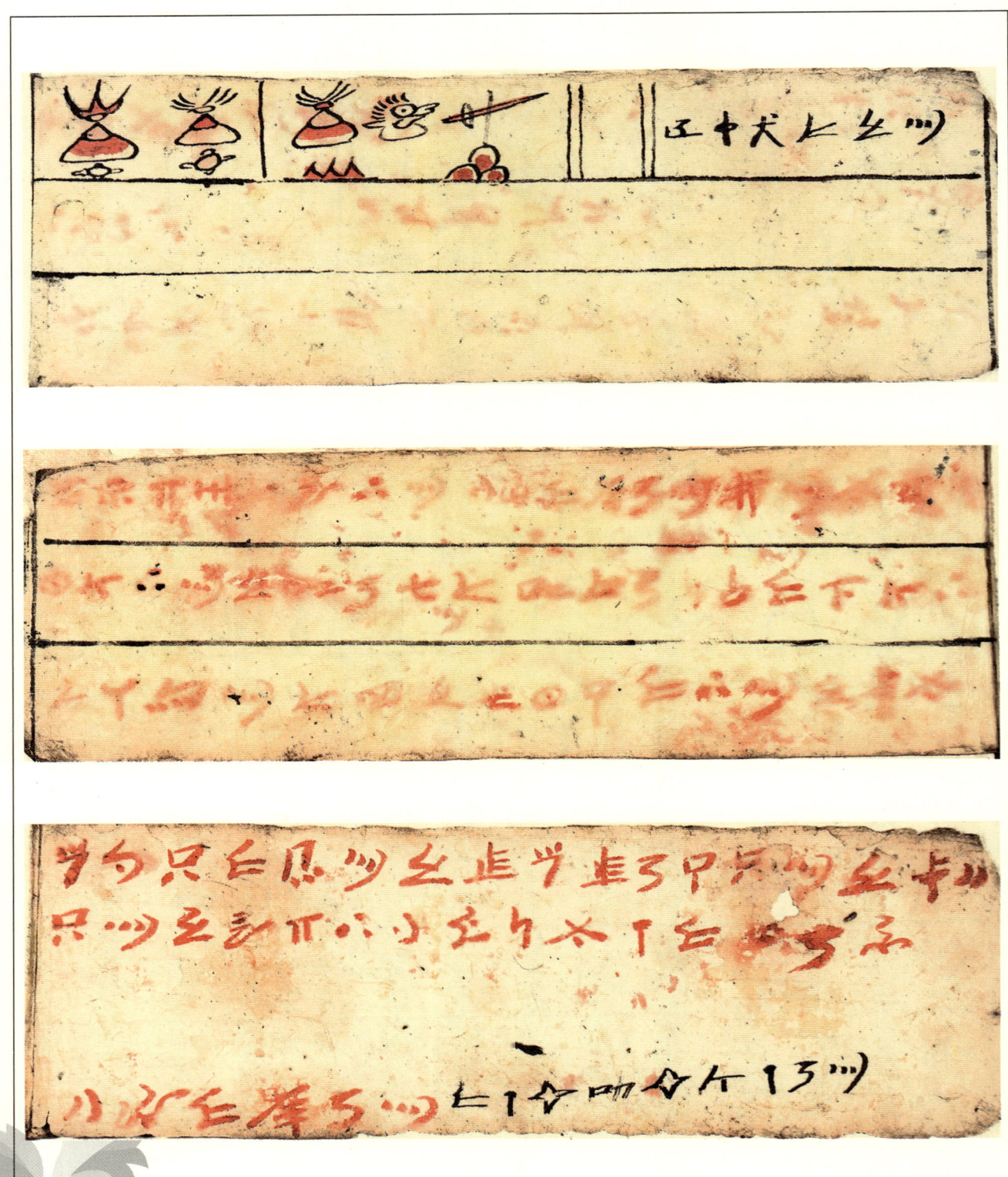

大祭风·木牌画画稿

纳西族东巴经。流传于云南省丽江市纳西族地区。不分卷，1册。佚名撰。此书为一本较全面地介绍制作各种用具和布置祭祀场地方法的工具书。为大祭风仪式中所使用的各种木牌提供画稿，并记有仪式中需要制作的各种用具的名字和样子。为东巴们布置祭祀场地、准备祭祀用具、选择祭祀用书、举行仪式次序等提供了依据。旧抄本，线订册叶装。页面高9.3厘米，广30厘米。保存完好。今藏于丽江市东巴文化研究院。

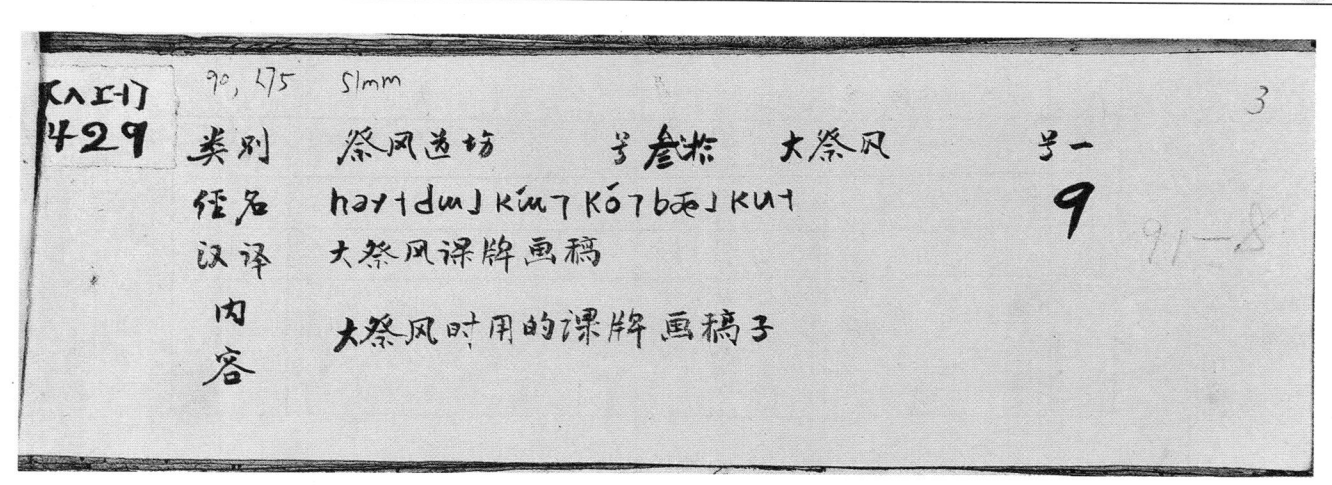

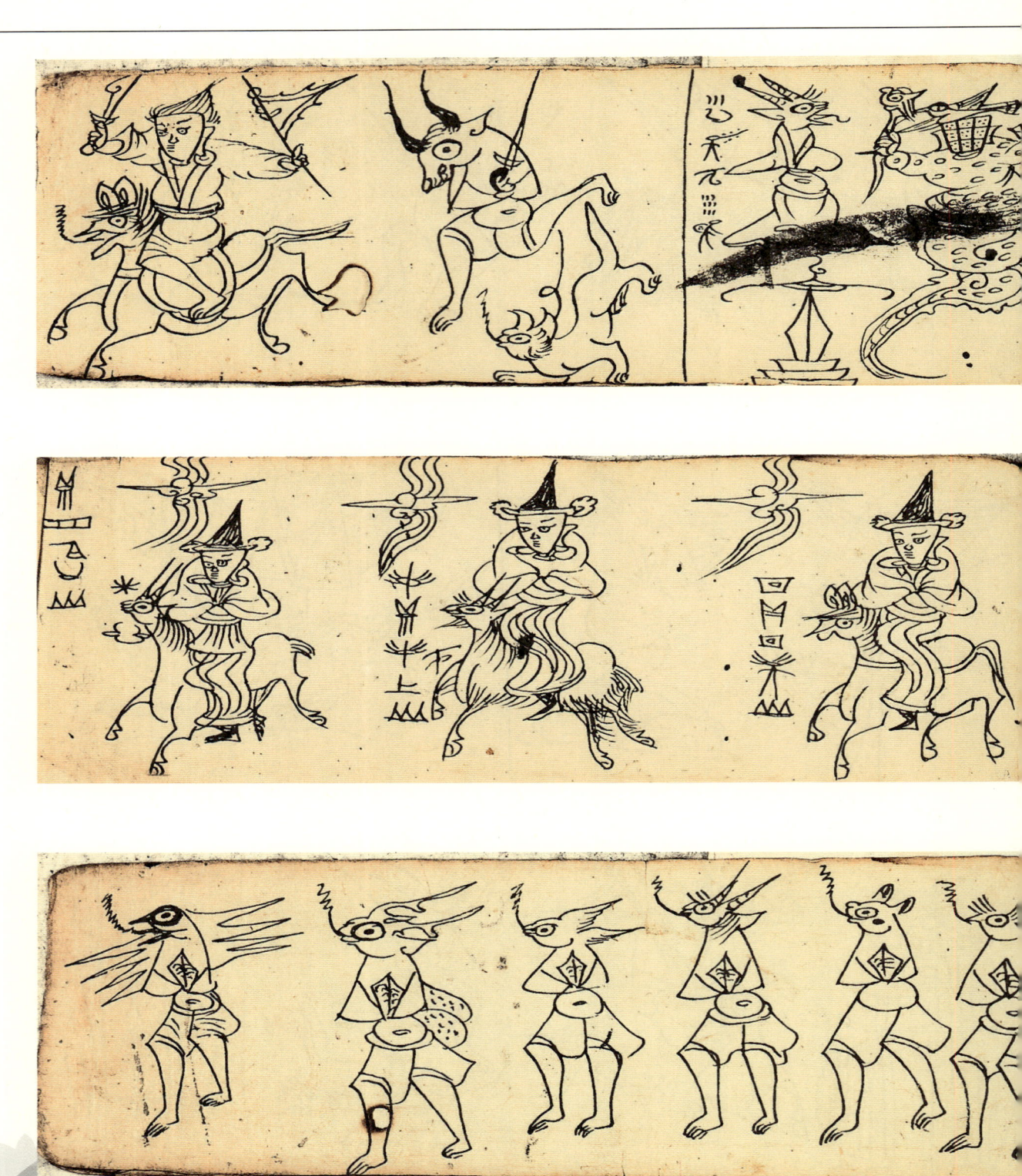

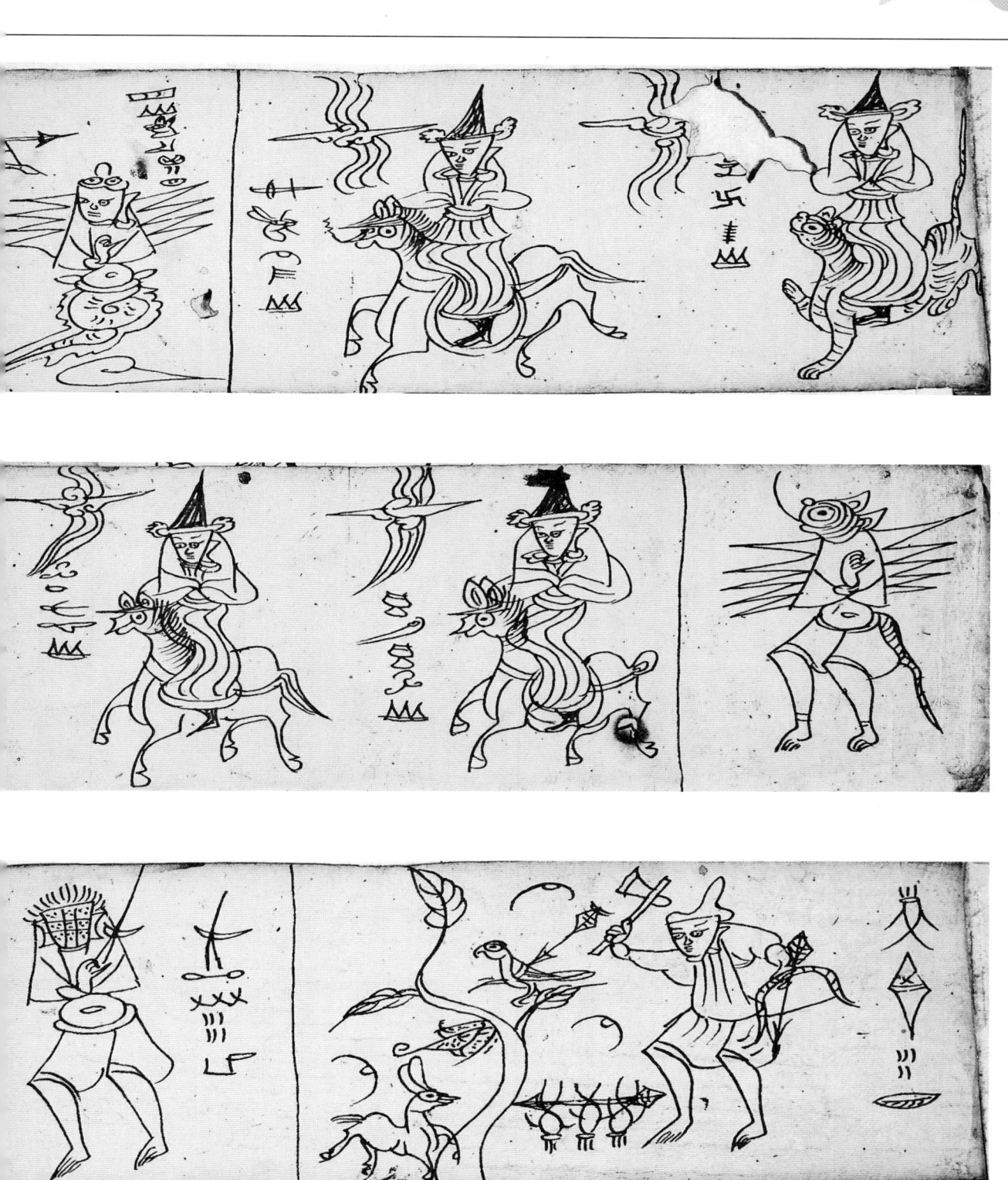

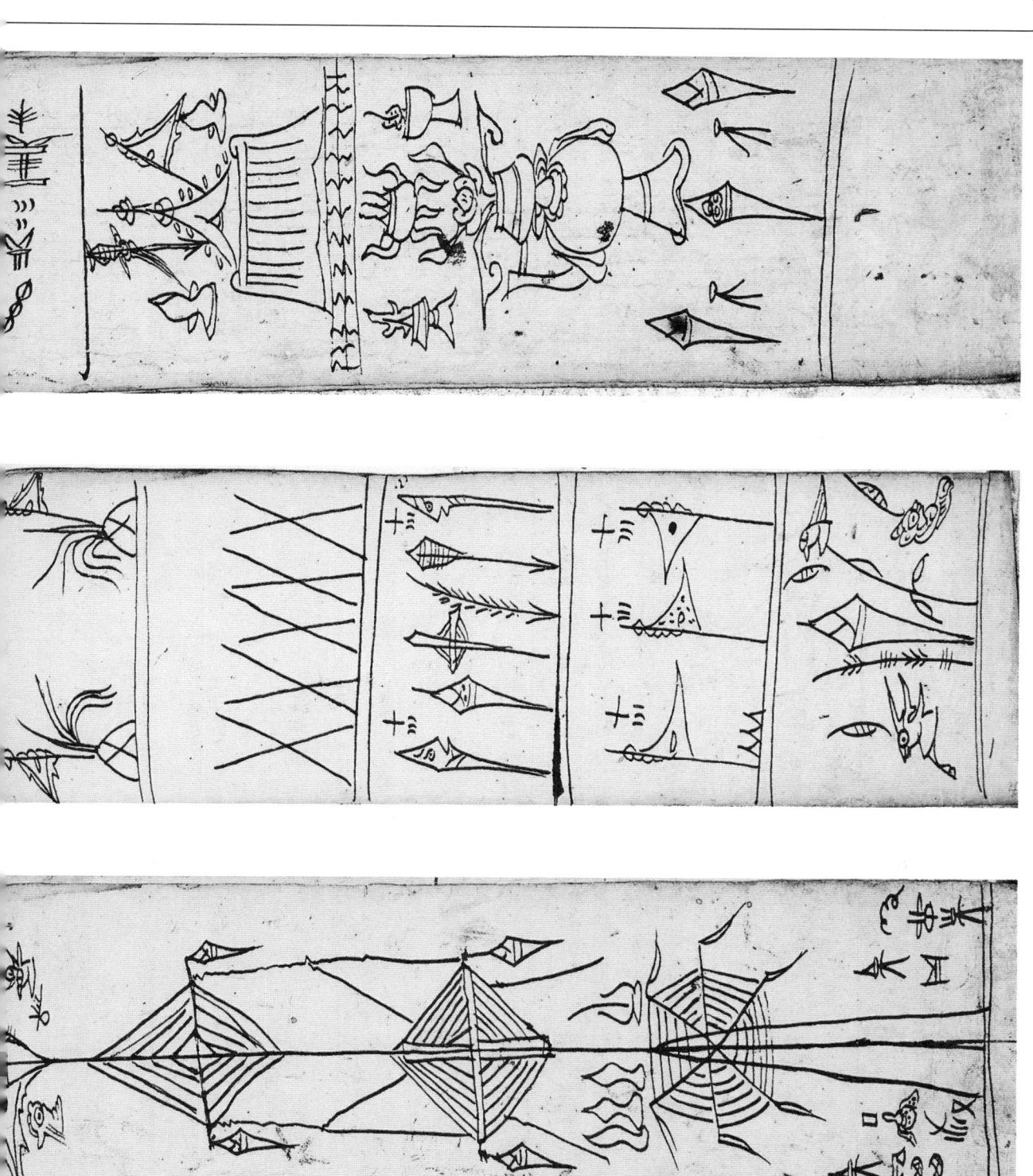

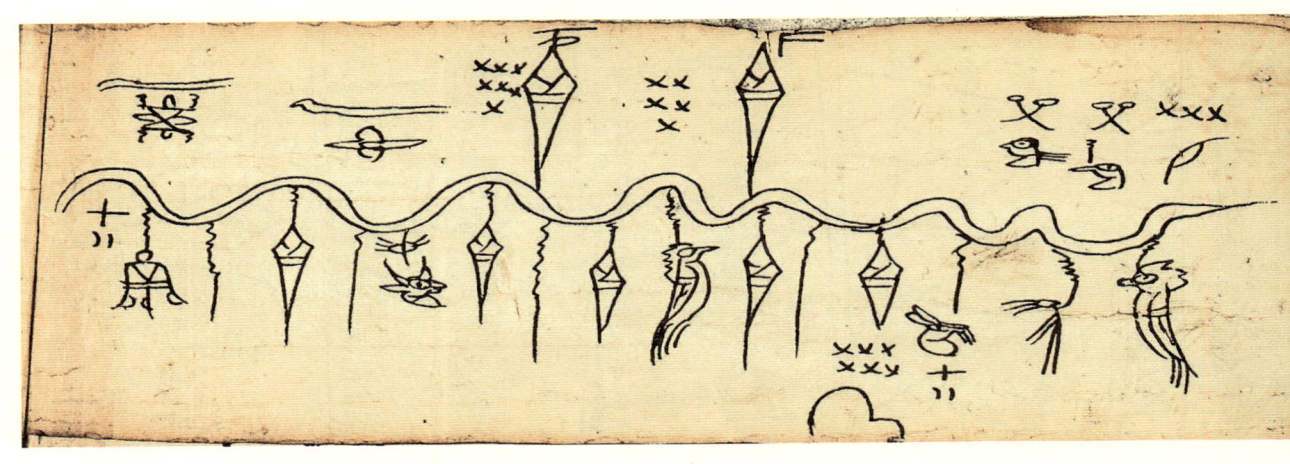

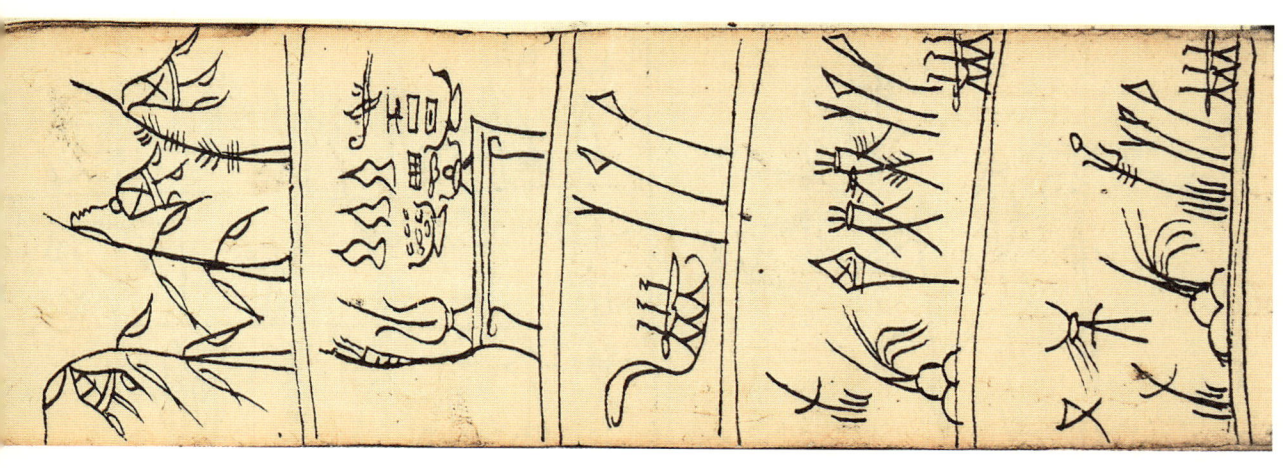

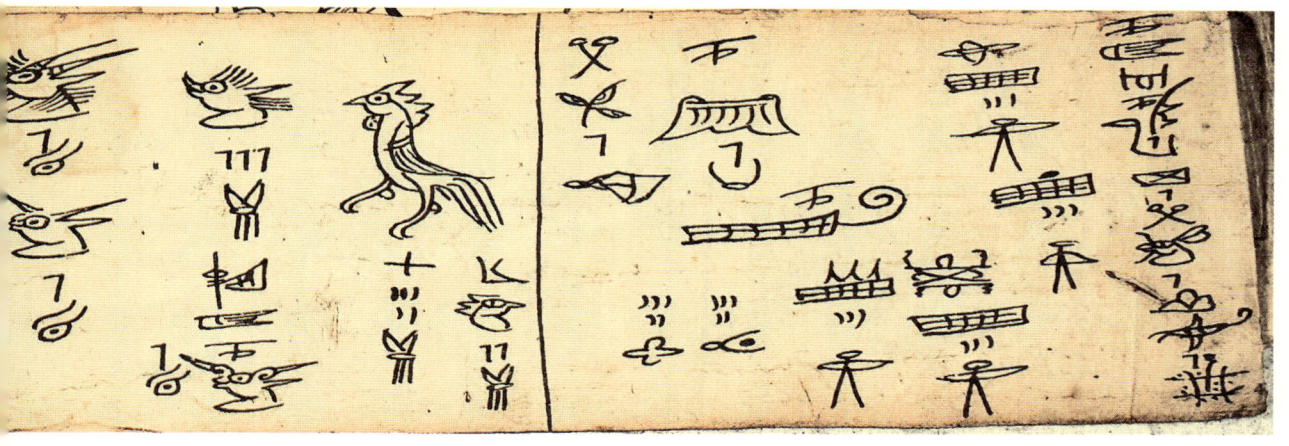

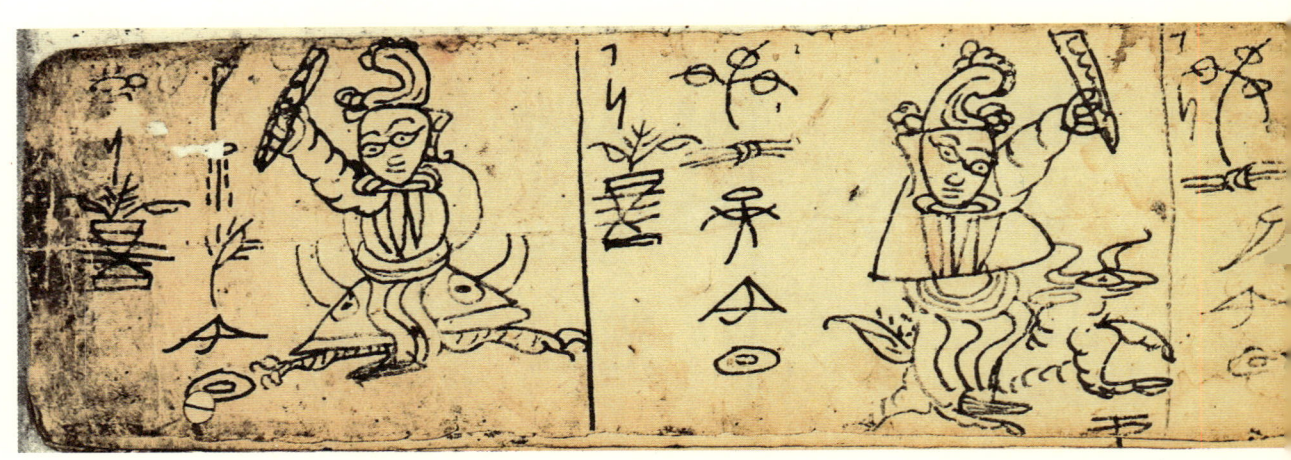

用巴格八方的黑白等色占卜

纳西族东巴经。流传于云南省丽江市纳西族地区。不分卷，1册。佚名撰。巴格是纳西族先民用十二生肖，木、火、土、铁、水五行及各种颜色表示方位的一种图，并认为人一生的命运凶吉由巴格决定。该书讲述了十二生肖各年中巴格八方颜色变化的常识性知识，也记录了人的命运在巴格上运转到某种颜色方位那年的卦辞。旧抄本，线订册叶装。页面高9.5厘米，广29.2厘米。保存完好。今藏于丽江市东巴文化研究院。

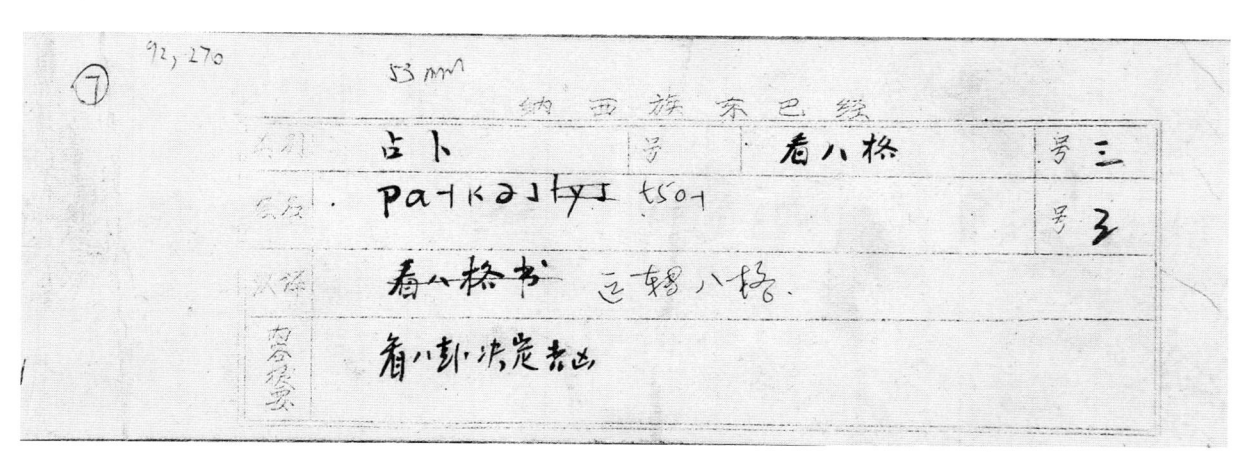

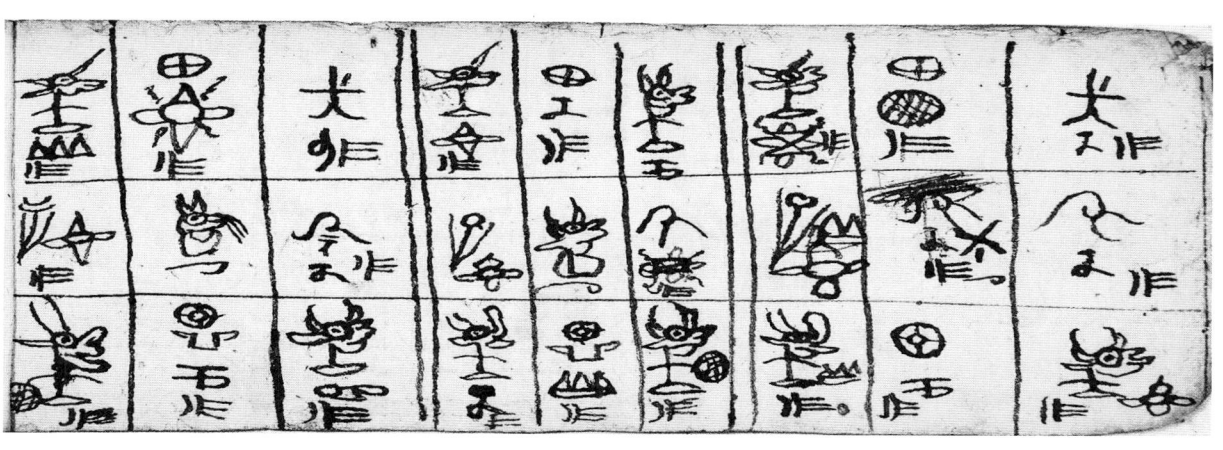

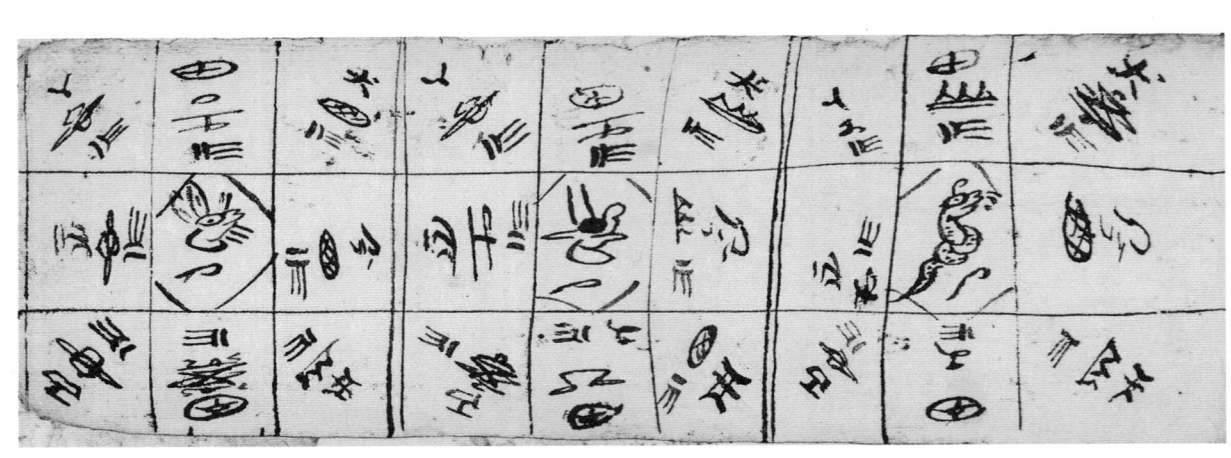

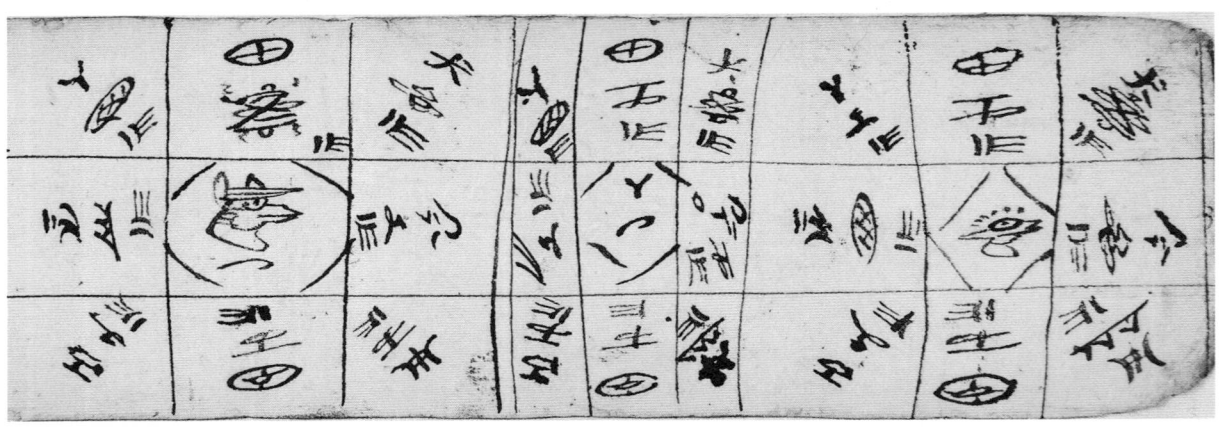

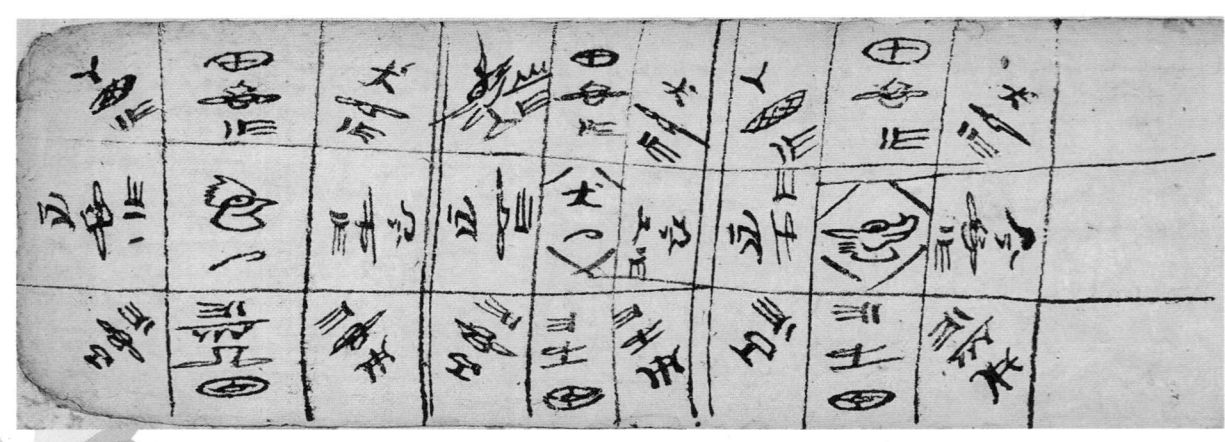

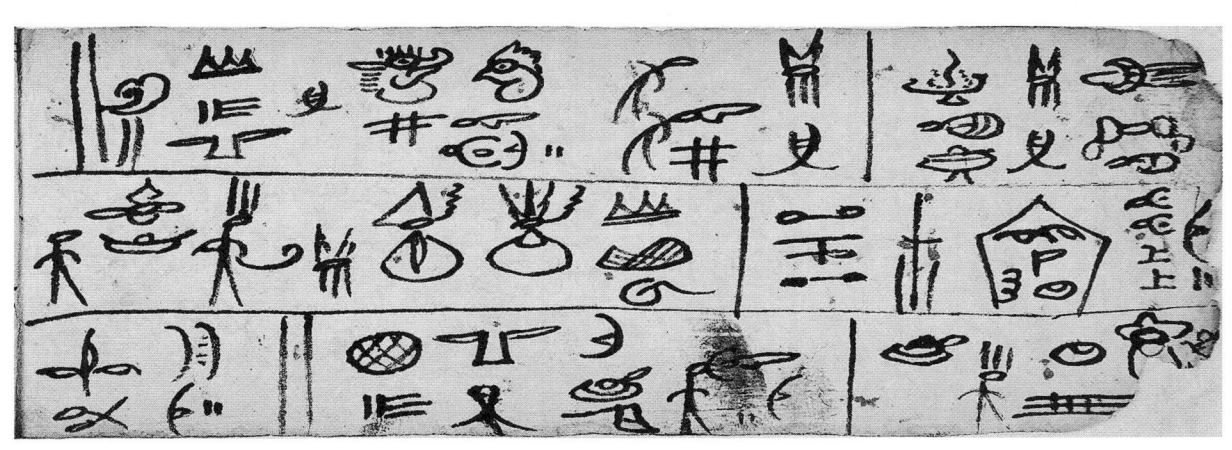

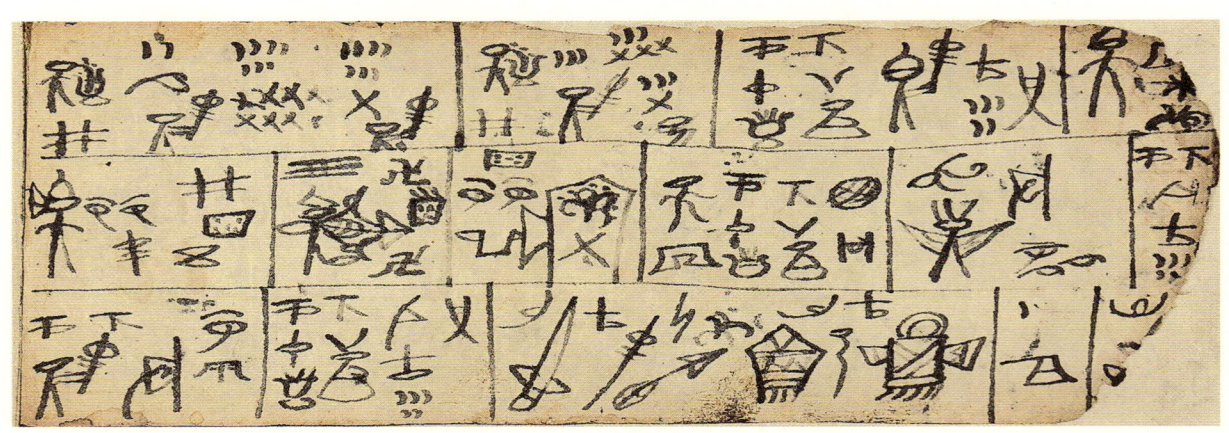

用鲁补占卜

纳西族东巴经。流传于云南省丽江市纳西族地区。不分卷，1册。佚名撰。本书记载了用鲁补占卜的卦辞。卦辞内容多为家中有病有灾，为何种鬼作祟，需要做何种仪式以禳解。旧抄本，线订册叶装。页面高9.6厘米，广29厘米。保存完好。今藏于丽江市东巴文化研究院。

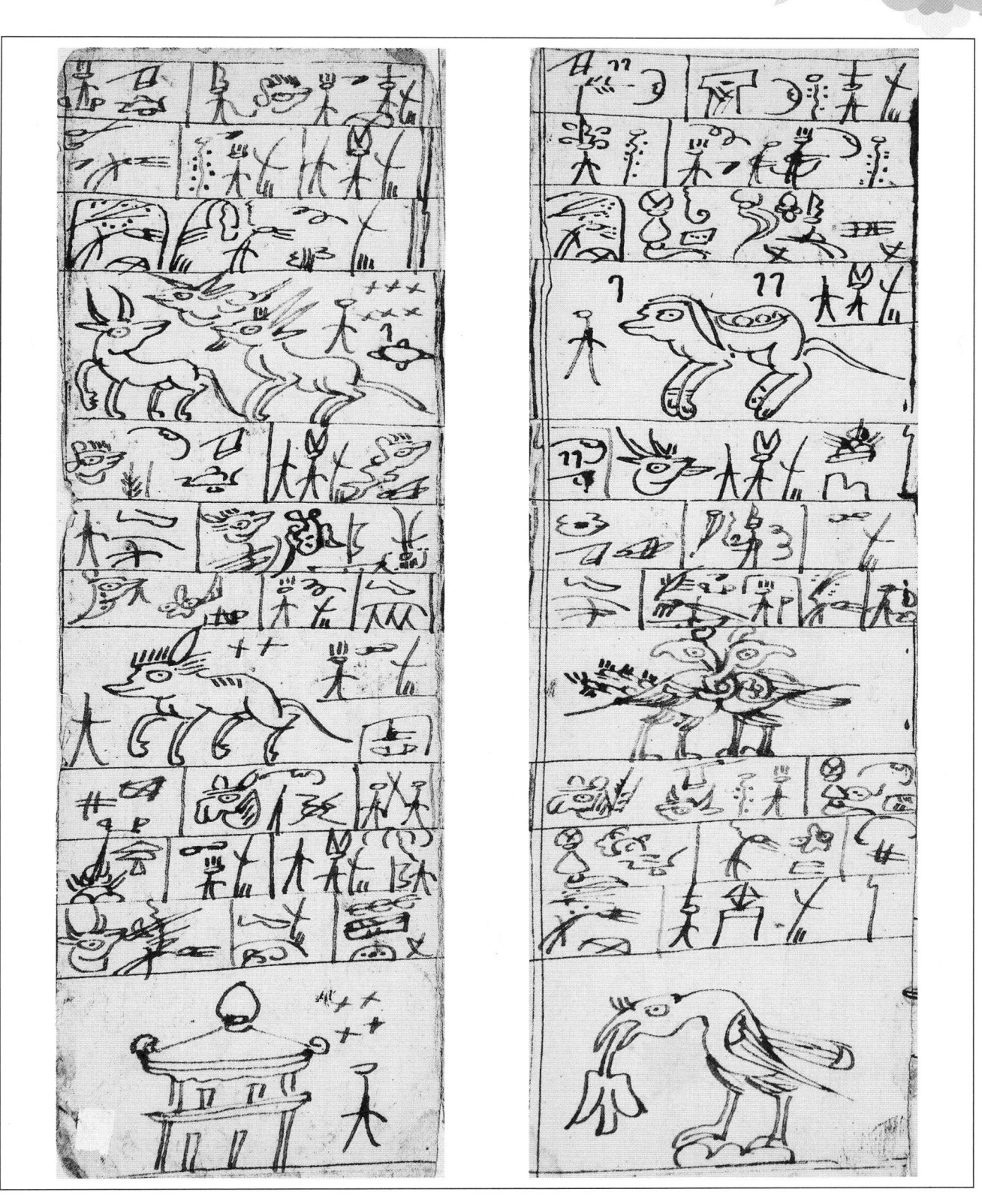

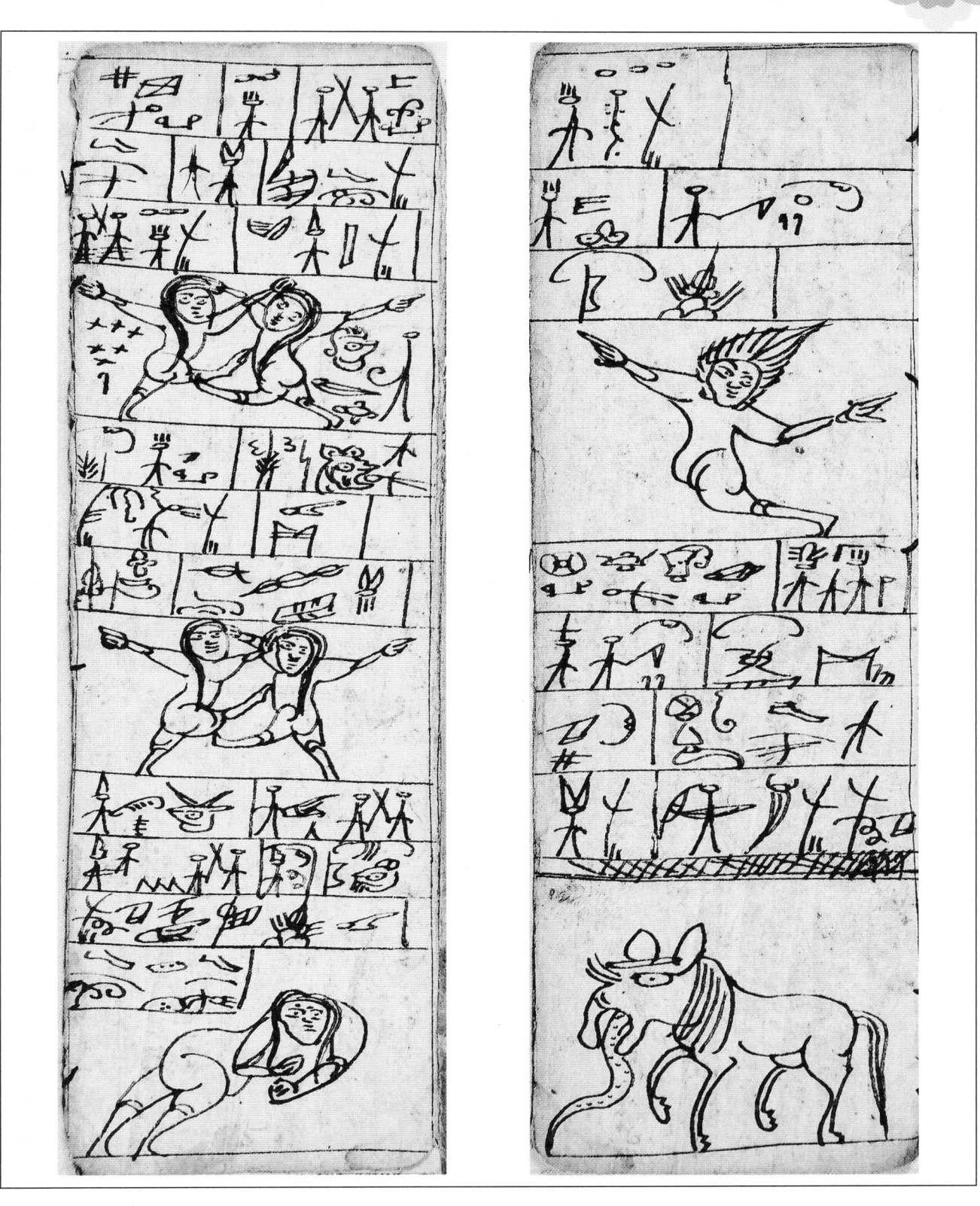

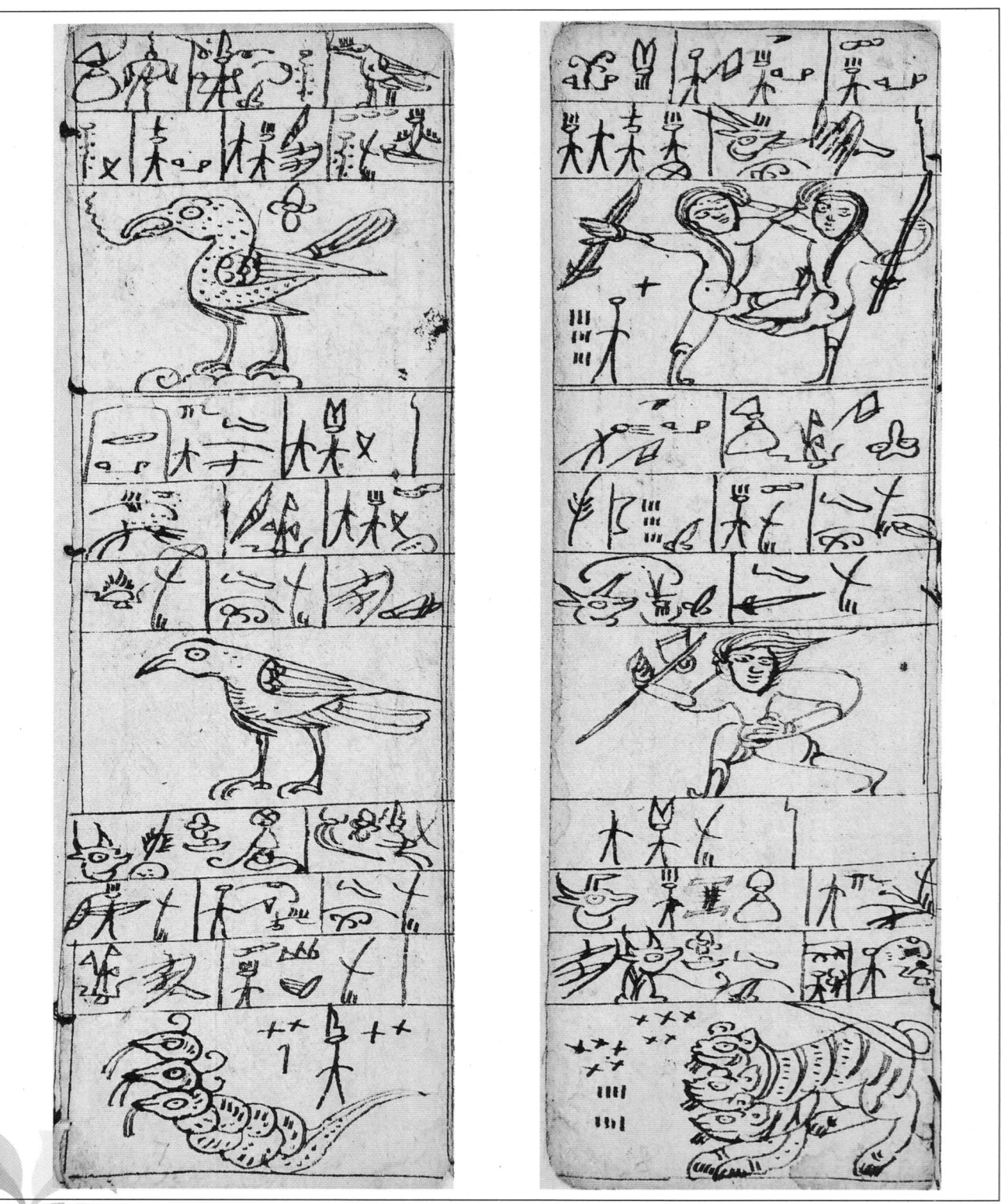

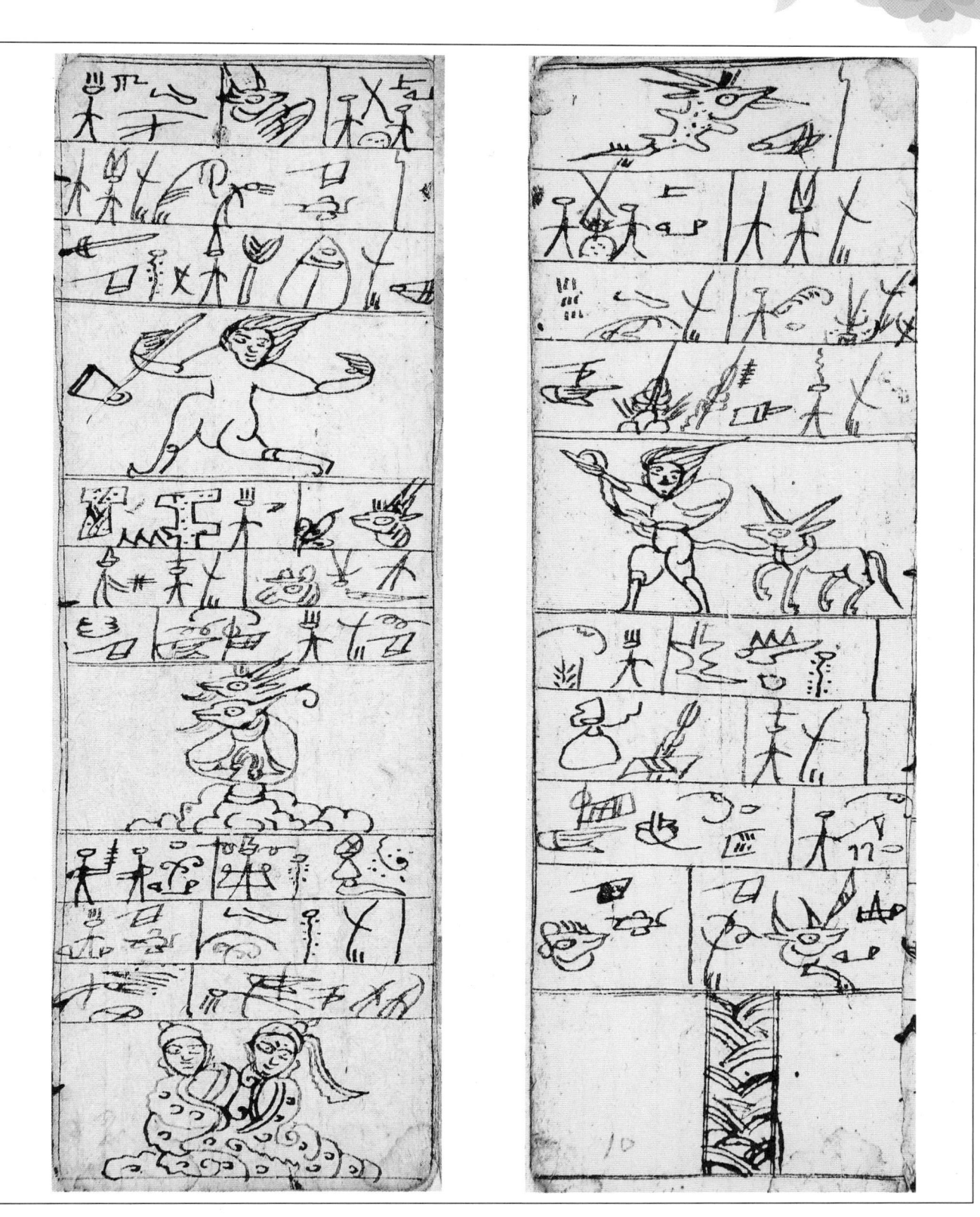

219　第五十三卷　纳西族

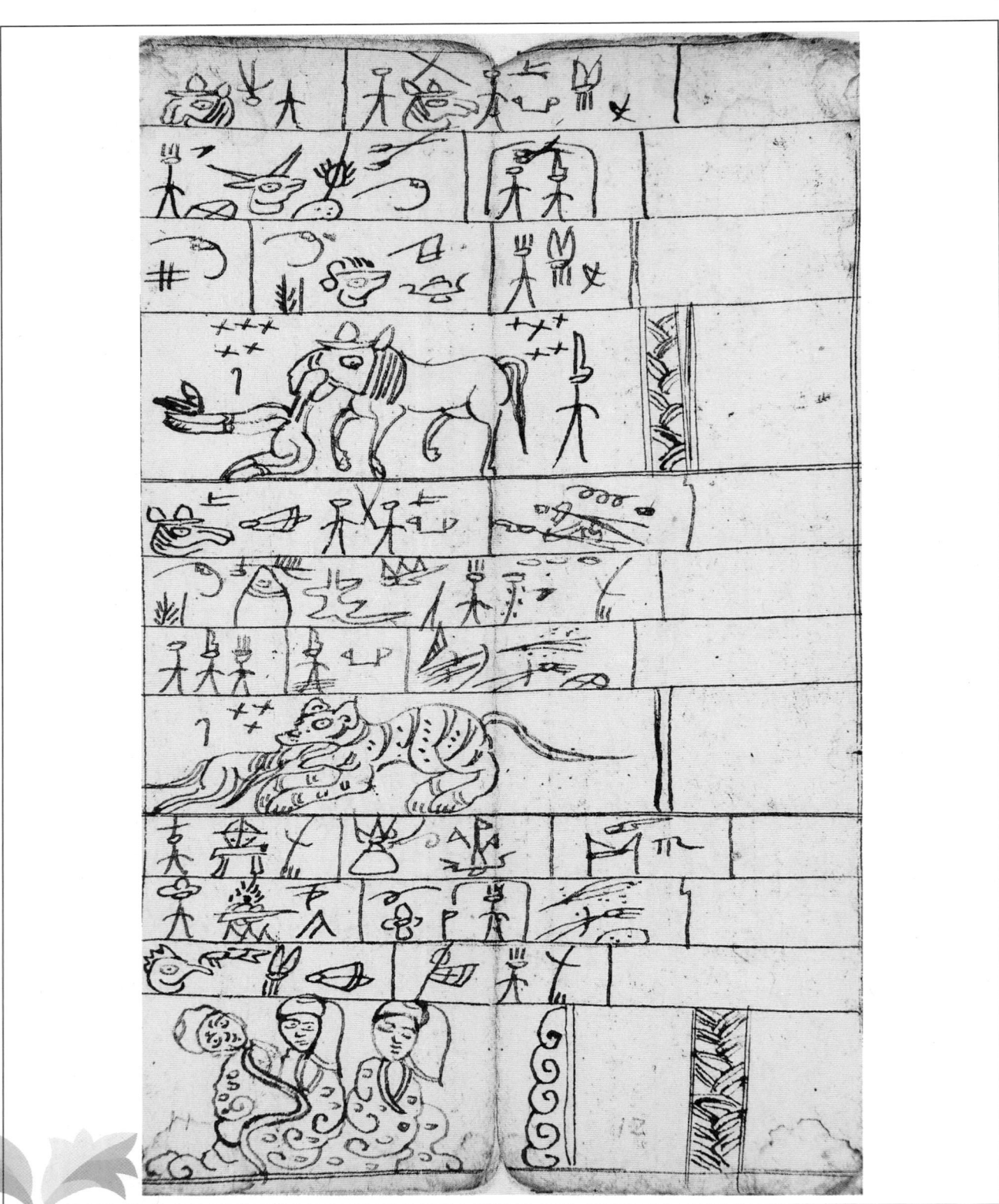

佐拉卦图

纳西族东巴经。流传于云南省丽江市纳西族地区。不分卷，1册。佚名撰。经书记录了不同五行属相的人各自不同的鲁扎、鲁补、米吾九宫、性格以及生养儿女的情况和寿岁的卦辞。此卦图应有30副，今存10副。旧抄本，线装。页面高10.8厘米，广17.8厘米。全书彩色书写。保存完好。今藏于丽江市东巴文化研究院。

78-6

95　　　纳西族东巴经

类别	占卜	五
经名	~~tʰ⁻¹tɕʰɛn¹miˑtɕuə³³lly³³~~ tsɔ⁷la⁻¹	二
汉译	~~用甲子、九宫看日子吉凶书~~ 老甲子
内容提要	用甲子、九宫看日子吉凶书	佐拉卦图

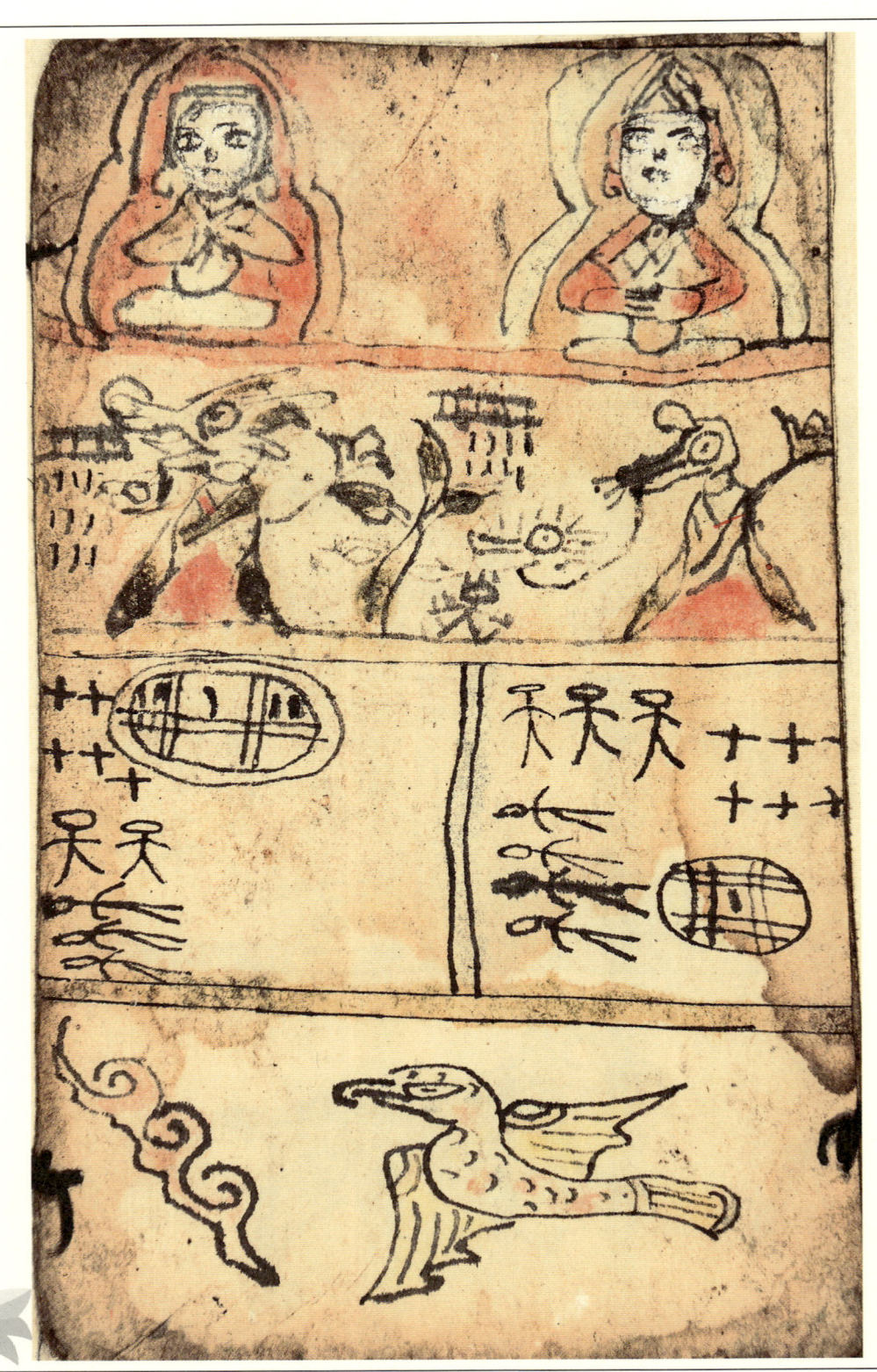

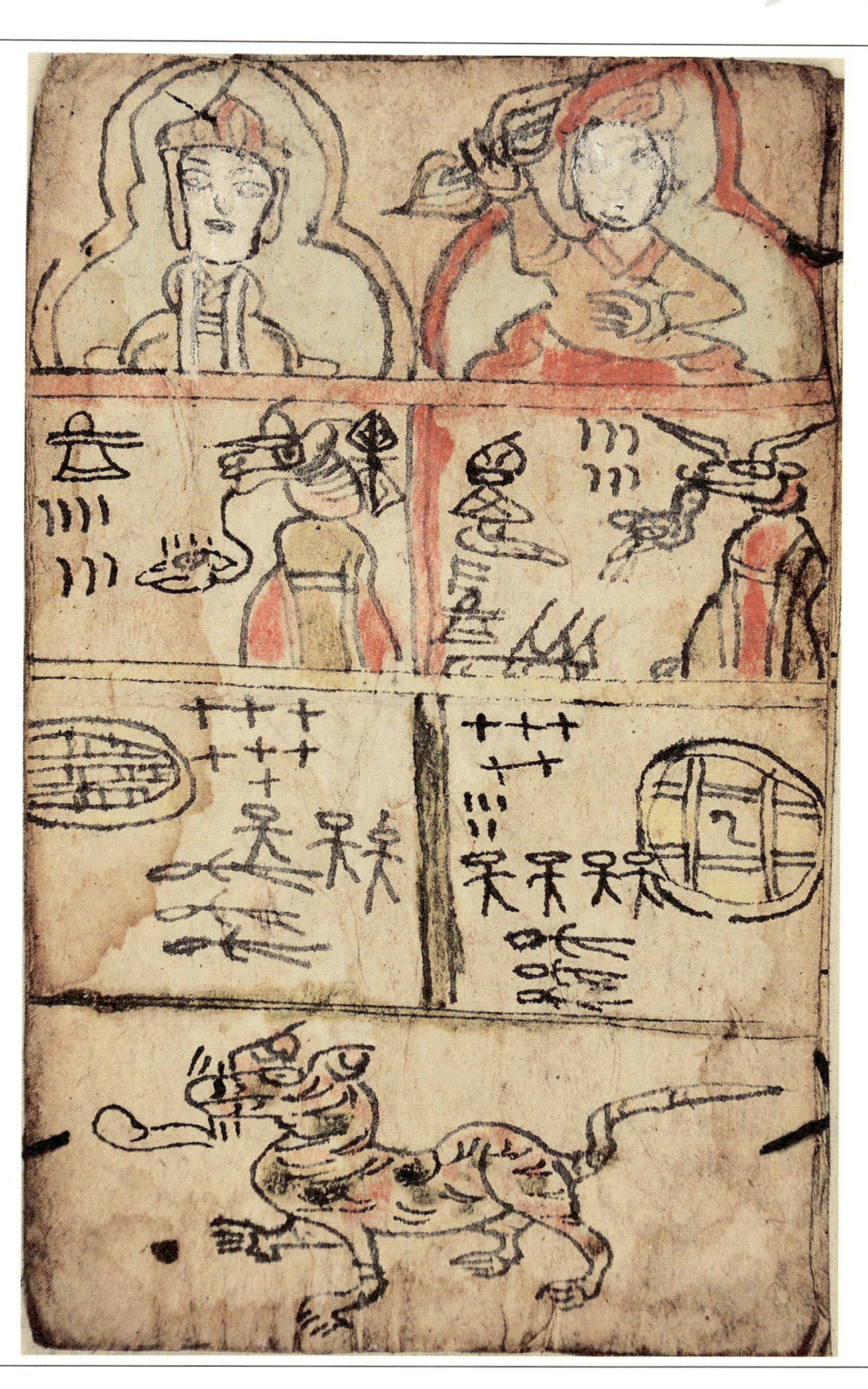

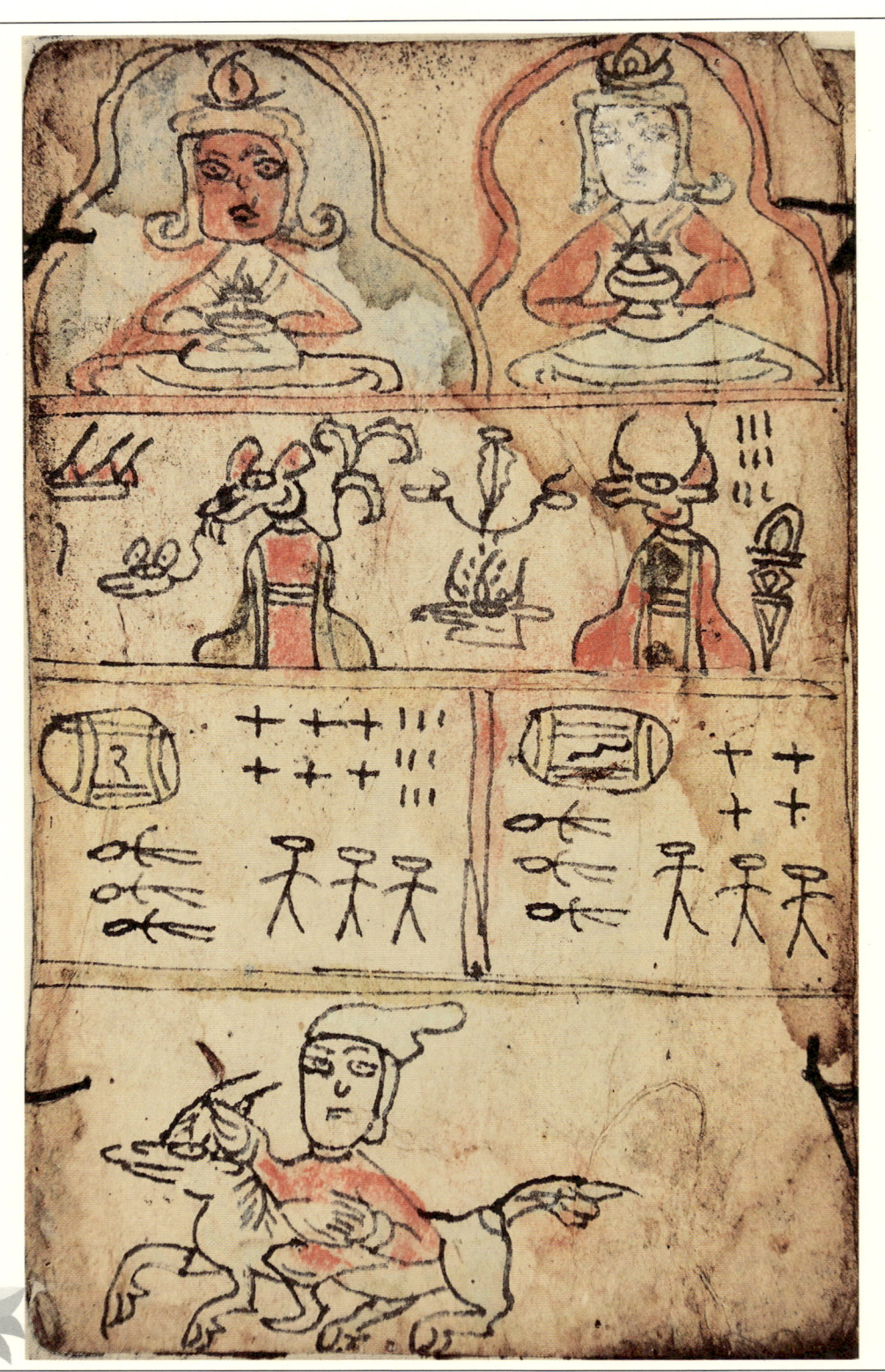

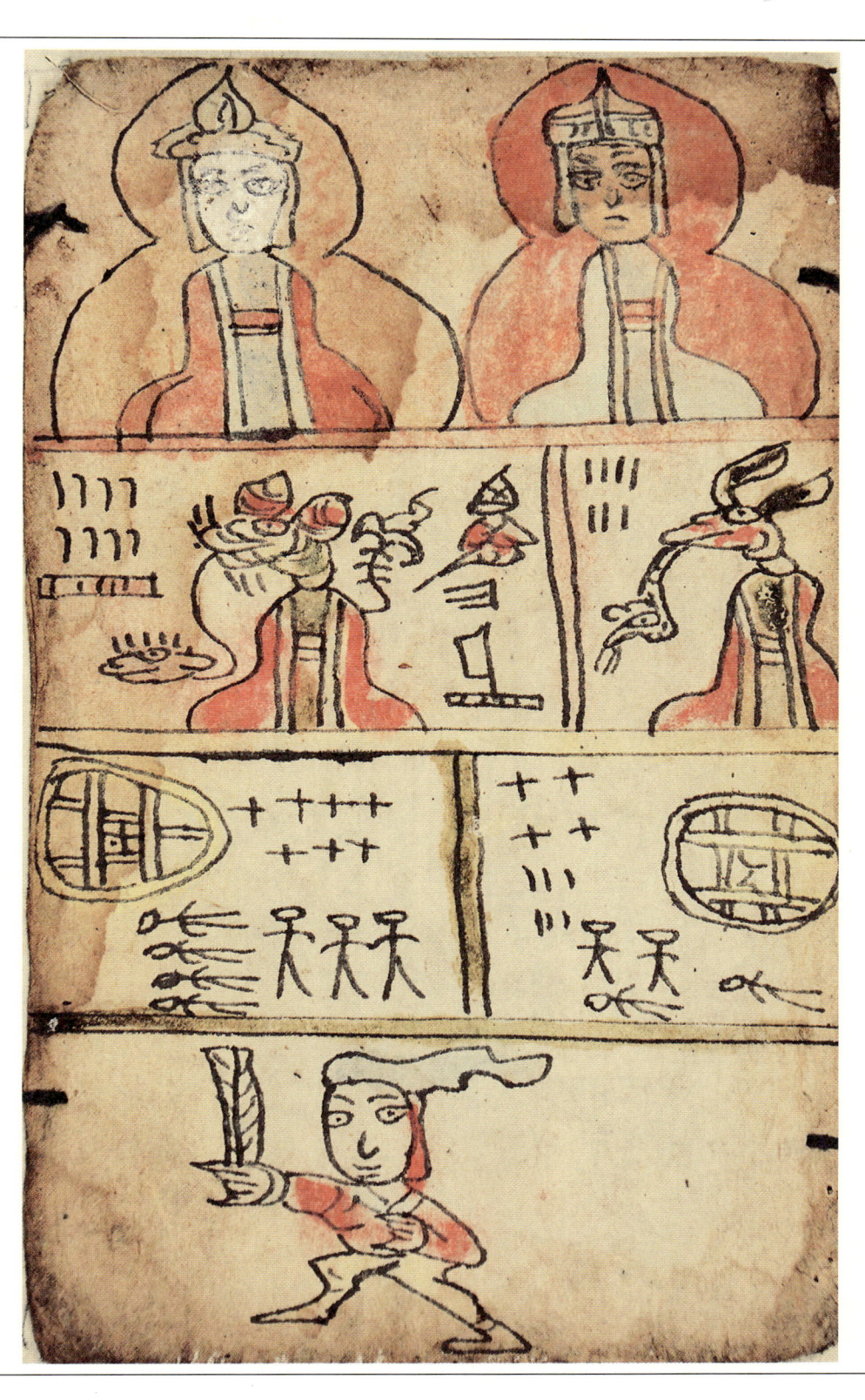

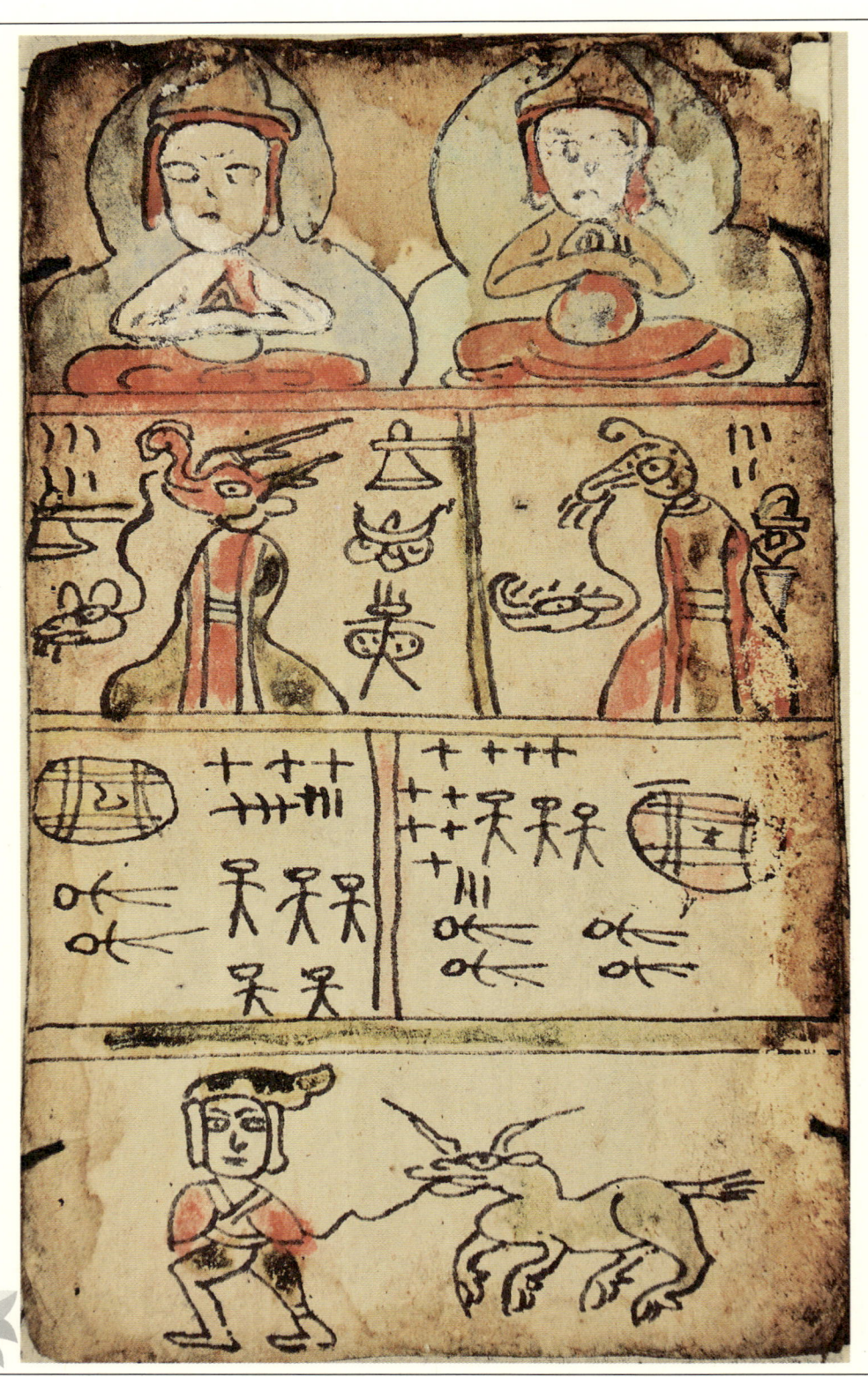

用六十干支占卜

　　纳西族东巴经。流传于云南省丽江市纳西族地区。不分卷，1册。佚名撰。该书内容分为3个部分。第一部分讲述了进行佐拉卦占卜仪式的仪规。第二部分记录了六十干支占卜人生运程的卦辞。第三部分列举了东巴占卜用的48本书的目录。该书对研究东巴占卜学有重要参考价值。旧抄本，线装。页面高9.1厘米，广27.7厘米，开篇每页3行，其余每页4行。全书彩色书写。保存完好。今藏于丽江市东巴文化研究院。

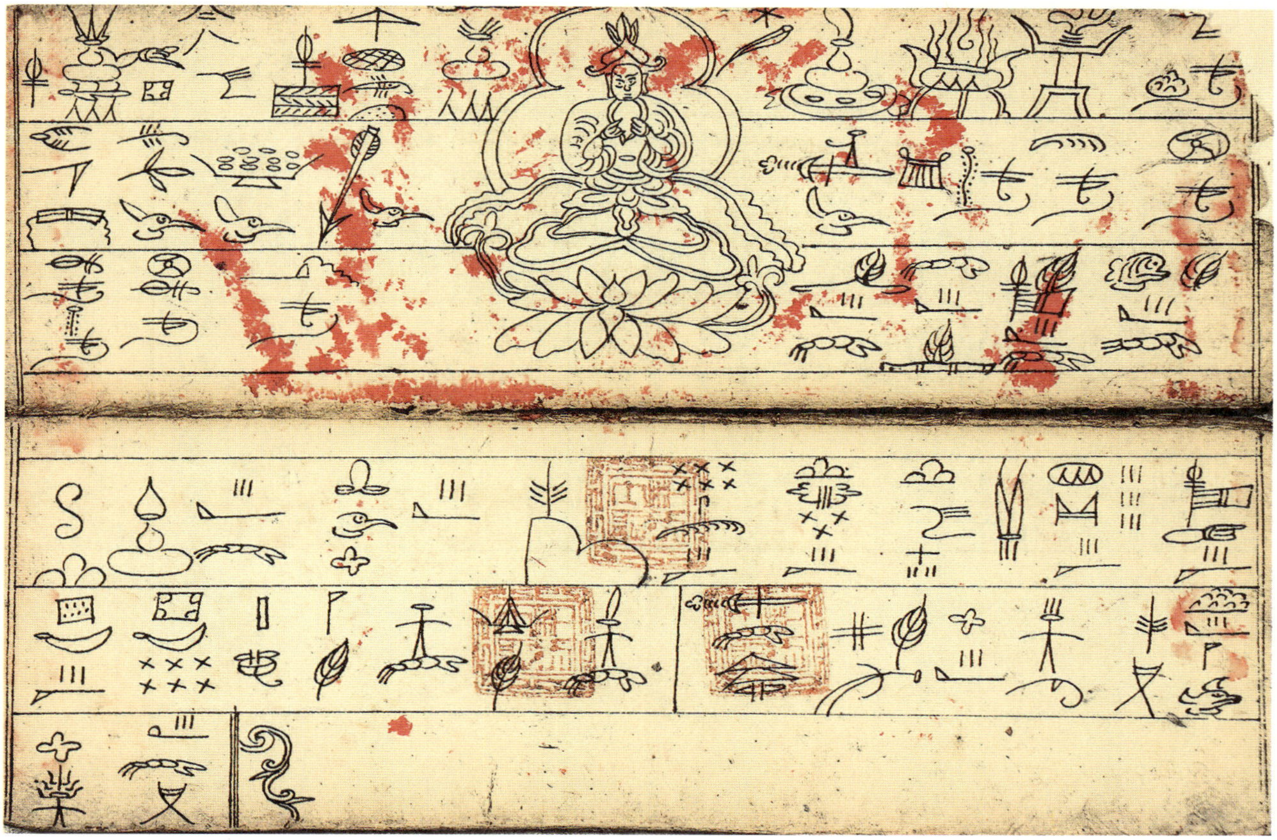

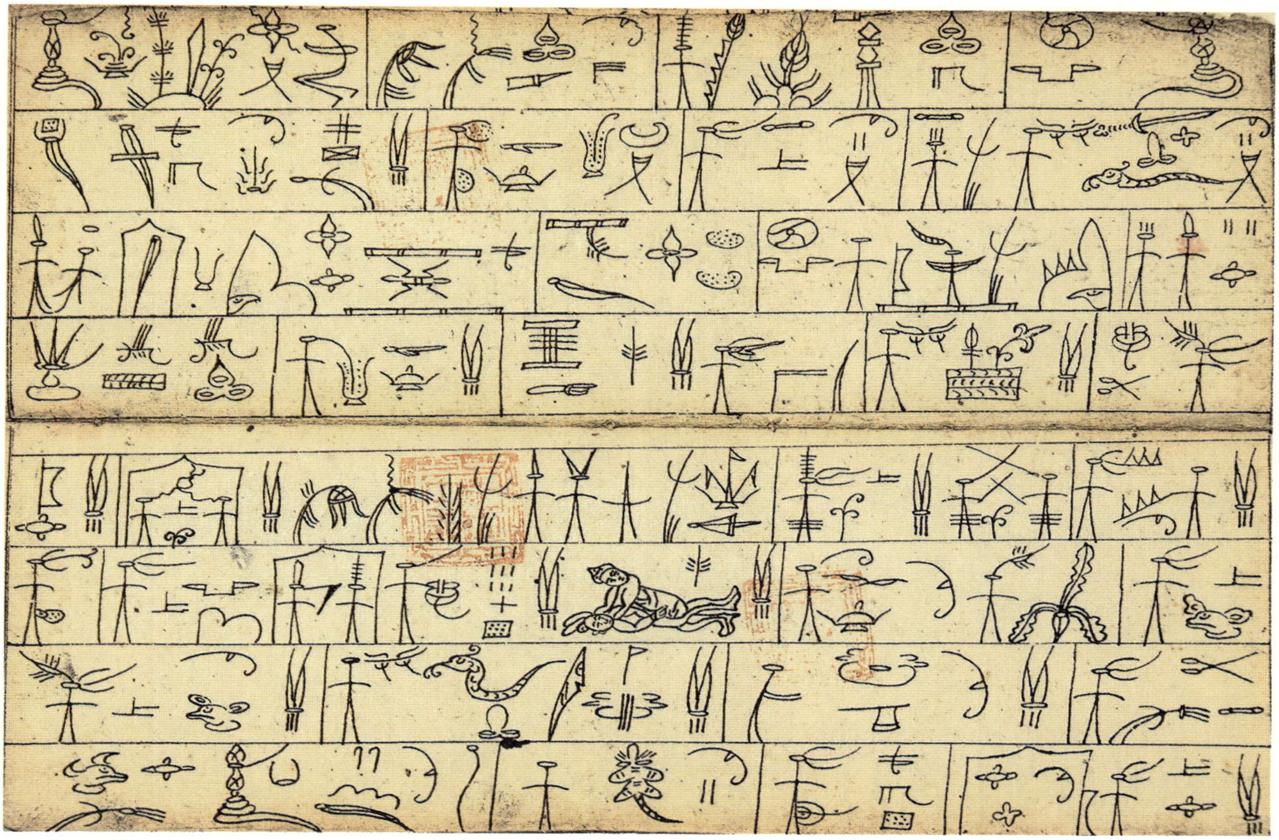

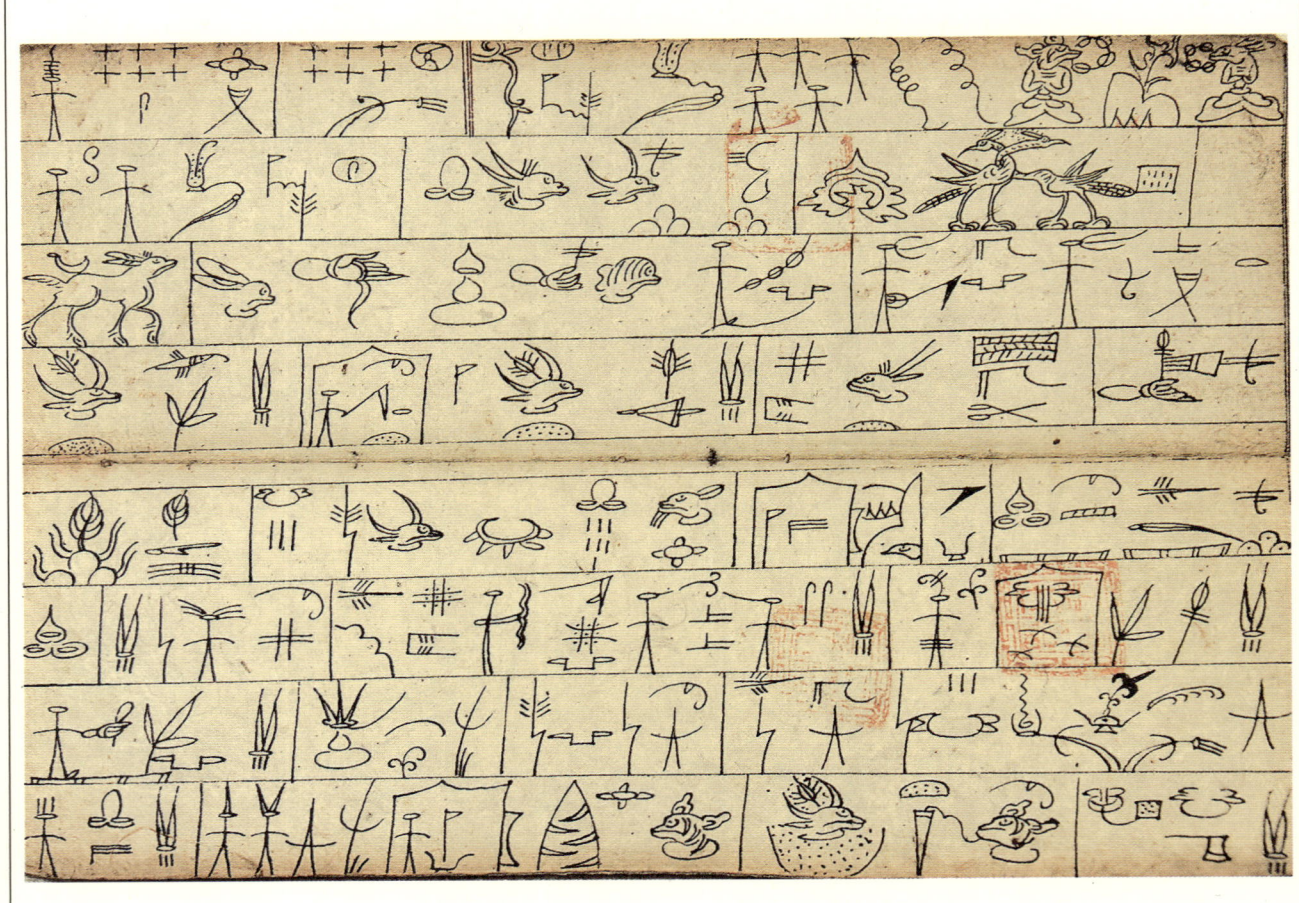

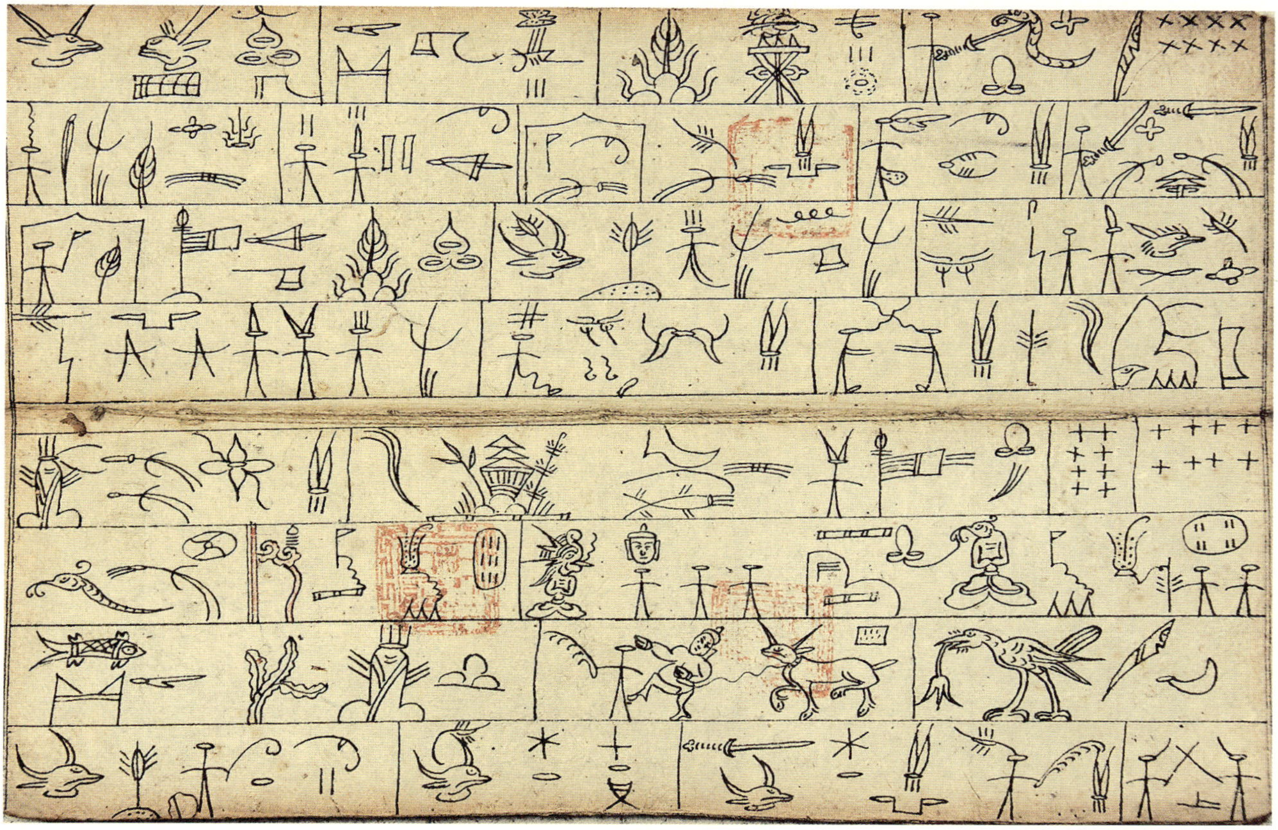

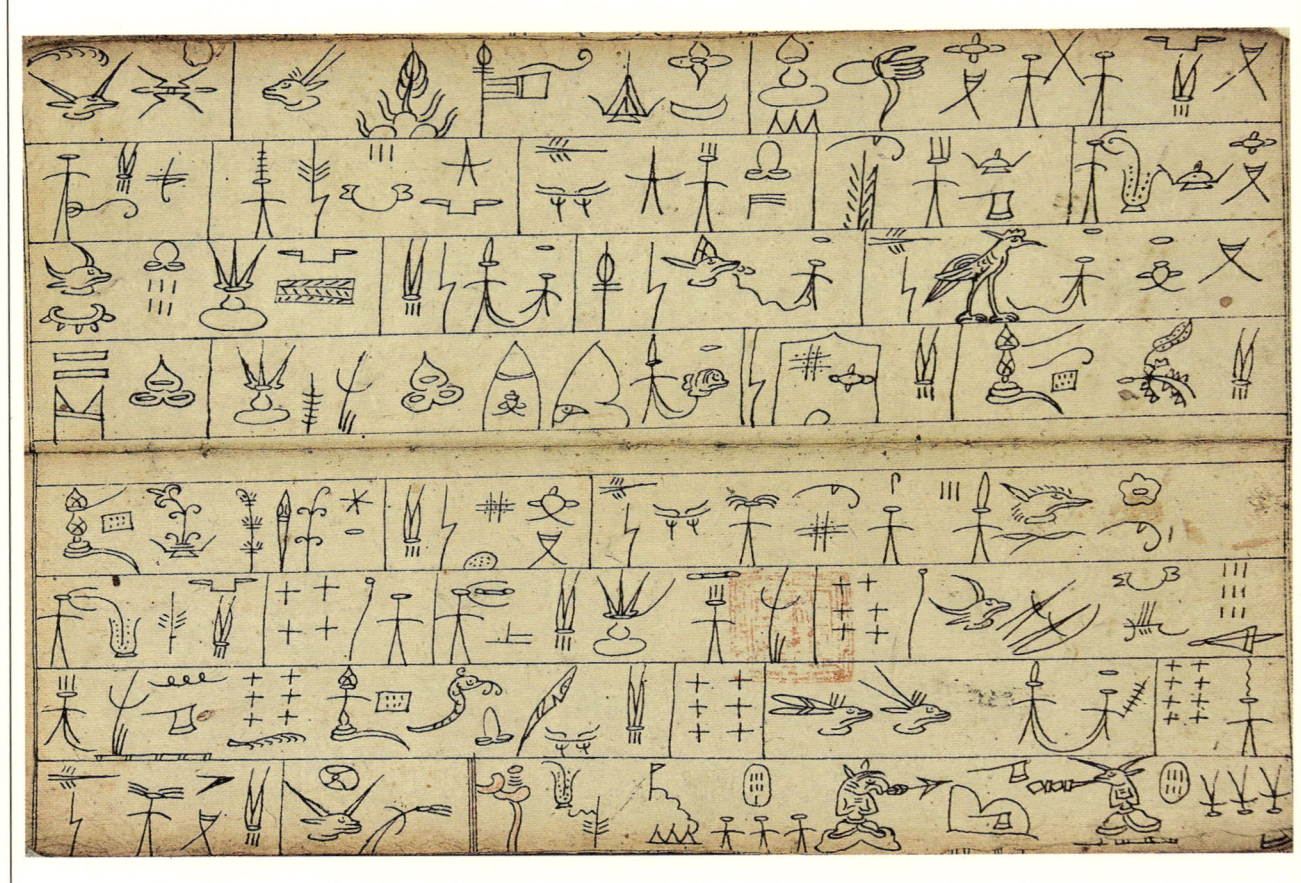

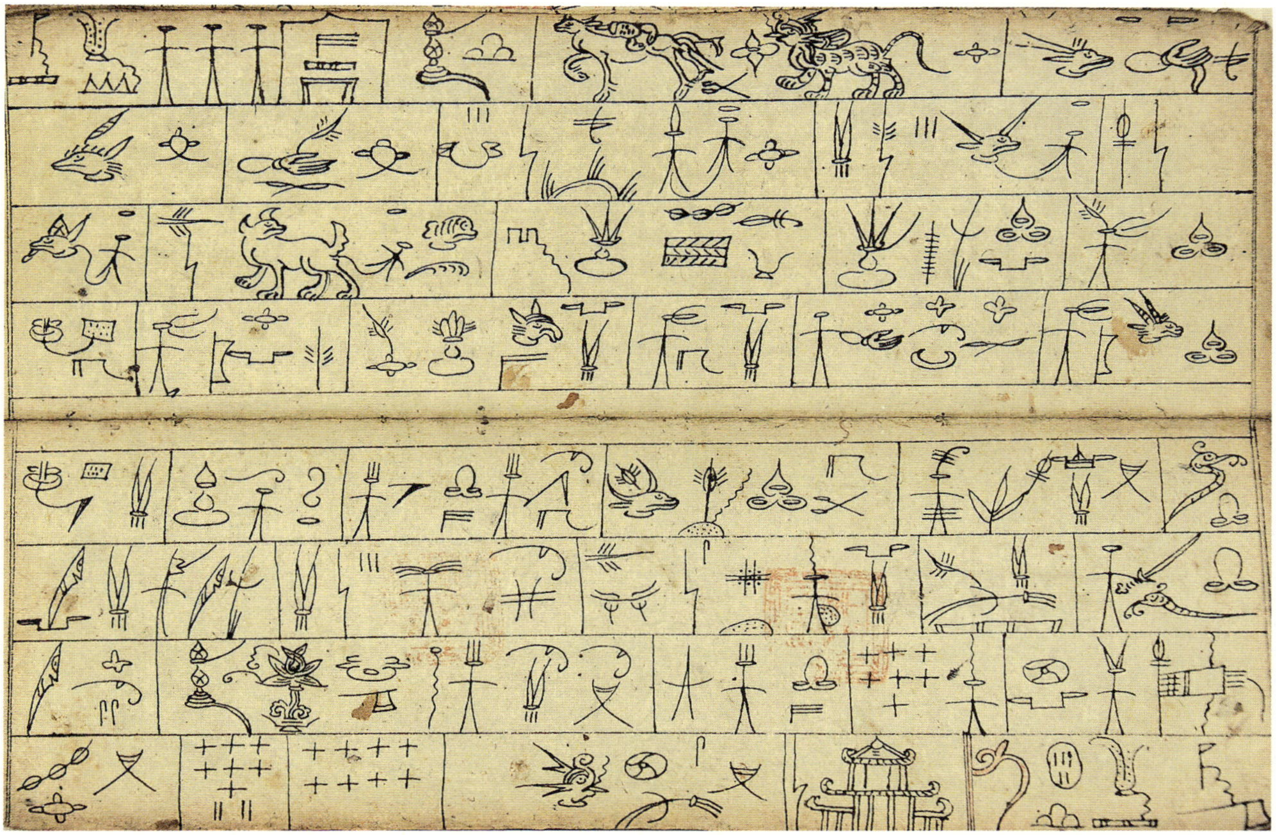

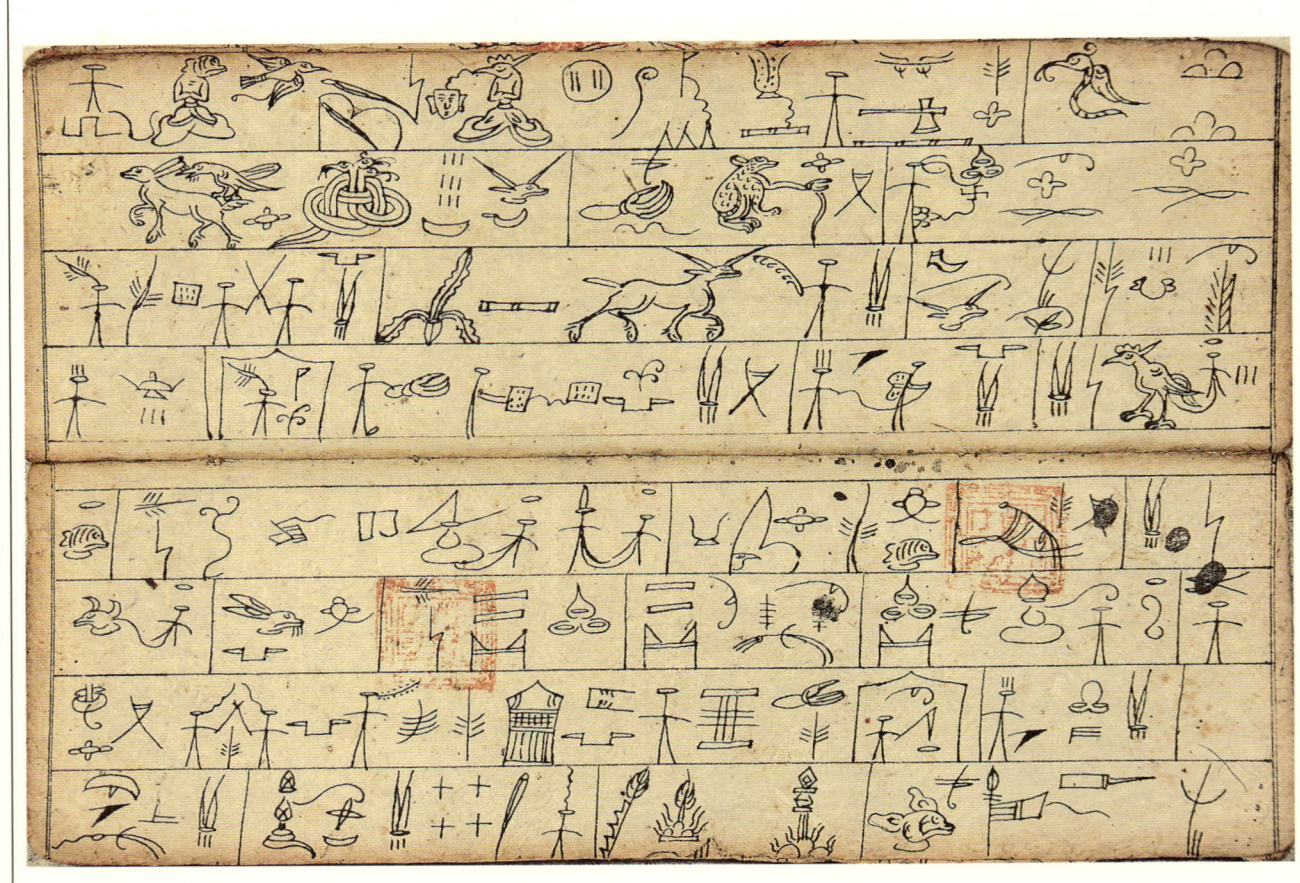

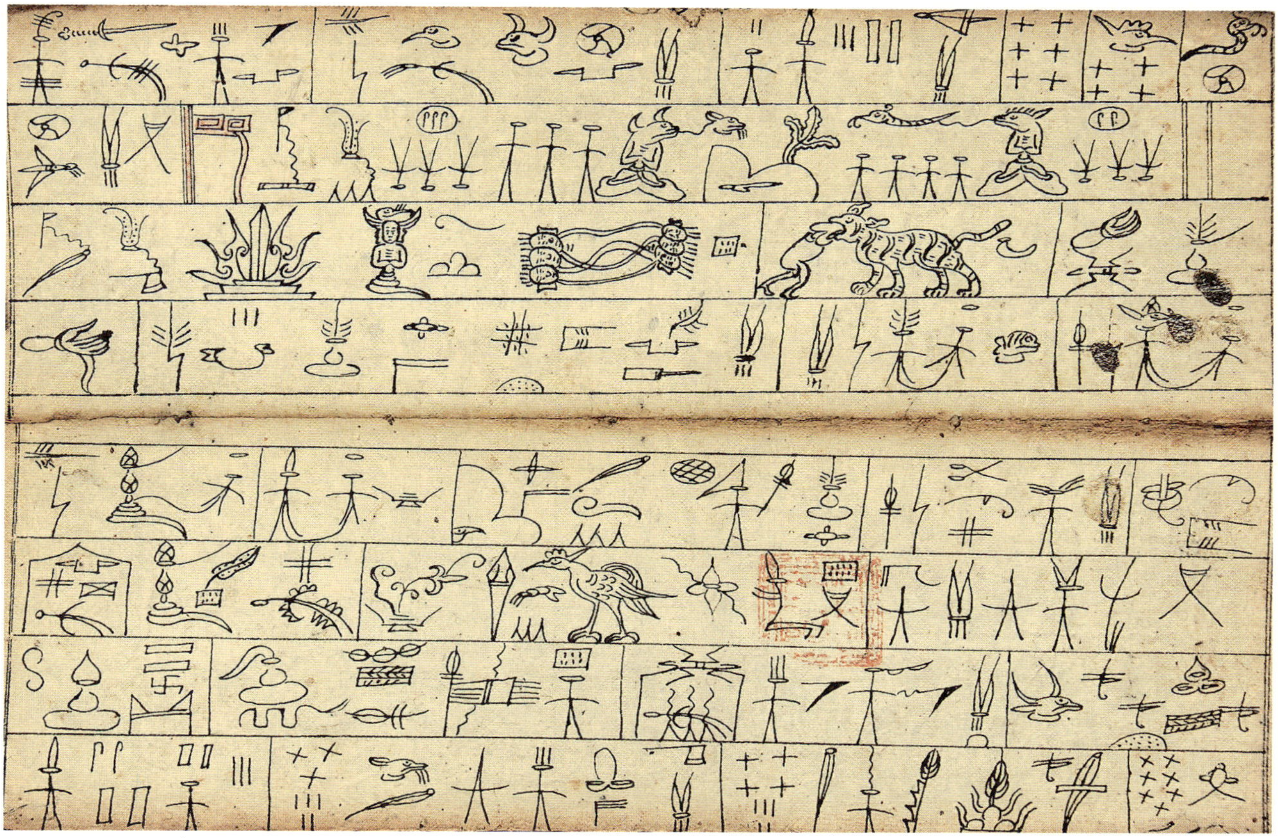

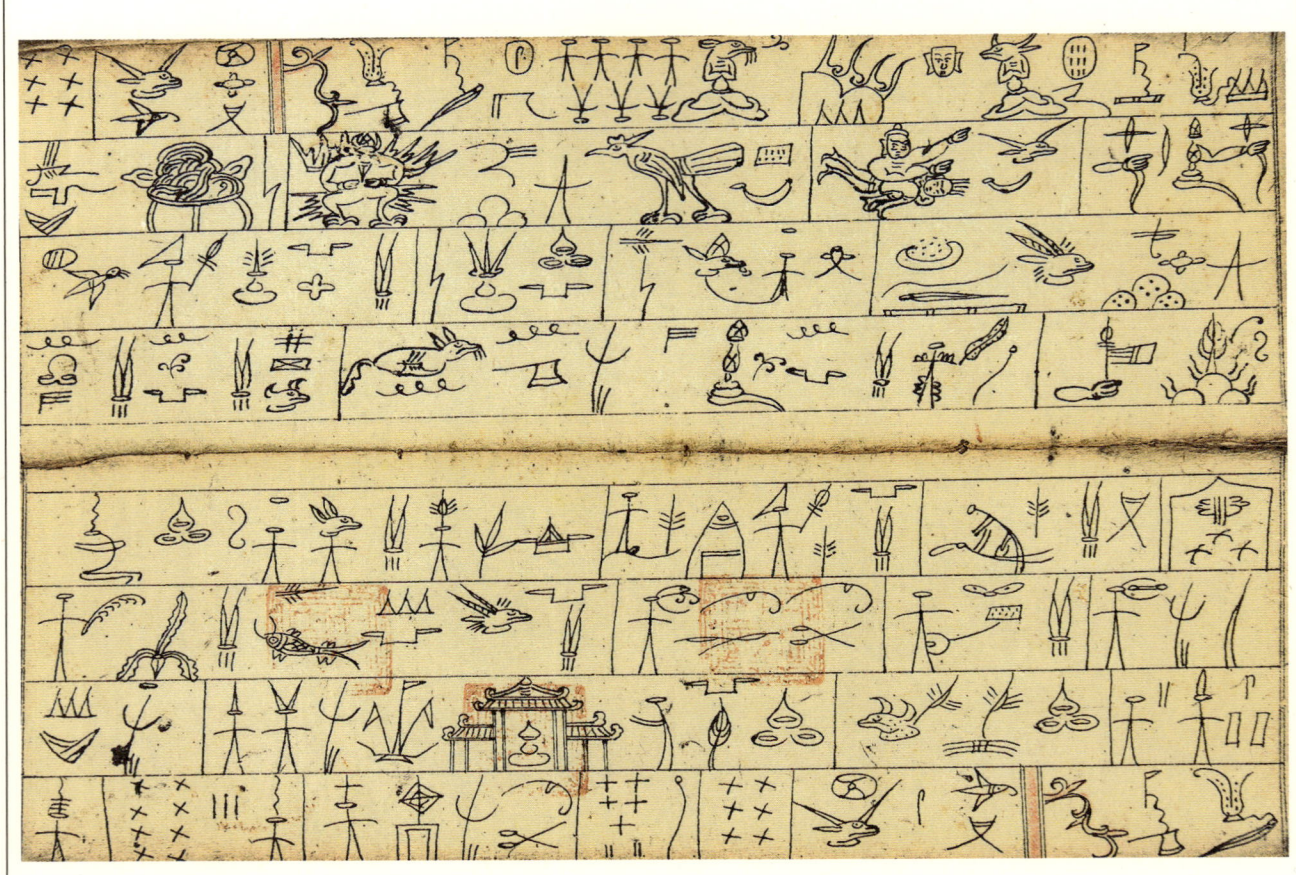

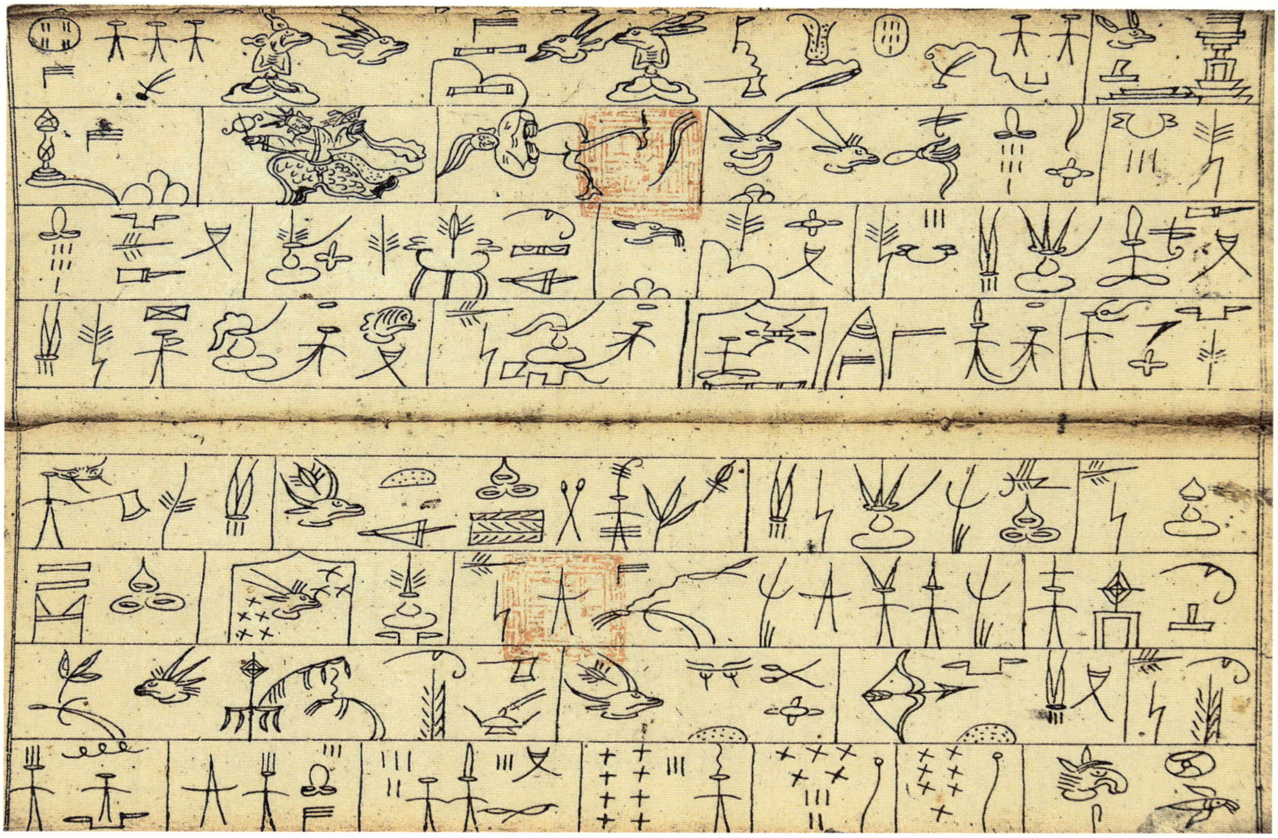

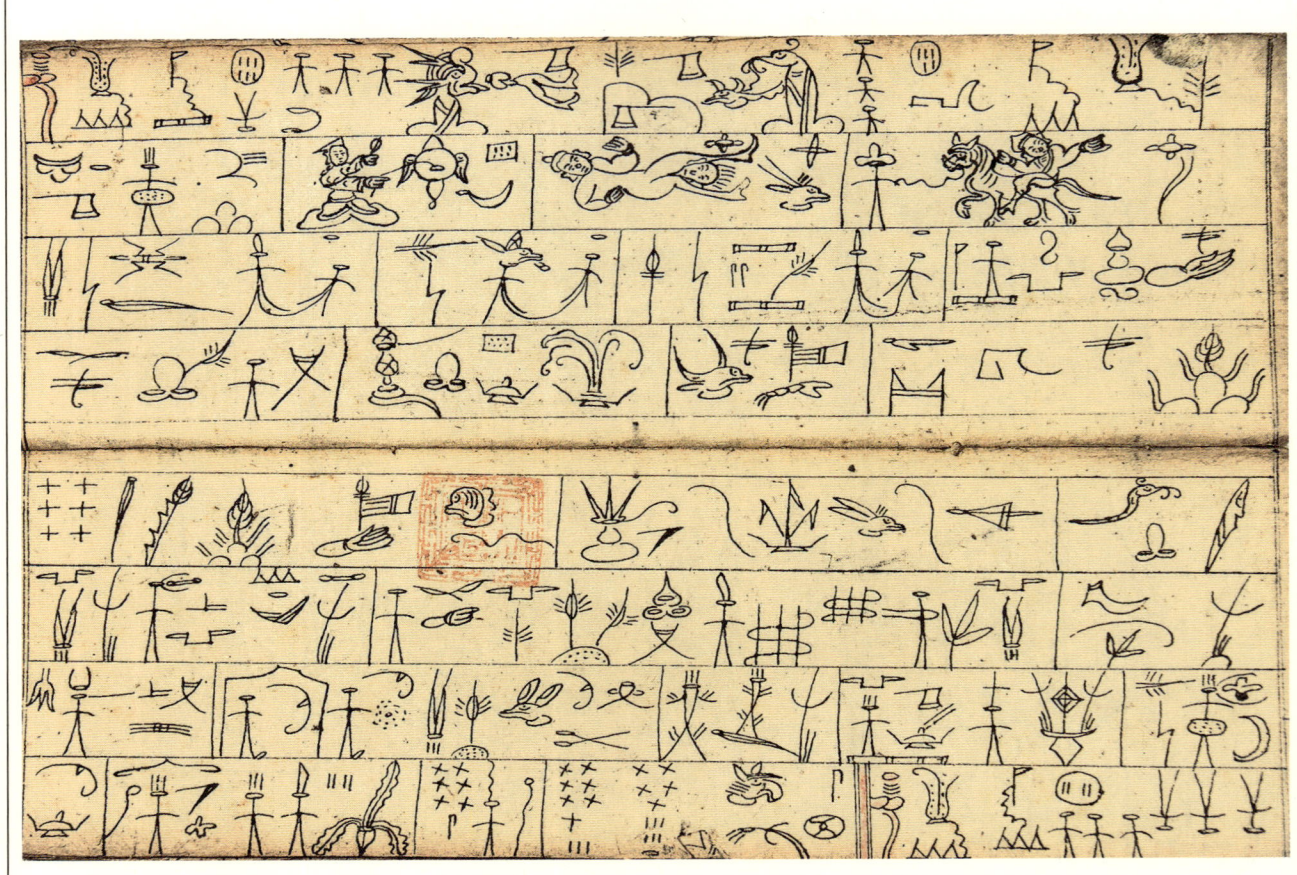

　第五十三卷　纳西族

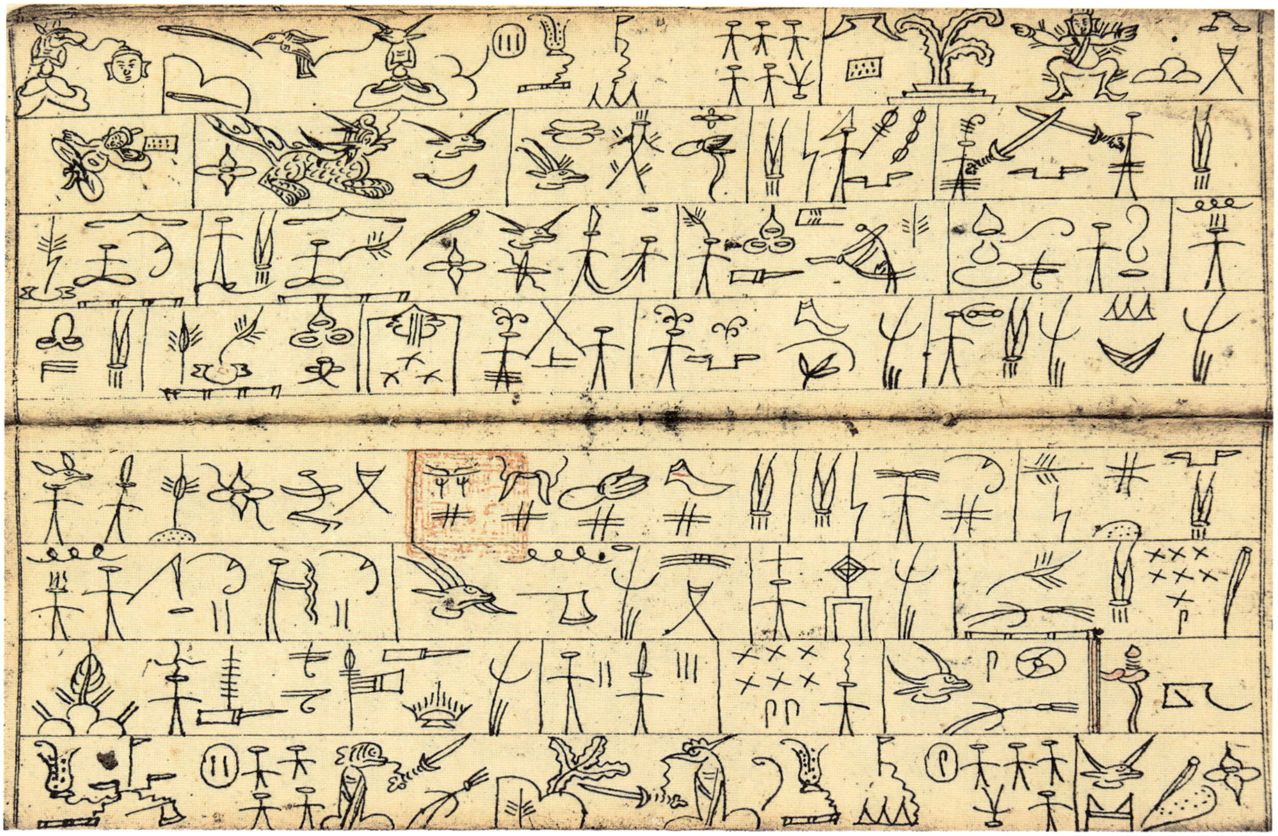

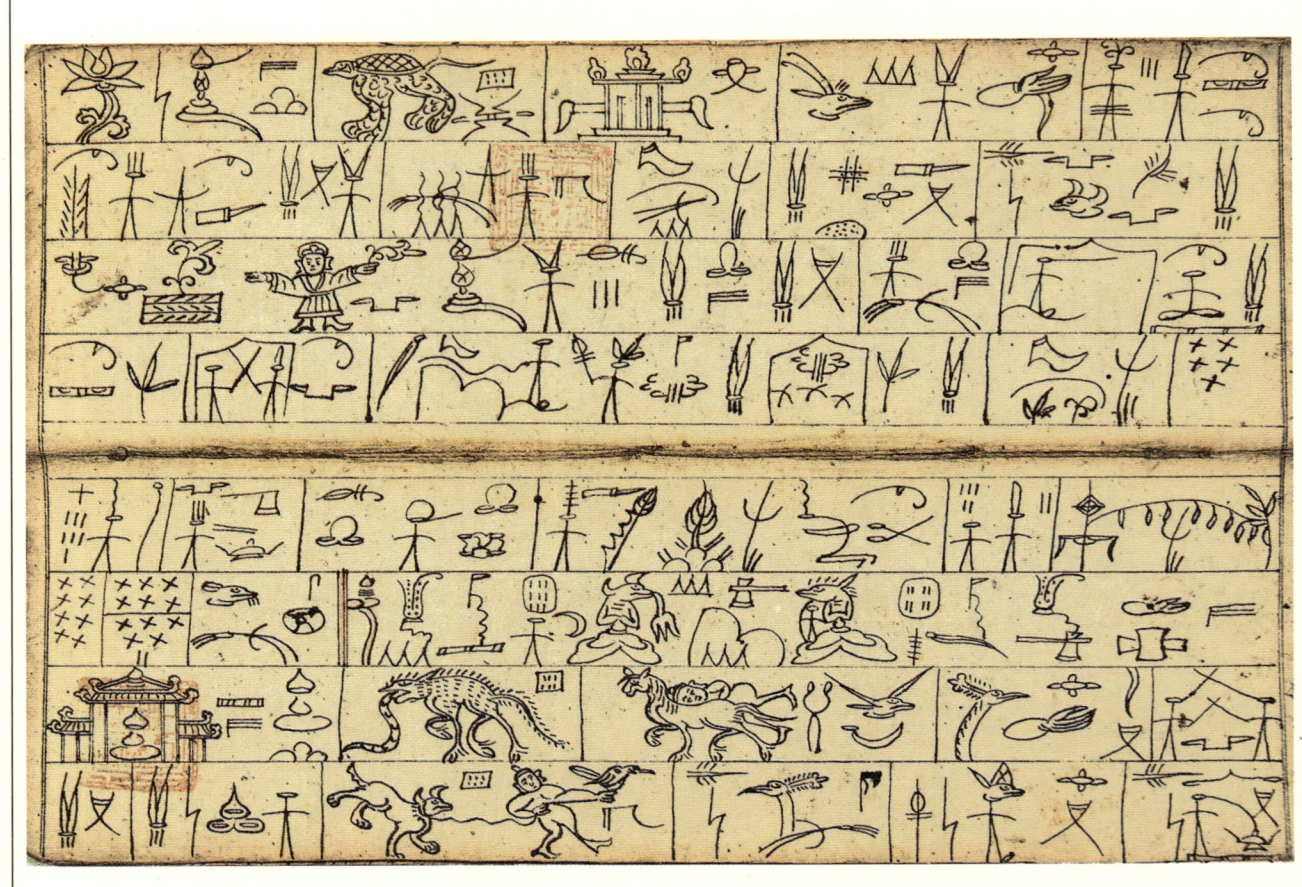

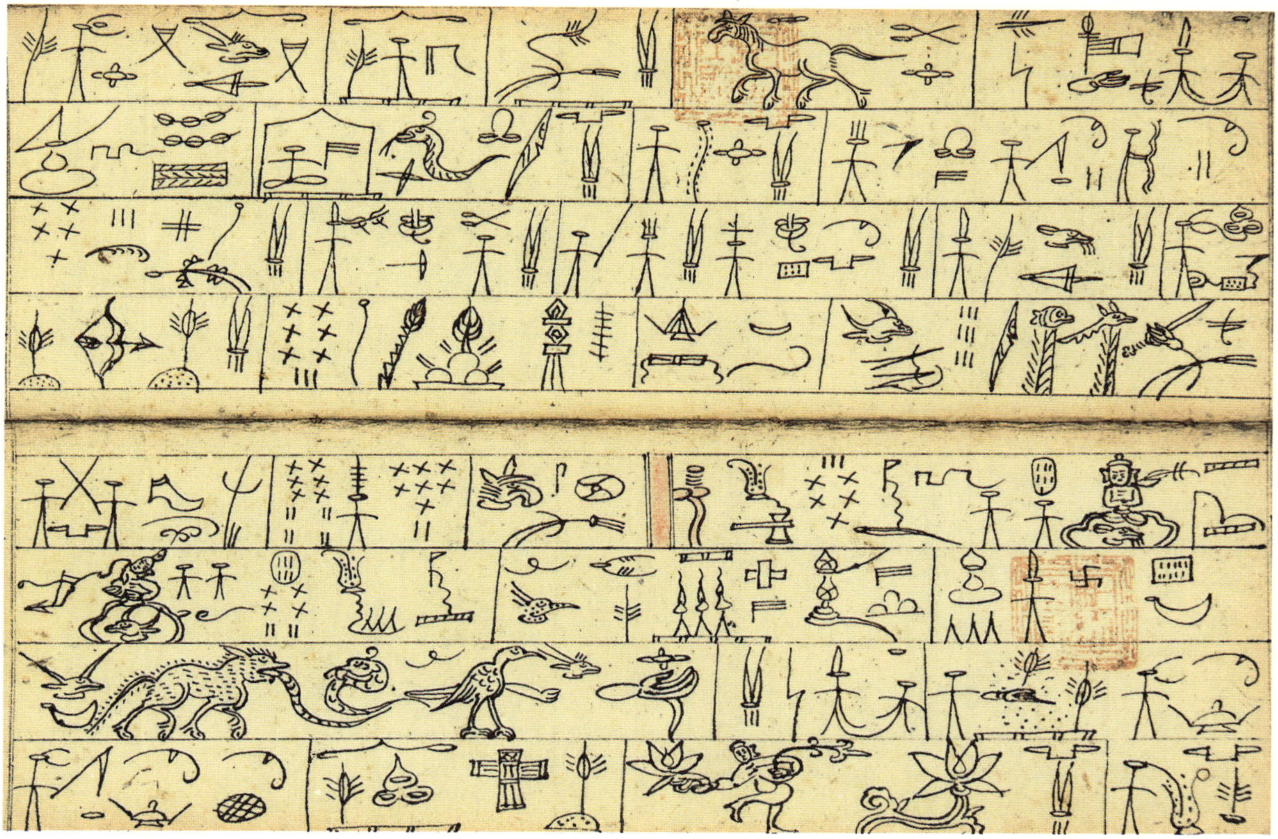

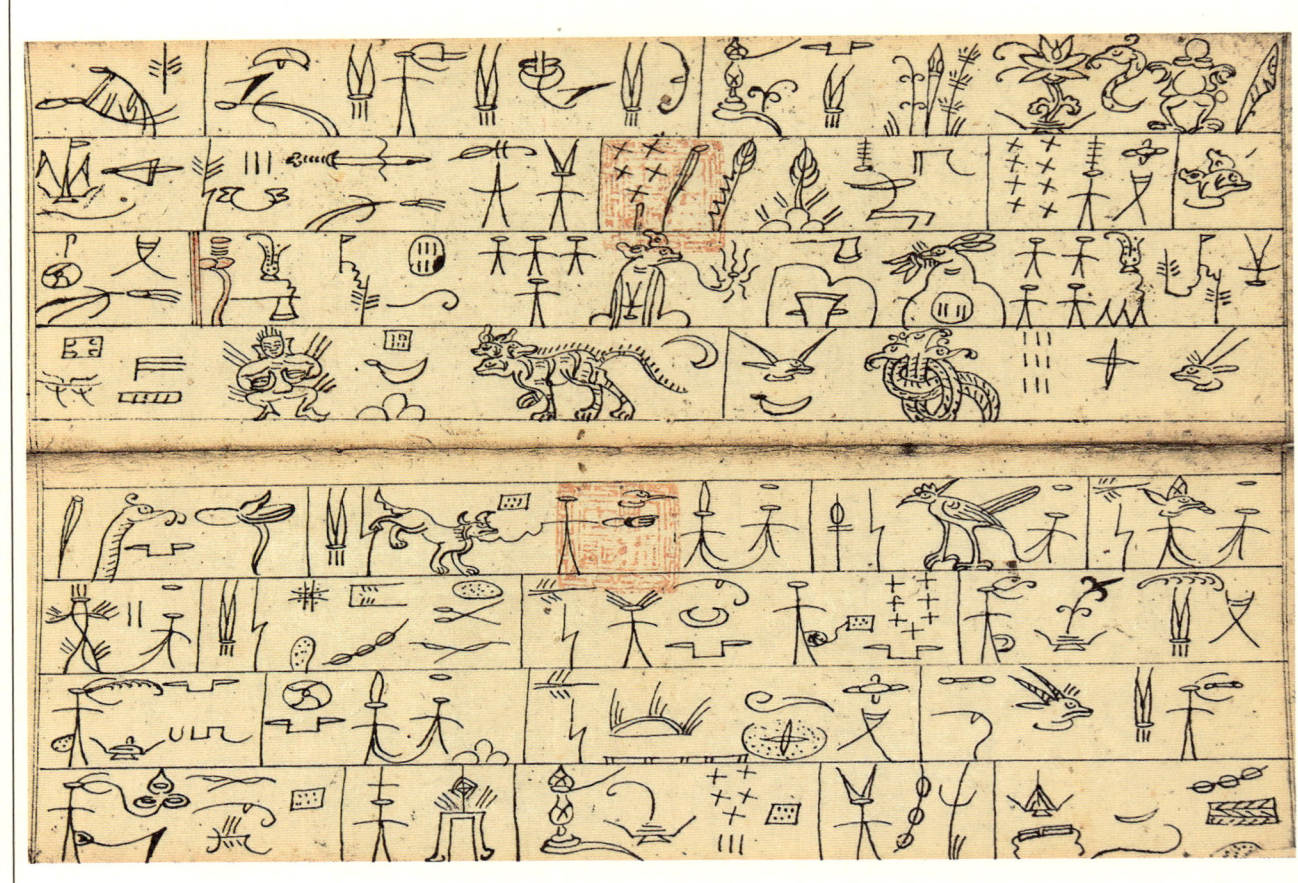

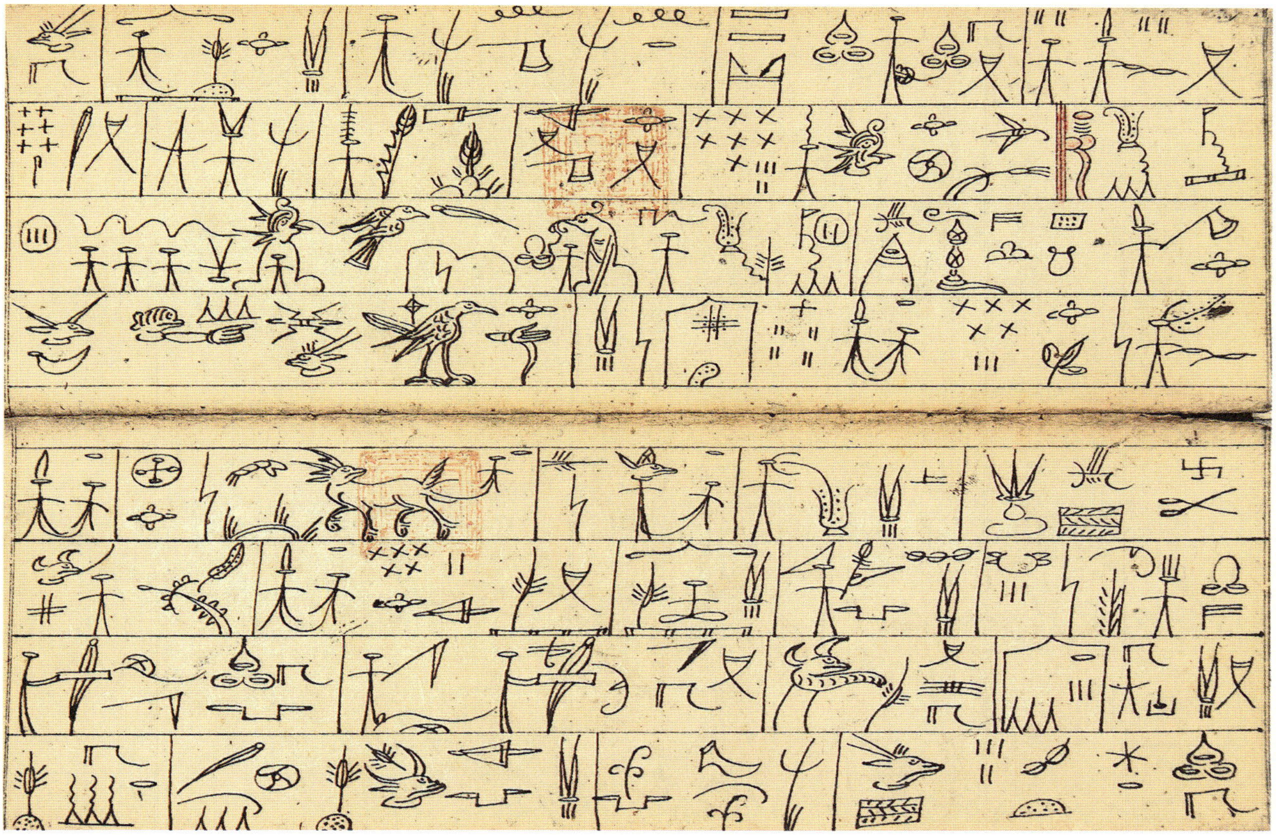

　　　第五十三卷　纳西族

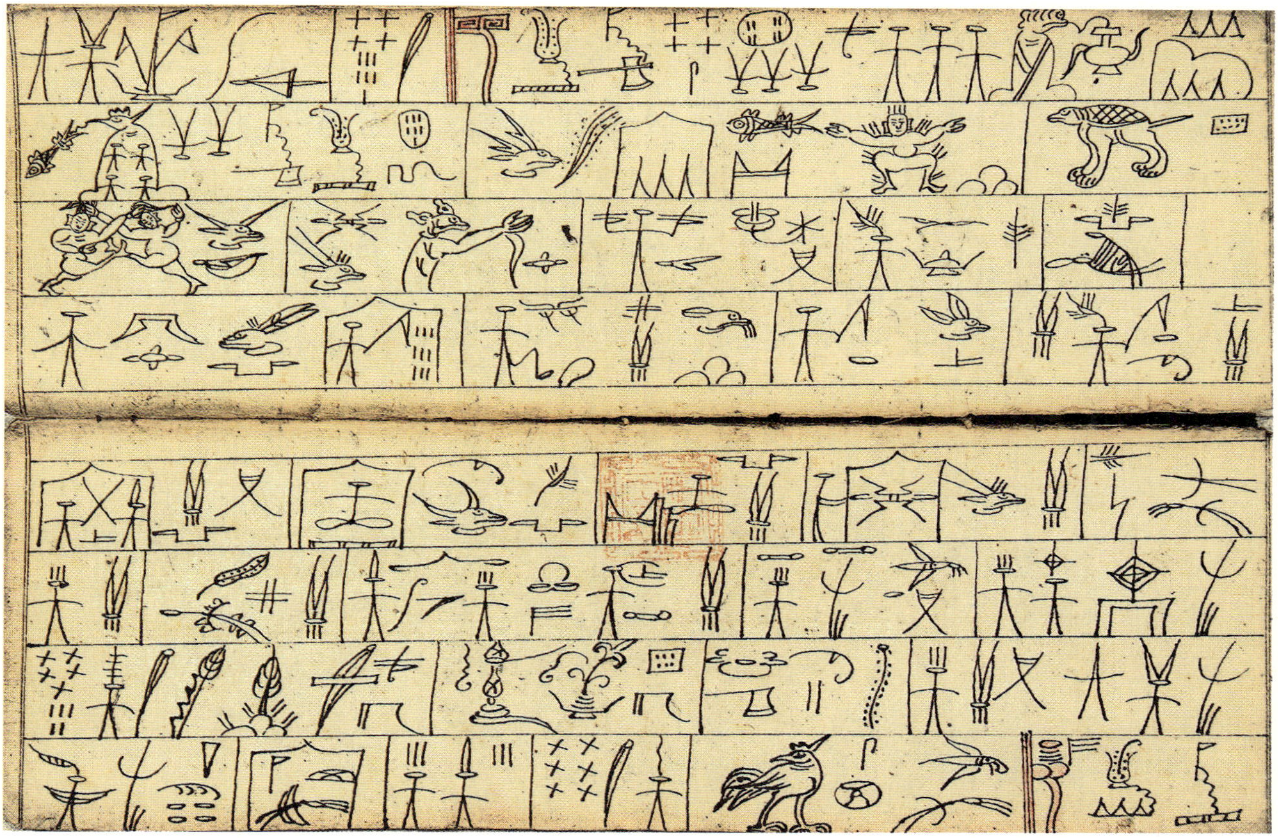

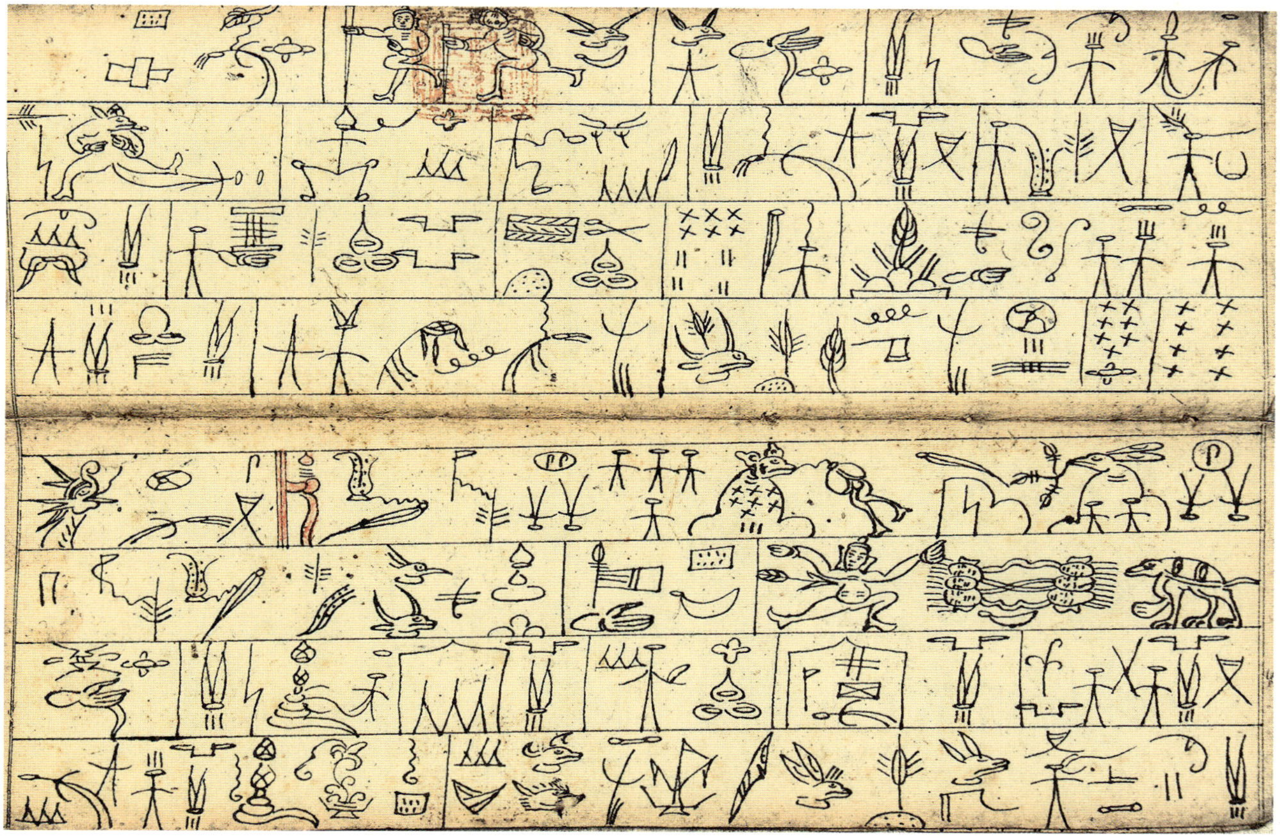

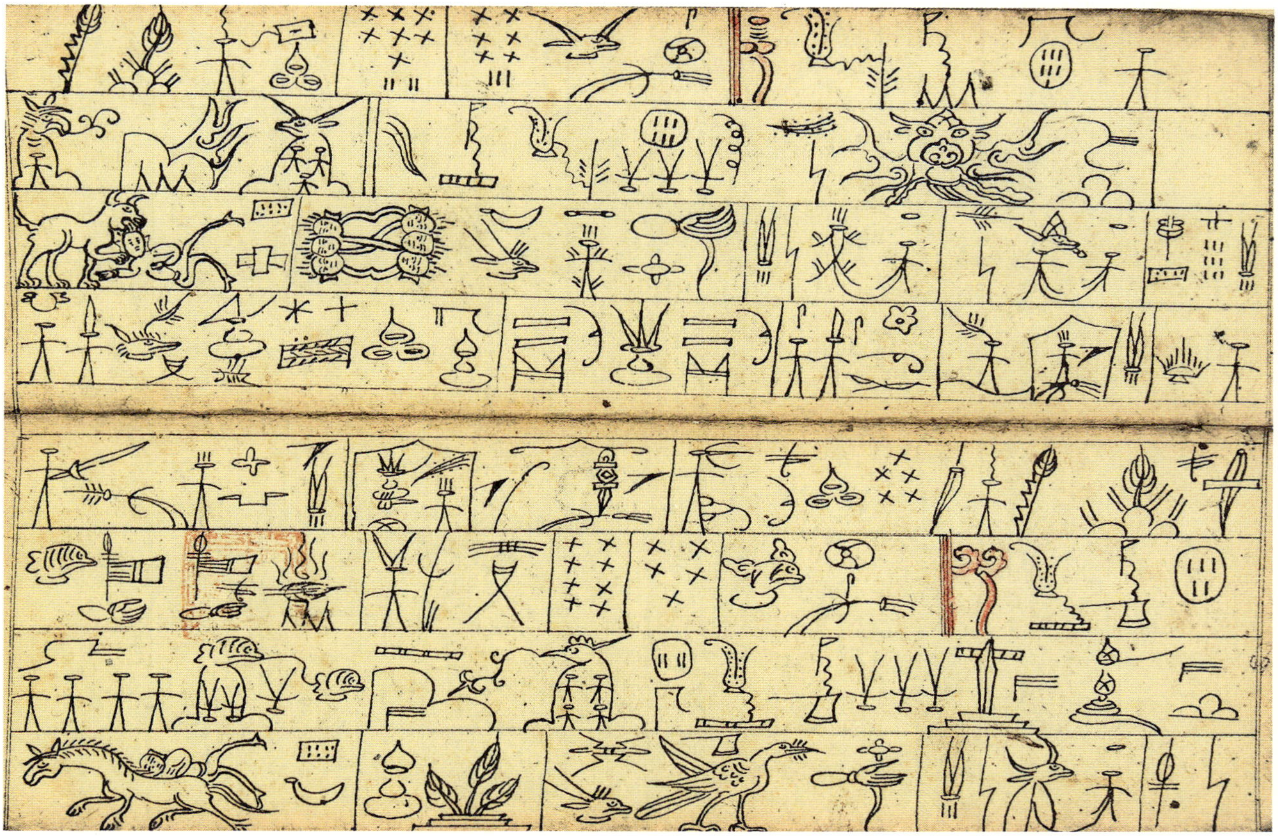

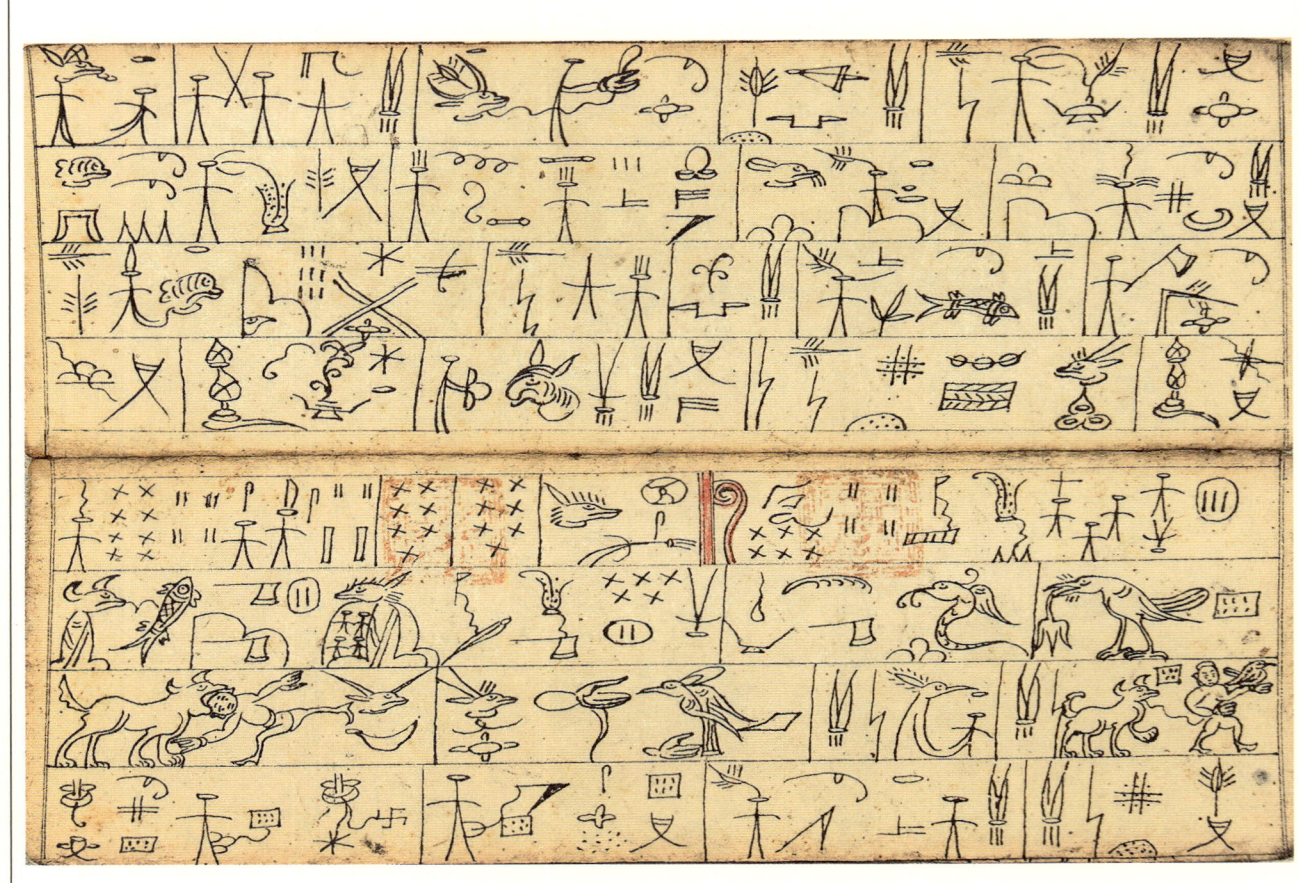

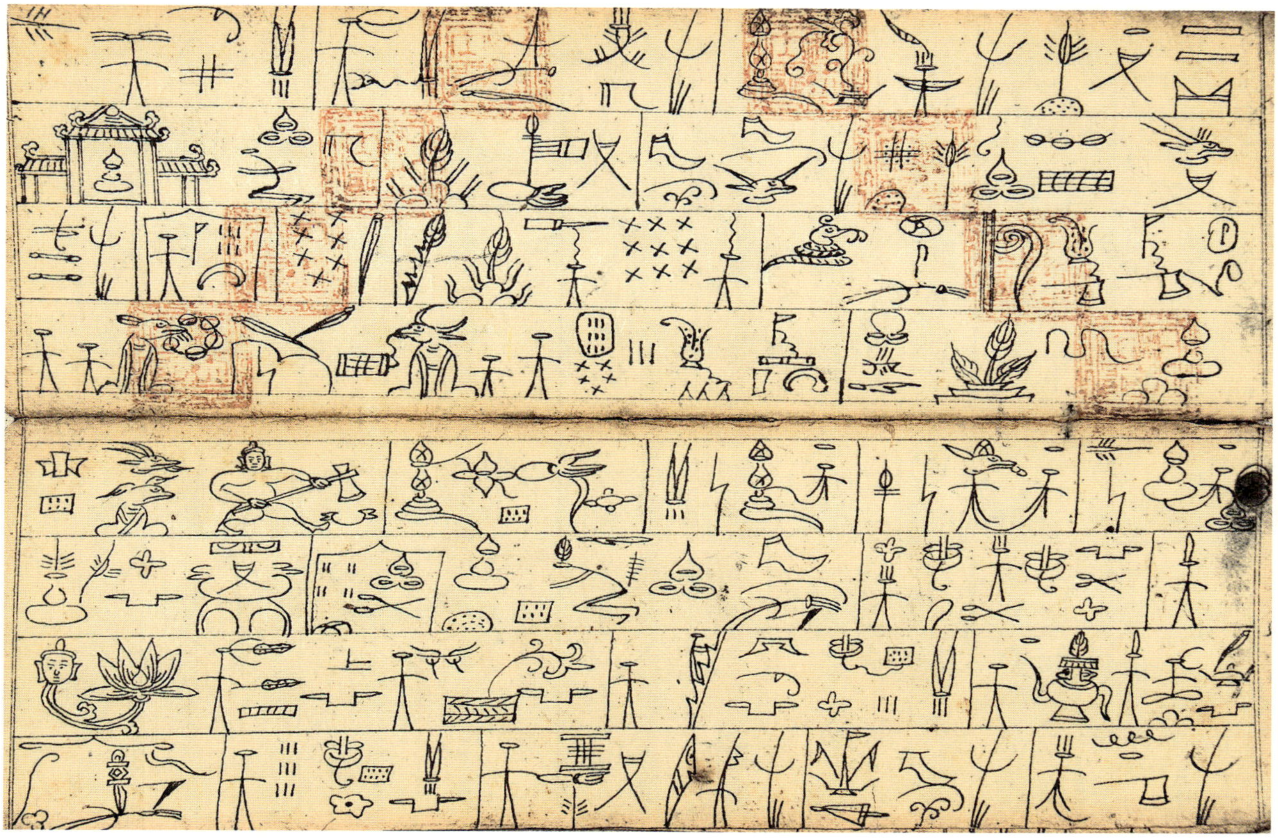

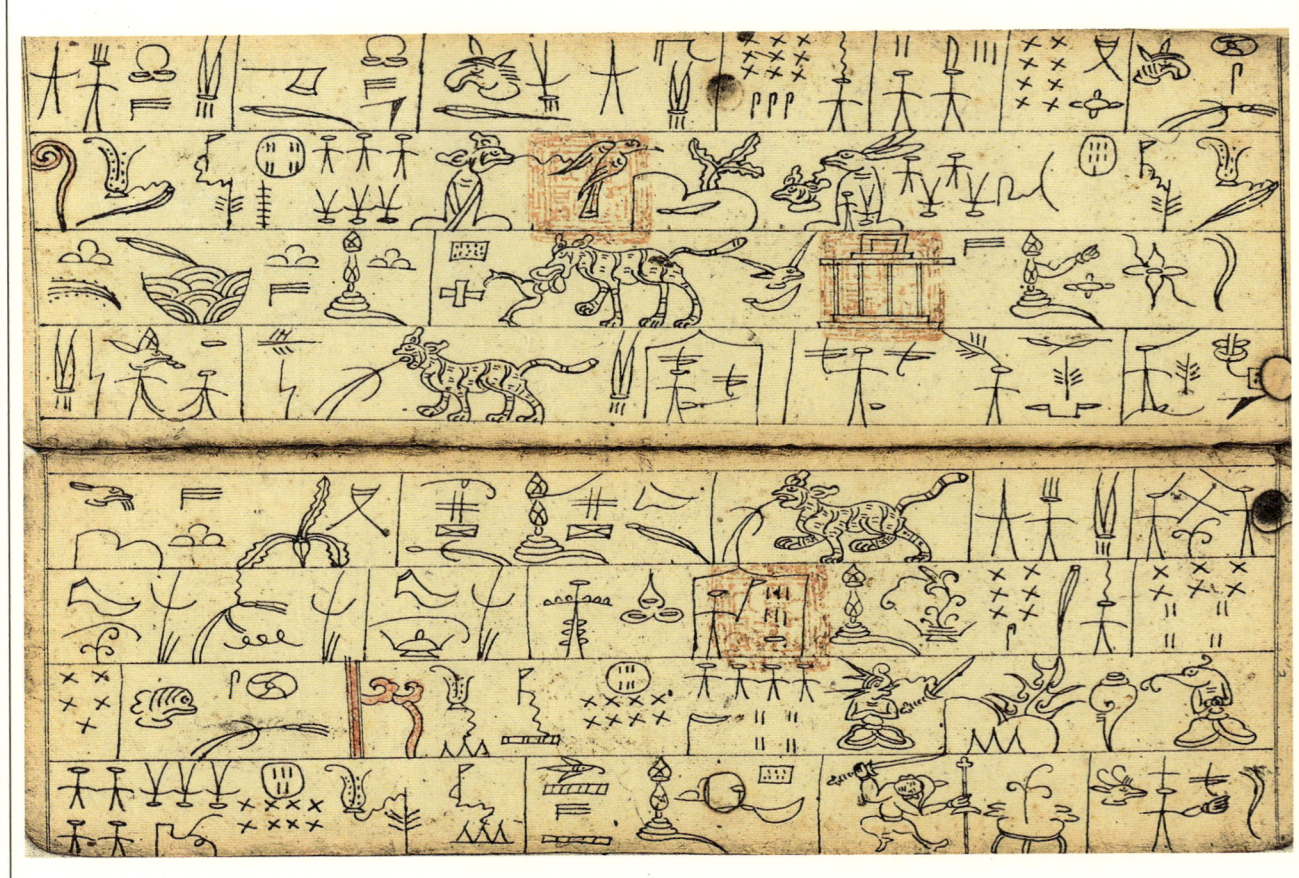

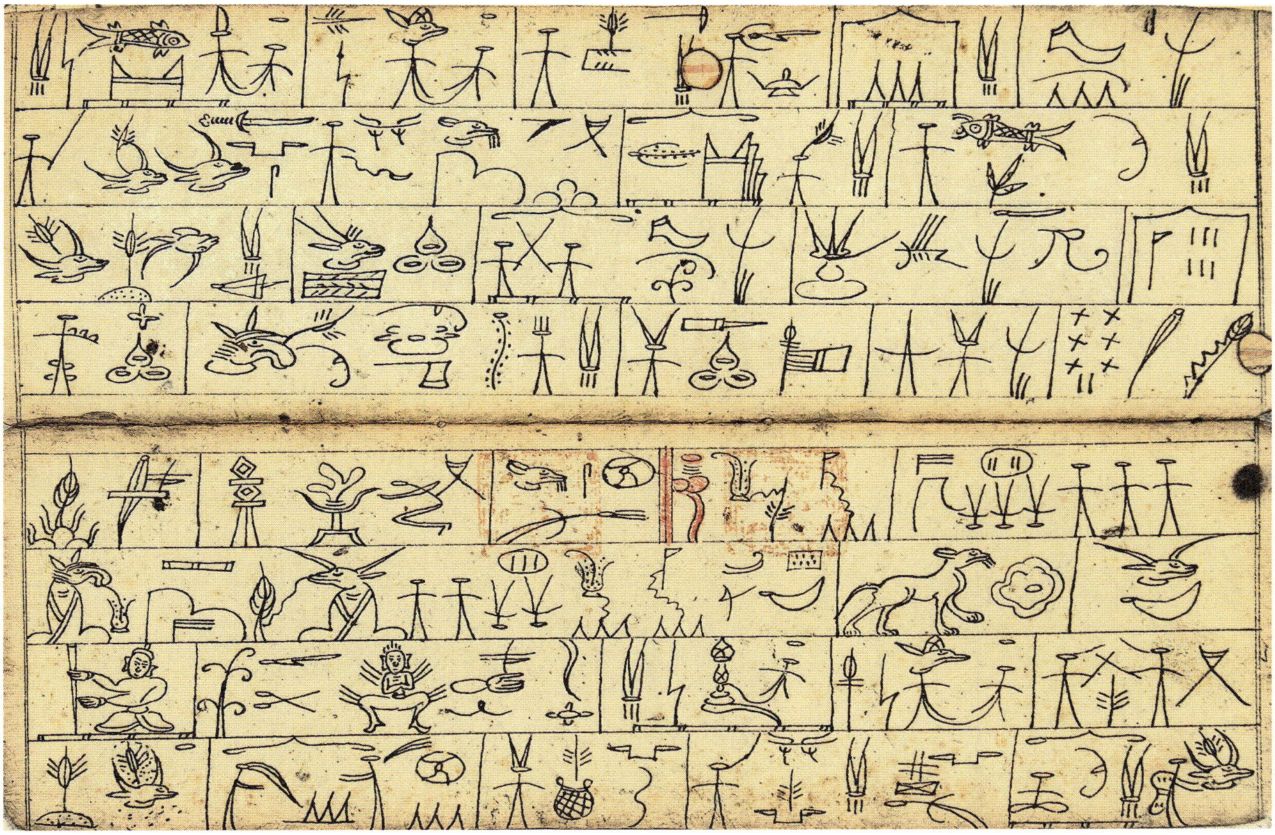

第五十三卷　纳西族

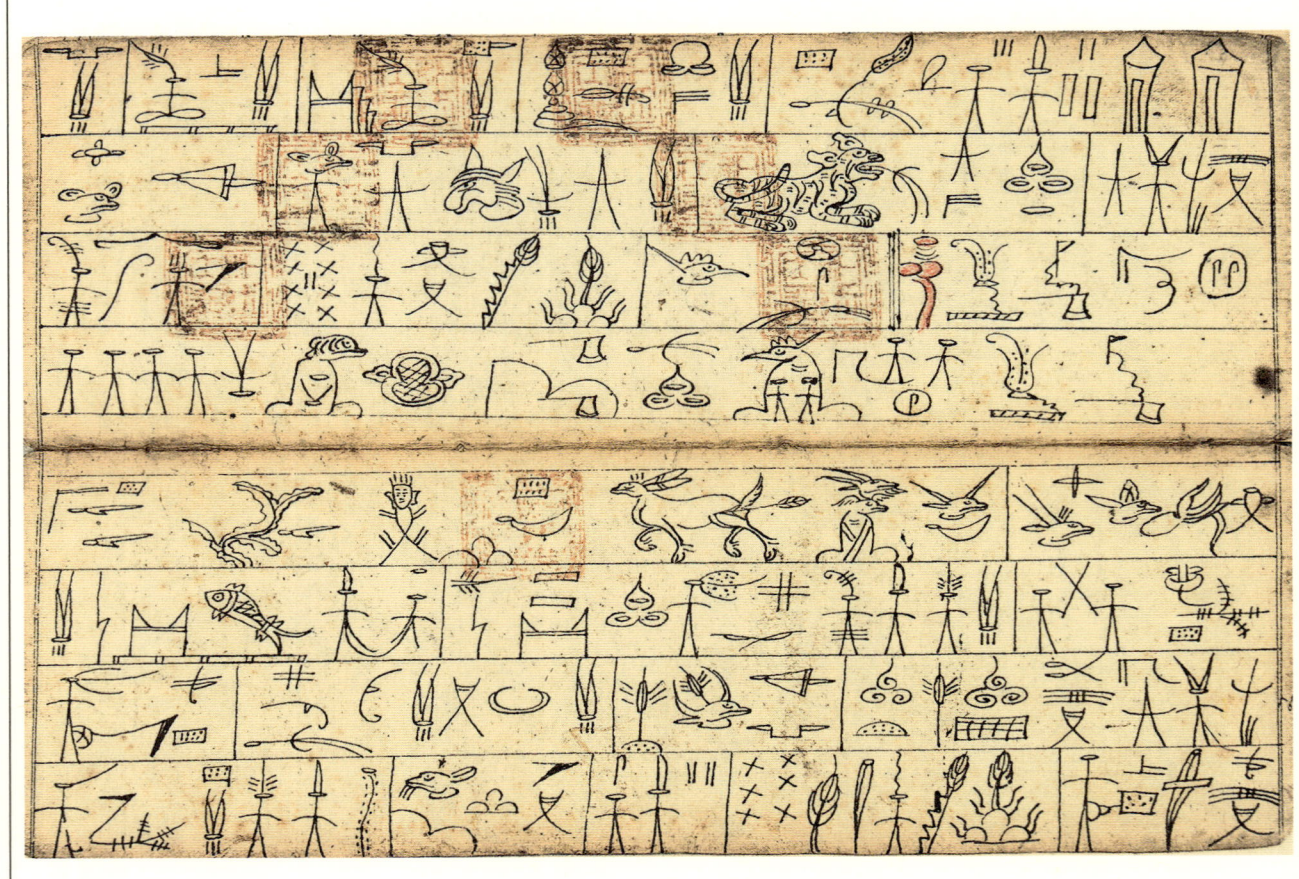

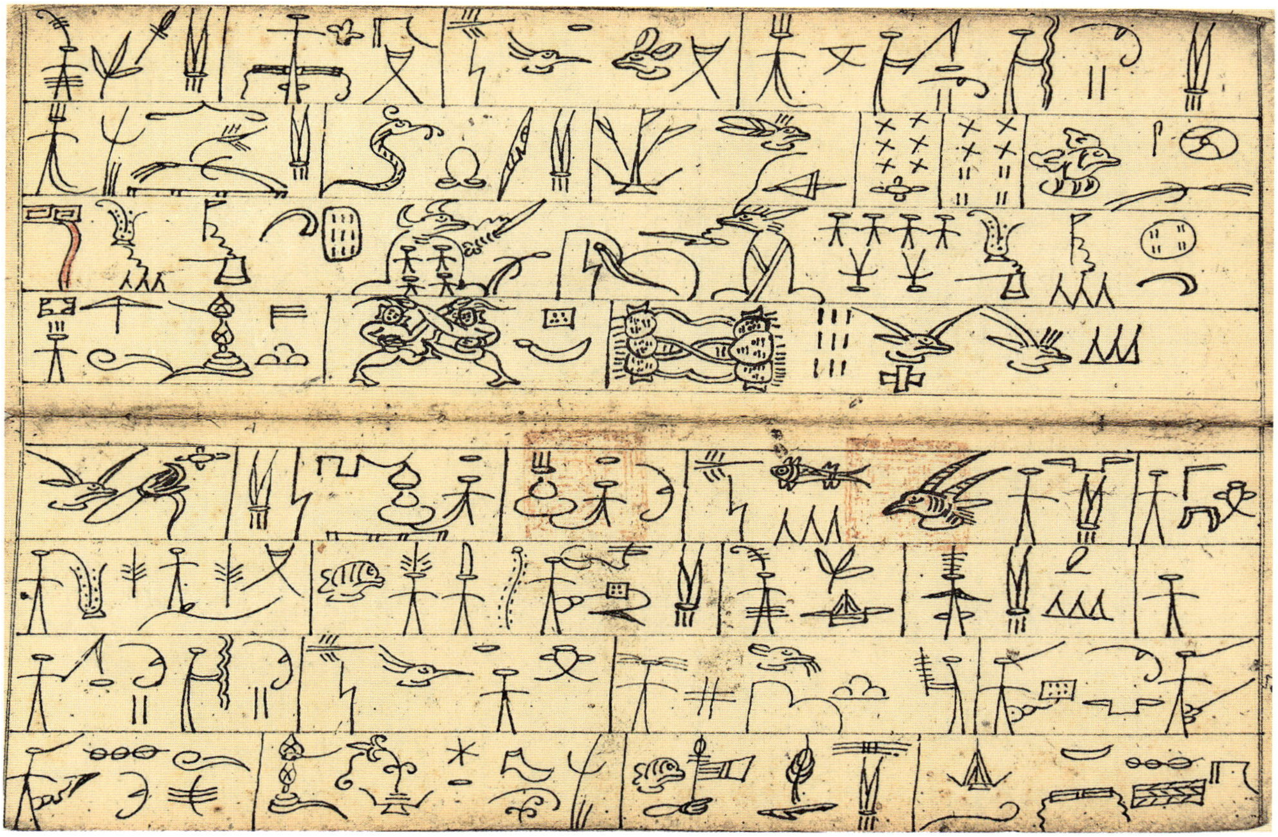

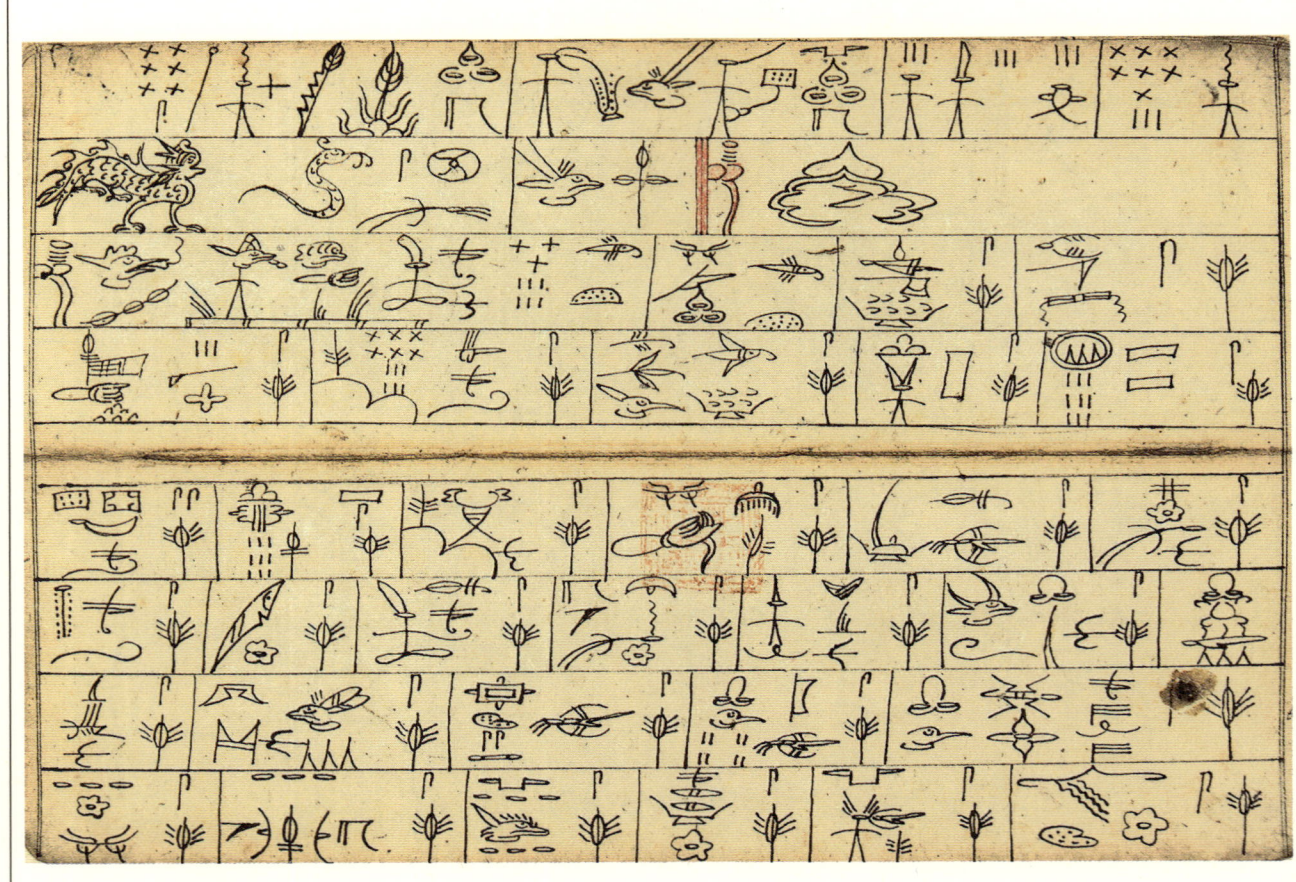

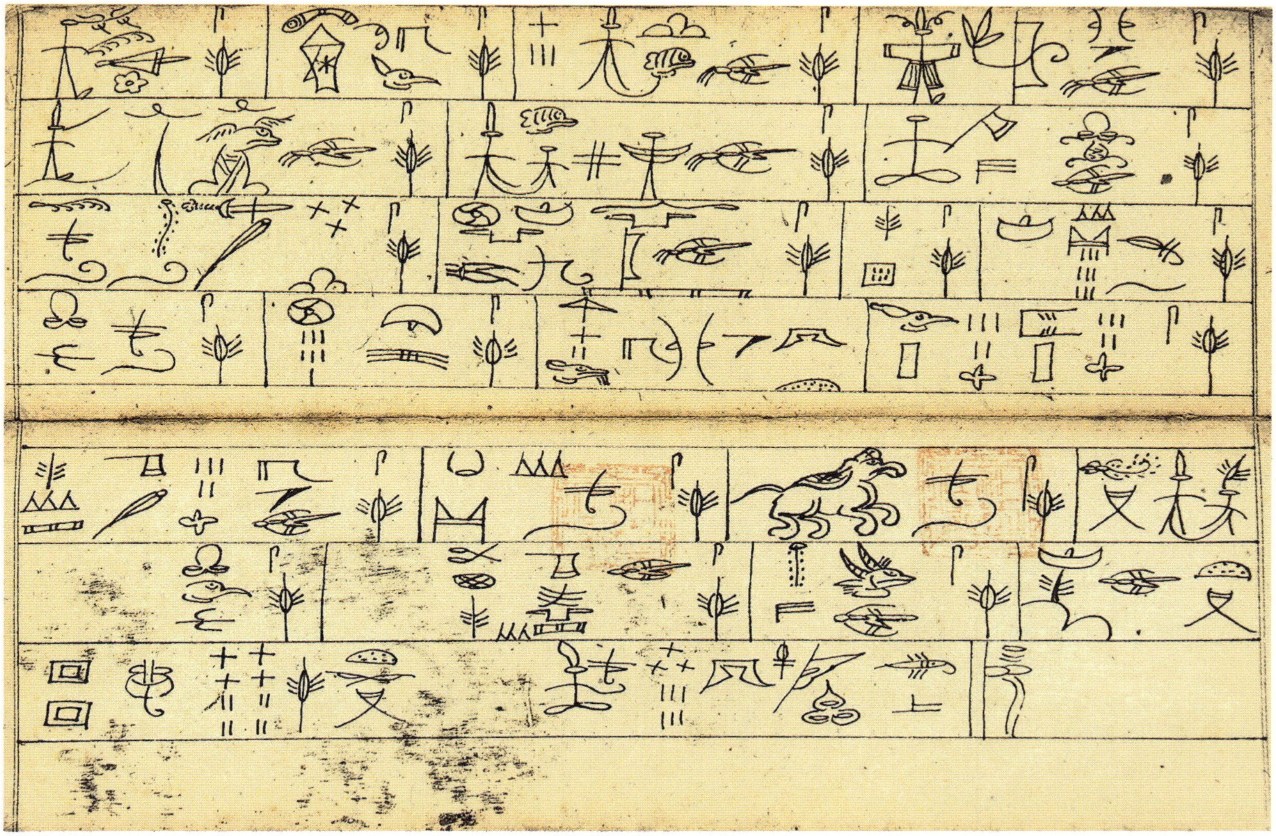

第五十三卷　纳西族

东巴舞谱

纳西族东巴经。流传于云南省丽江市纳西族地区。不分卷，1册。卷尾注此经典为东恒书。该书为东巴做仪式时的舞步规范，详细记录有3类共17种东巴舞和6位大神舞。旧抄本，线订册叶装。页面高9.5厘米，广29.1厘米，每页3行。全书彩色书写。保存完好。今藏于丽江市东巴文化研究院。

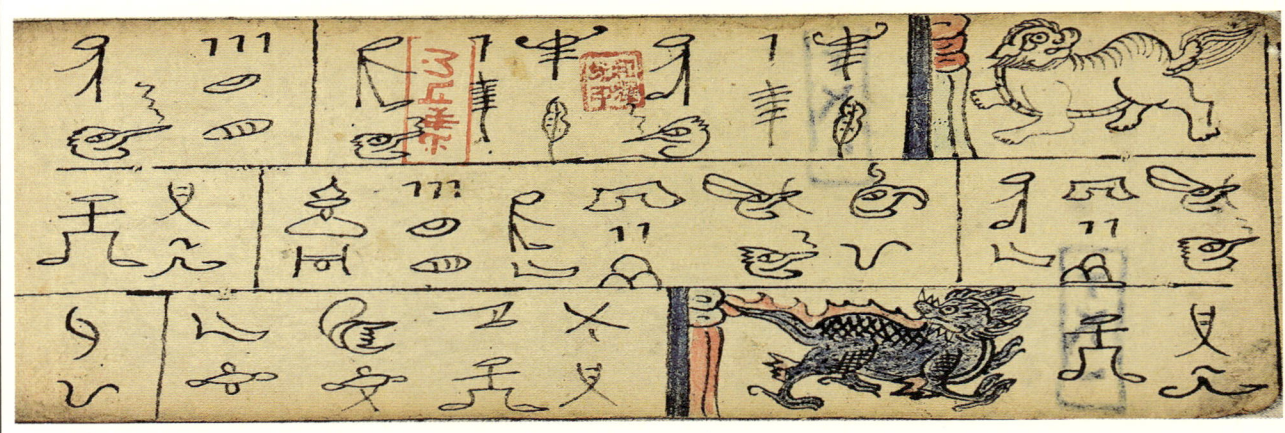

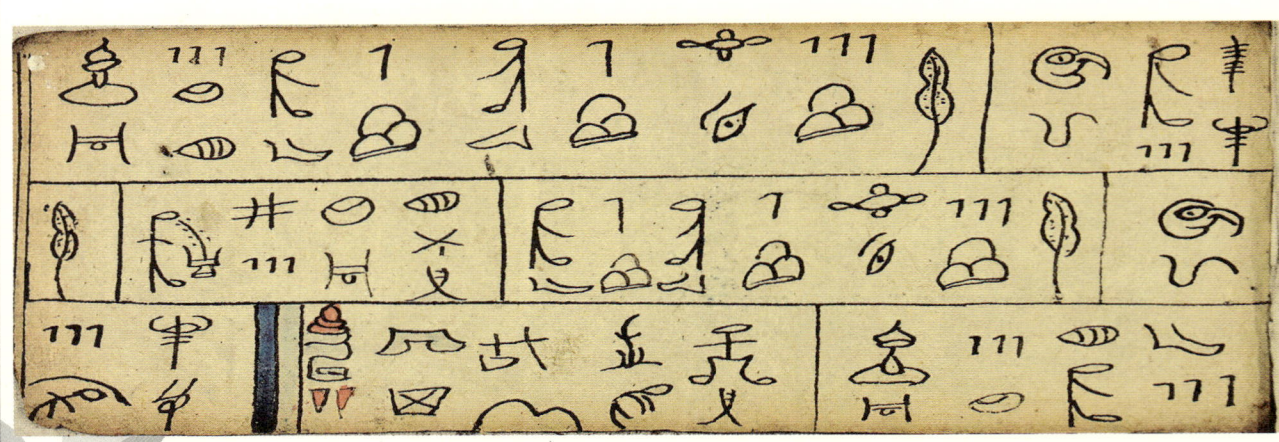

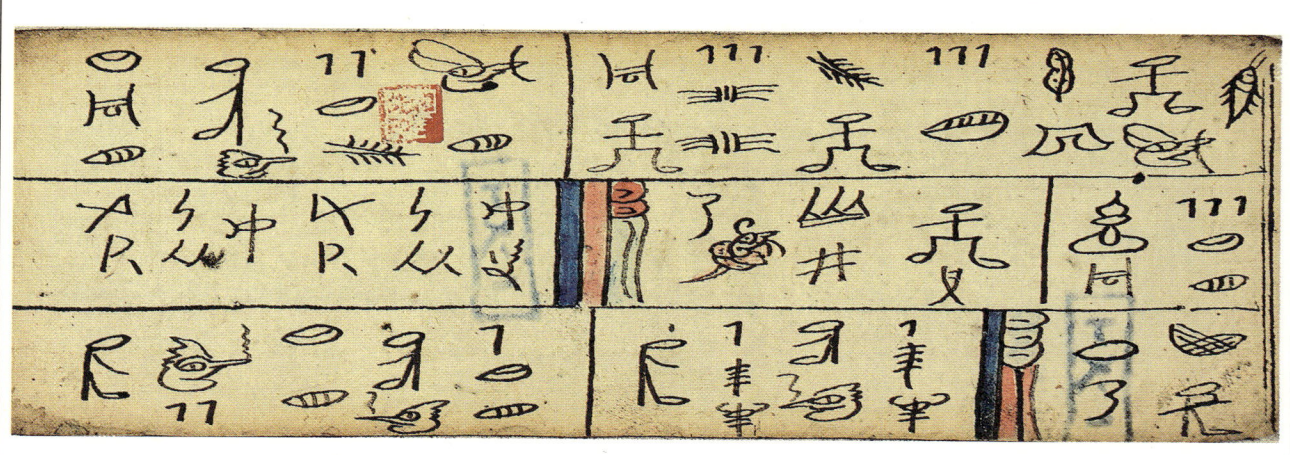

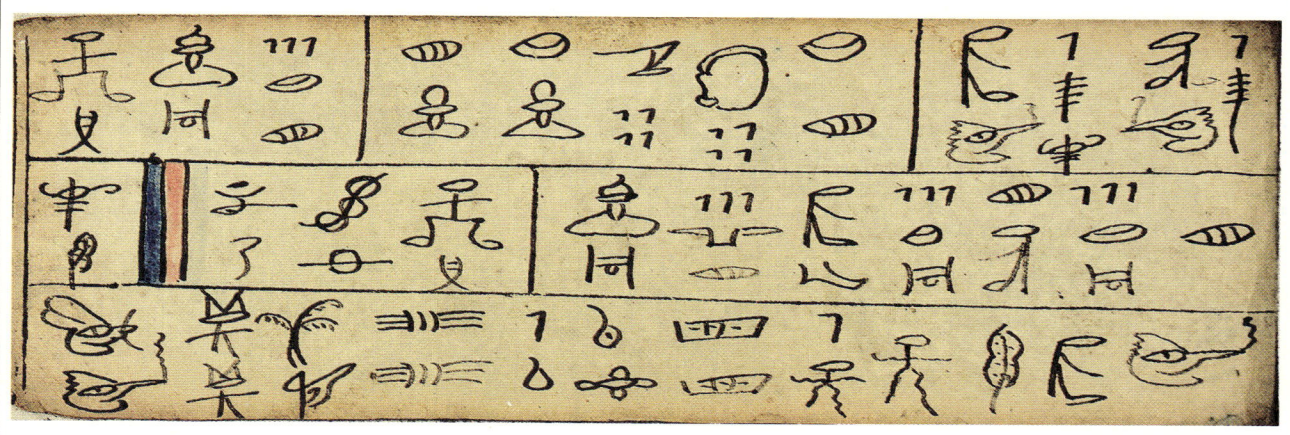

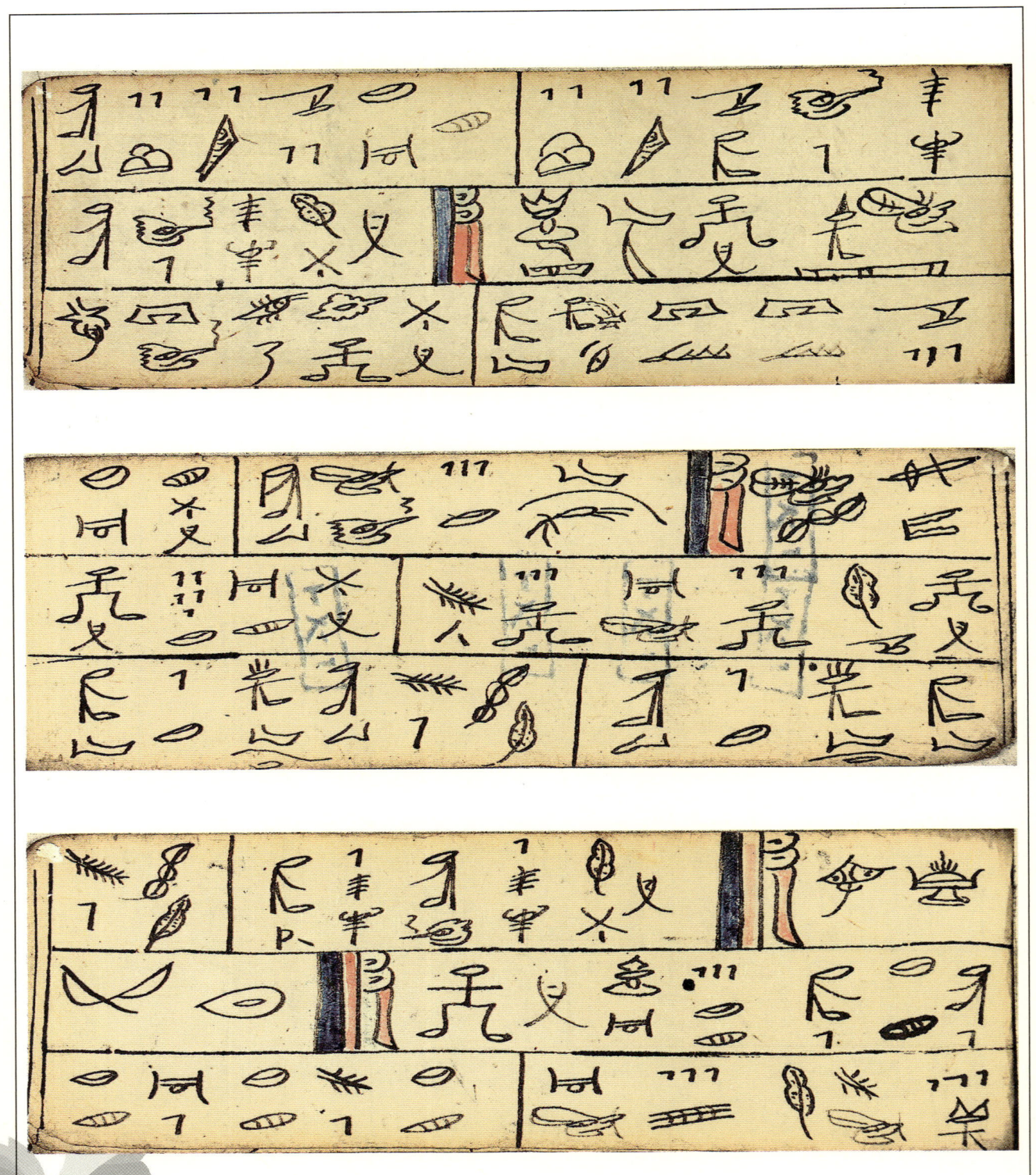

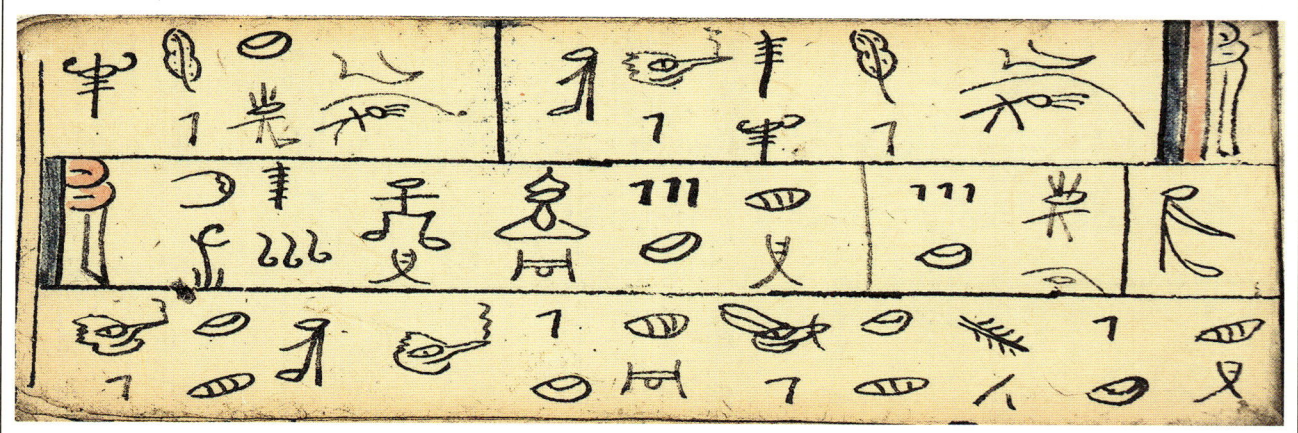

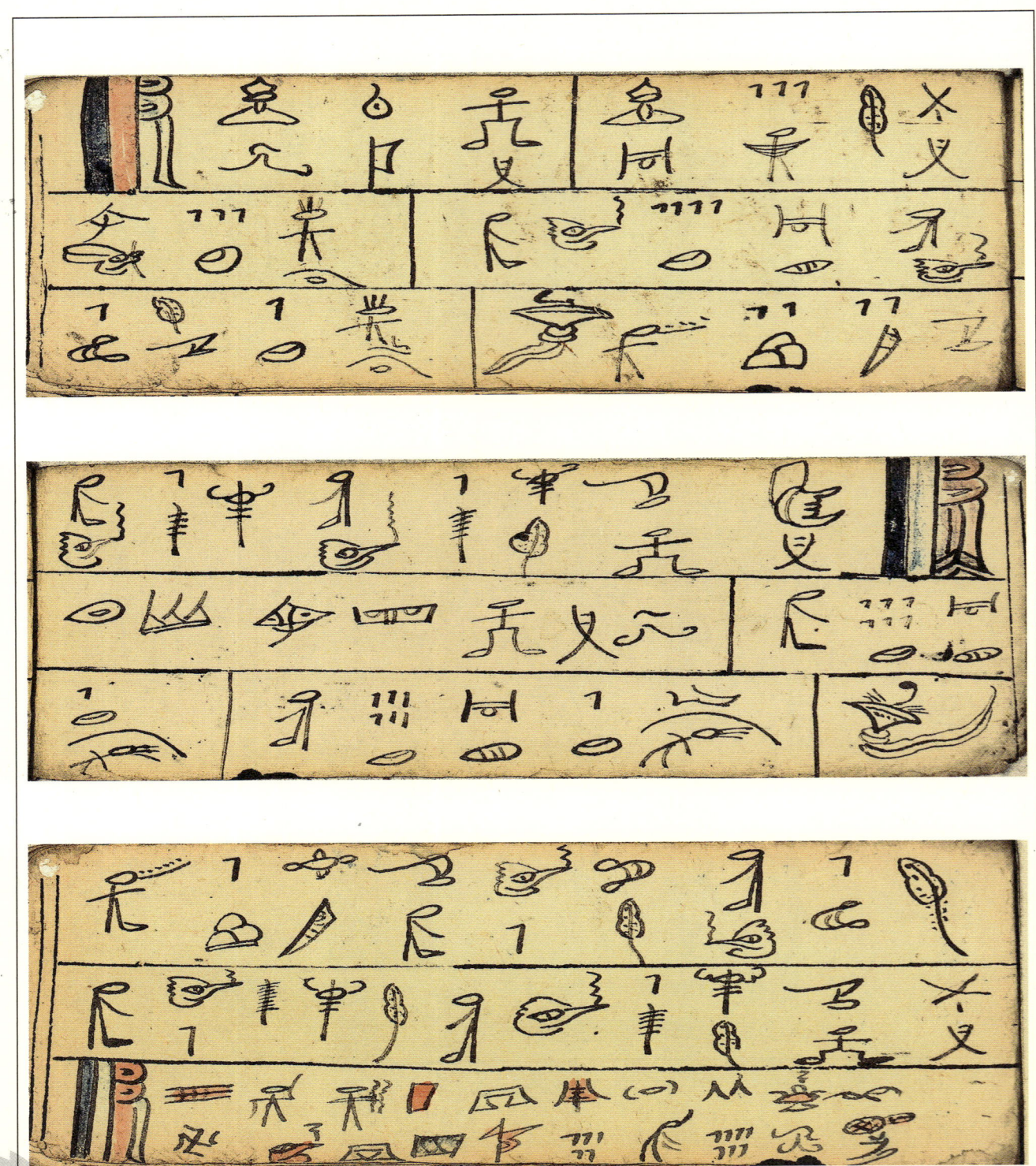

神路图（1）

　　纳西族东巴教用于丧葬和超度亡灵仪式中的长卷绘画。流传于云南省丽江市纳西族地区。描绘内容是人死后其亡灵从地域中经过百般磨难转世为人，在东巴祭司的引导下来到神界和33层天上的一条漫漫长路。当地土纸绘制，长980厘米，宽24厘米。色彩艳丽，纸张脆化，边缘破损严重。今藏于丽江市东巴文化研究院。

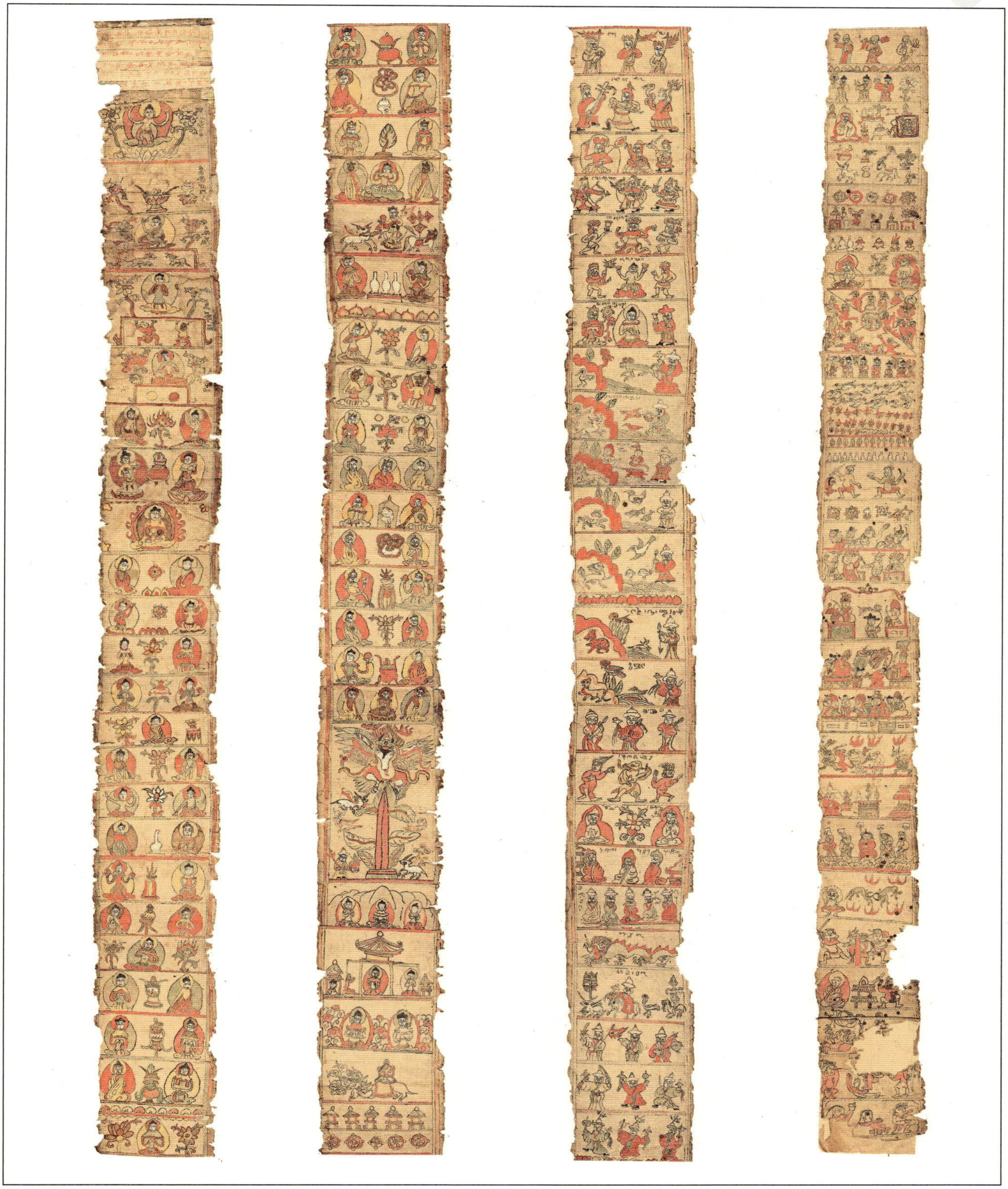

第五十三卷 纳西族

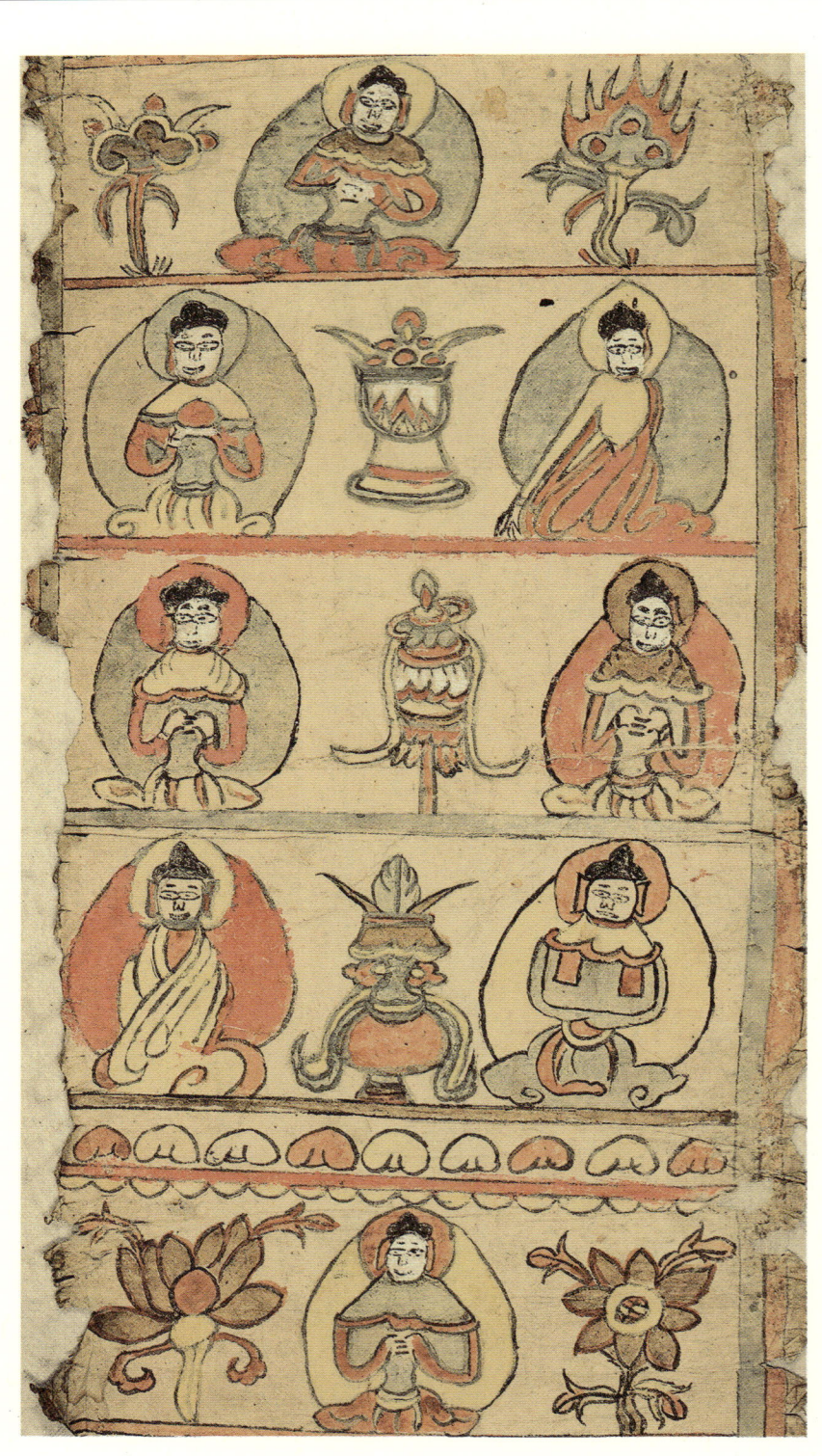

289

第五十三卷　纳西族

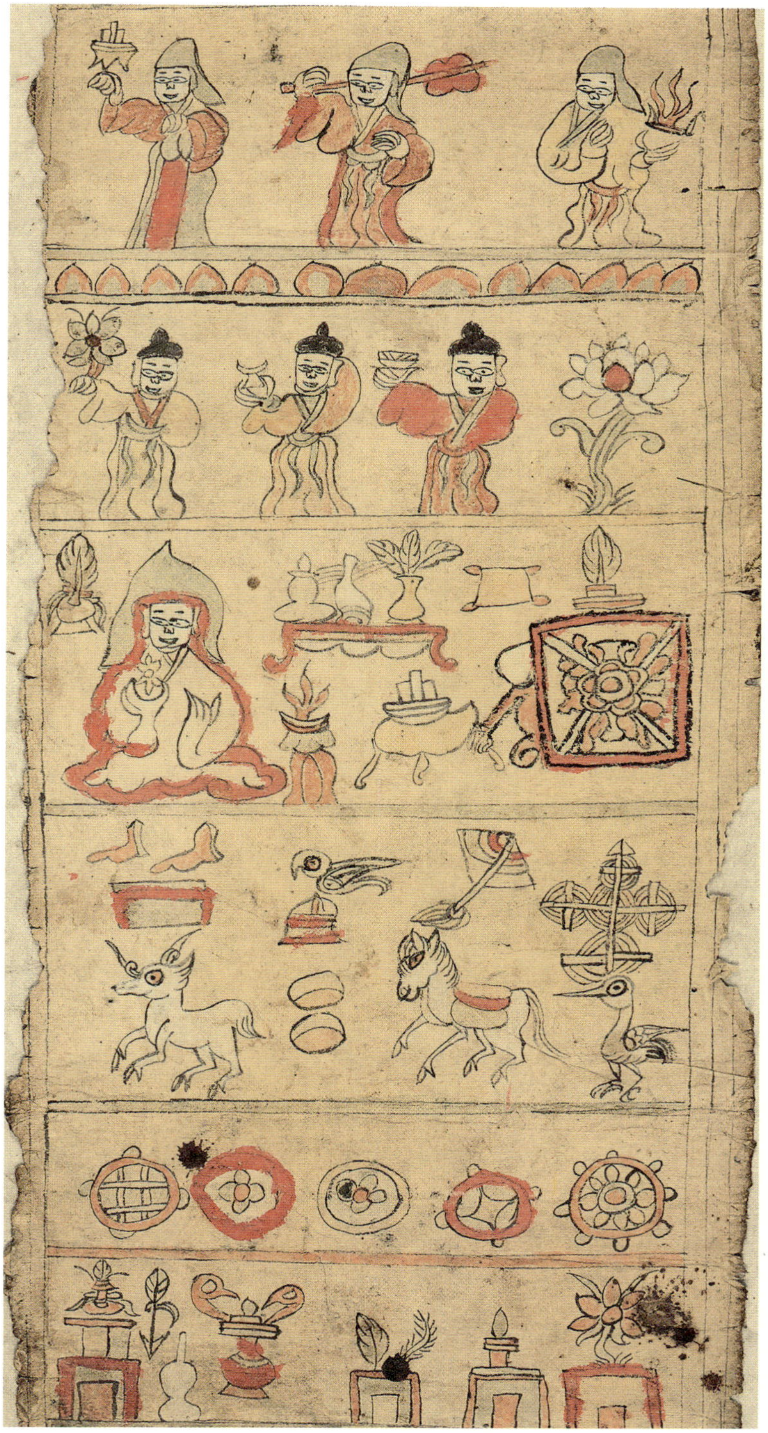

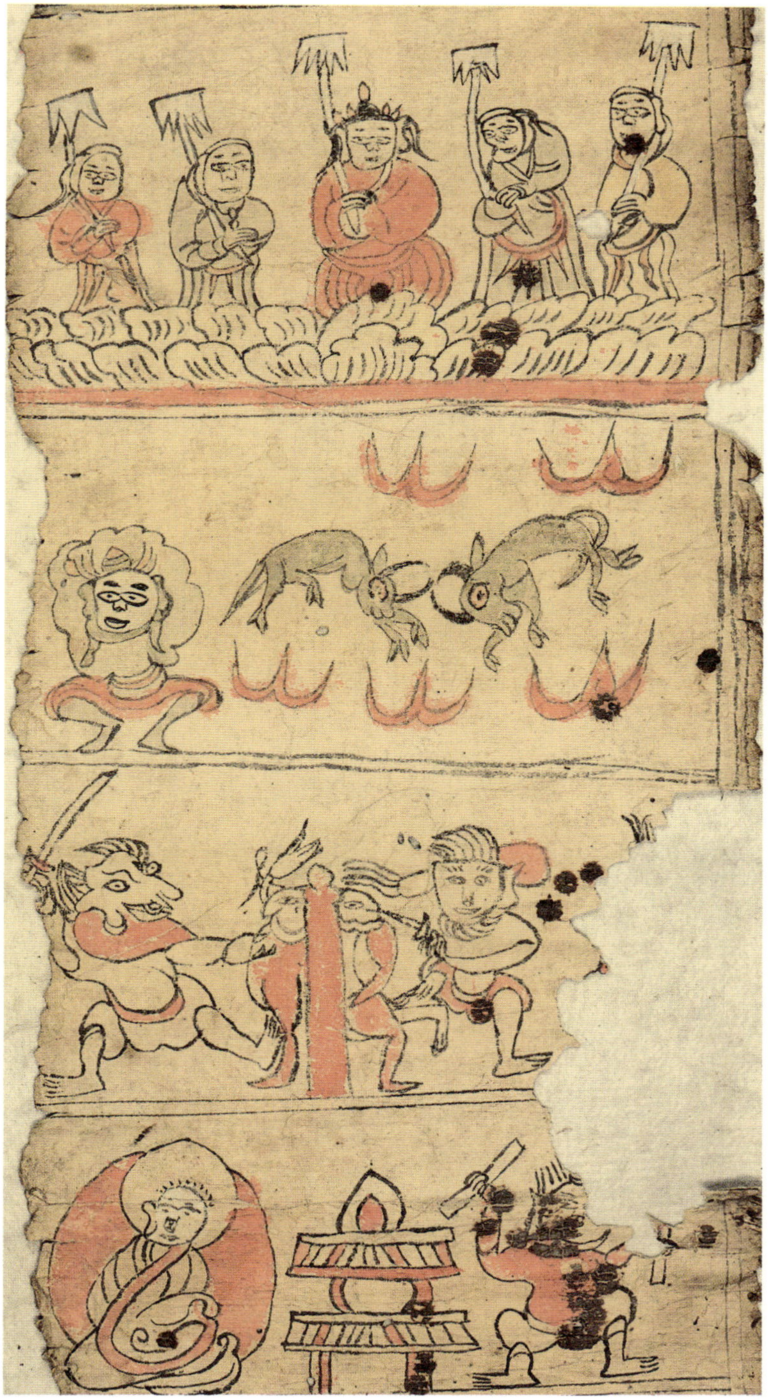

神路图（2）

　　纳西族东巴教用于丧葬和超度亡灵仪式中的长卷绘画。流传于云南省丽江市纳西族地区。描绘内容是，人死后其亡灵从地域中经过百般磨难转世为人，在东巴祭司的引导下来到神界和33层天上的一条漫漫长路。布质，长1185厘米，宽27.3厘米。色彩艳丽，部分边缘浆粉淡化，保存完好。今藏于丽江市东巴文化研究院。

301　　　　　第五十三卷　纳西族

　　　第五十三卷　纳西族

第五十三卷　纳西族

第五十三卷　纳西族

第五十三卷　纳西族

第五十三卷　纳西族

第五十三卷 纳西族

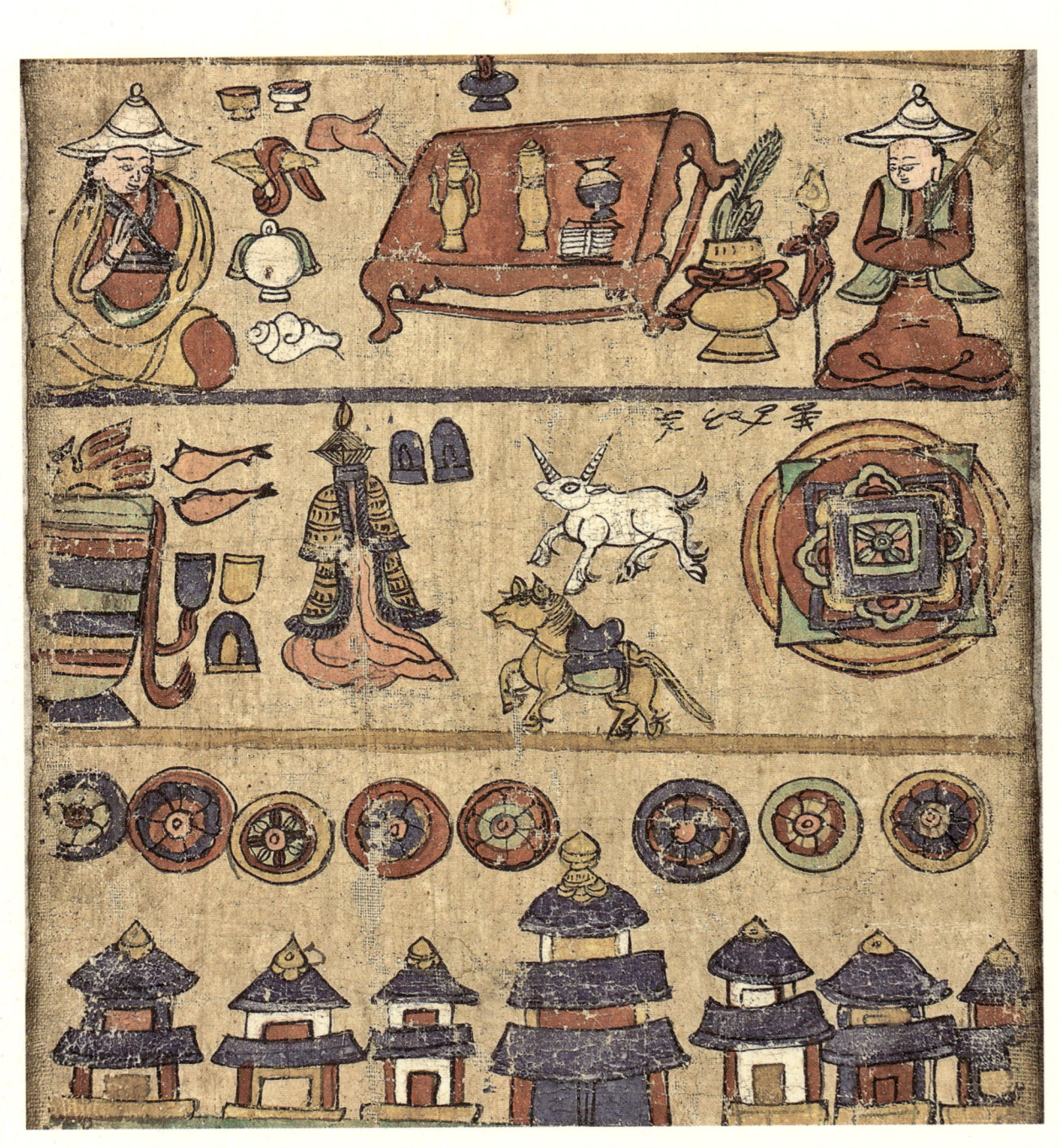

　　　　第五十三卷　纳西族

第五十三卷 纳西族

第五十三卷　纳西族

第五十三卷　纳西族

图书在版编目（CIP）数据

云南少数民族古籍珍本集成.第53卷 / 云南省少数民族古籍整理办公室编. –– 昆明：云南人民出版社,2017.11

ISBN 978-7-222-16646-2

Ⅰ.①云… Ⅱ.①云… Ⅲ.①少数民族－古籍－善本－汇编－云南 Ⅳ.①K280.74

中国版本图书馆CIP数据核字(2017)第285810号

出 品 人：赵石定
组稿编辑：张平慧
责任编辑：赵　红
封面设计：向　炜
排版编辑：梁冠男
责任校对：任　娜
责任印制：代隆参

书　名：云南少数民族古籍珍本集成　第53卷
作　者：云南省少数民族古籍整理出版规划办公室　编
出　版：云南出版集团公司　云南人民出版社
发　行：云南人民出版社
社　址：昆明市环城西路609号
邮　编：650034
网　址：www.ynpph.com.cn
E-mail：ynrms@sina.com
开　本：889×1194　1/16
印　张：21.625
版　次：2017年11月第1版第1次印刷
印　刷：昆明富新春彩色印务有限公司
书　号：ISBN 978-7-222-16646-2
定　价：580.00元